林家铺

张林忠 著

中国文联出版社
http://www.clapnet.cn

图书在版编目（CIP）数据

林家塘 / 张林忠著 . -- 北京 : 中国文联出版社，
2018.6
ISBN 978-7-5190-3744-4
Ⅰ . ①林… Ⅱ . ①张… Ⅲ . ①散文集－中国－当代
Ⅳ . ① I267
中国版本图书馆 CIP 数据核字 (2018) 第 142220 号

林家塘

著　　者：张林忠

出 版 人：朱　庆
终 审 人：奚耀华　　复 审 人：王东升
责任编辑：李　民 周　欣　　责任校对：傅泉泽
策划设计：台州人峰文化传播有限公司　　责任印制：陈　晨

出版发行：中国文联出版社
地　　址：北京市朝阳区农展馆南里 10 号，100125
电　　话：010-85923064（咨询）85923000（编务）85923020（邮购）
传　　真：010-85923000（总编室），010-85923020（发行部）
网　　址：http://www.clapnet.cn　　http://www.claplus.cn
E - mail：clap@clapnet.cn　　lim@clapnet.cn

印　　刷：浙江经纬印业有限公司
装　　订：浙江经纬印业有限公司
法律顾问：北京市德鸿律师事务所王振勇律师
本书如有破损、缺页、装订错误，请与本社联系调换

开　　本：880×1230　　1/32
字　　数：230 千字　　印　　张：9.25
版　　次：2018 年 6 月 第 1 版　　印　　次：2018 年 6 月 第 1 次印刷
书　　号：ISBN 978-7-5190-3744-4
定　　价：36.00 元

習盧

习庐出品

《墨痕》

《记得集》

《张林忠书法作品集》

《张林忠书法》

《林家塘》

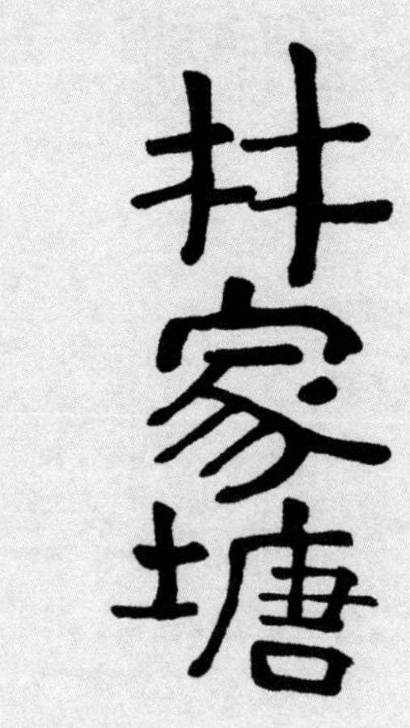

何国门先生为本书题签

献给我的家人

以及林家塘的乡亲们

作者简介

张林忠

别署习庐，号林家塘人、金农最小门徒。浙江三门人。

空军退役军人，从事过医学、气象等，三次荣立个人三等功。

中国电力书法家协会理事、中国书法家协会会员、中国电力作家协会会员。

倡导书法和文学双修的艺术理念。

時候，我穿着開襠褲，光着脚，被父母擱在竹篮。谷簍裏。或坐在裝有猪欄糞的手拉車上。一路顛波到蟹山後的桔園摘桔子。或者去外塘水田種田。邨中有一条窄窄的鄉邨石子路。我並不知道通向何方。也從未離開過邨子。那個學靜的小山邨就是我的老家。那個時候。祖父經常帶我去邨上趕集。邨裏的長輩就會摸摸我的頭笑着說。這林家塘老卓小湖綿呀。要大了呀，八歲那年。到了誠如一首歌唱道，從終點又回到起點。二十年前，我穿上空軍服，與四千多名相識的、陌生的，同樣是一臉稚嫩的新兵一起，在縣城武裝部剃了光頭，走入了空軍序列。這一去就是十幾年之久。十幾年，走南闖北，之後又回到了這個小縣城，回到了這片土地。轉眼之間又過去了十幾年。

老家似乎是一只橄欖球。前半部分是越來越大。後半部分是越來越小，小

作者手迹

一个士兵，不是战死沙场，便是回到故乡。

序

诞生地

浙江有电120周年之际，我打算把最近几年创作的电力题材散文随笔结集成书，在设计封面时，我向出版社编辑提了一个建议，请书法家题个书名。其实，我有意用书法题写书名时，心里已属意张林忠。林忠的书法，自成一家，既豪迈硬朗，却也不乏书生意气，是我喜欢的风格。在此之前，林忠曾挥毫赠予“观沧海”三字，我将作品装裱后，一直搁在书房。每次走进小小的书房，见这三字，就有一种纵览天下，舍我其谁的豪气。

我给林忠发了个信息，对书名题写的要求，只三个字:要苍劲。很快，林忠就写了几个发我。我觉得，这正是我想要的书名，符合林忠一贯的书法风格。但是，让我没有想到的是，随后几天，林忠又陆续发给我几张，他告诉我，多写几张，选择的余地大一些。的确，后面写的其中一张，用林忠的话说，是他自己比较满意的。

林忠对书法艺术的追求，很执着，也有成就。他举办过个人书法艺术展，也出版了以《零点起飞》为名的书法作品集。同时，他也衷情诗歌。多年前，他曾经出版过一部诗集《墨痕》，也是邀我写的序。平心而论，那时，我对林忠的认识，更多的是浅层的，而且，我觉得他的书法要好于诗歌。我心底有一个判断，他内心对书法的热爱，恐怕要比诗歌更多一些，这从他为自己的第一部诗集取名，就是一个例证。艺术总是相通的，一位书法家，如果同时也是诗人，对作品的理解，就相对要丰富、诗意一些。

所以，他的书法，除了单纯的艺术趣味，也多了一些诗的意境。

三门是林忠的诞生地，是他的故乡。三门依山面海，地理环境独特，这在很大程度上，养成了林忠书法作品既有山的硬气，也有海的大气，如果把这种风格放在他的诗文创作上，也成立。当然，这与林忠曾有军人的经历密不可分。在微信朋友圈，林忠经常会转发一些军事方面的信息，并对眼下热点问题简要评论，这个时候，作为军人的林忠，就体现出他与众不同的性格，他有血性，会激动，也会呐喊。而面对同样的事件，恰好与我的冷静形成鲜明对照。从写作角度来分析，这种激动与呐喊是可贵的，令人欣喜的是，林忠初心不变。

写到这里，必须切入正题了。因为工作岗位变动，林忠从三门调到椒江。椒江是台州市政府所在地，从椒江码头出发，可以出海，可以抵达一江山岛和大陈岛。我曾经和林忠一起，坐船去过大陈岛。从大陈回来，我写过一篇比较长的散文《大陈以东》，此文结尾如下："海星星呈五角，中间隆起部分和五只角上长满小小的棱角，它们在海底见过潮汐涌动，也和无数鱼类为伍。它们的体内，一定灌满海洋的声音。现在，这几只海星星搁在我的书架上，我一抬头，就能看见它们。我将耳朵贴近它们，大陈的往事如潮水般袭来，看见它们，我就仿佛又去了一趟大陈岛。那儿，沧海横流、天空辽阔，我多么希望，大陈岛，及大陈岛以东，从此刀枪入库、铸剑为犁。"这个结尾，显然是我对人类和平的祈祷。至于现实会走向何处，非我一介草民能左右。林忠在读了我的散文后，希望我多到台州走走，我嘴上答应他，但心里还是觉得再去的概率不高。然而，时隔数月，我居然又去了一趟台州，并且去了林忠的家乡三门。在三门，我去了蛇蟠岛，那儿有传说中的野人遗迹。其实，所谓的野人居住的野人洞，是古代的采石场，所谓的野人，是指采石工、海盗和岛民等山野之人，野人洞即他们当年的栖身之所。与上次大陈之行不同，这次去蛇蟠岛归来，我竟一字未写。我似乎在等待着什么。直到《林家塘》书稿出现在我的面前。我想，我迟迟没有动笔写三门的原因，很可能是因为林忠，我相信，他有足够的耐心在这片土地上精耕细作，种下一些值得期待的庄稼，并且生根开花结果。

然而，这多少让我有些吃惊。林忠在出版了诗集和书法作品集后，打算出散文集了。这些散文，大多是他调到椒江之后创作的。这可能与他有相对多的业余时间有关。他的家人在三门，他只身一人到椒江，晚上的时间就可以充分用来创作。于是，我从他的微信上，读到他散文的频率就明显增加了。有时候，几乎以一天一篇的速度在更新。这一段时间的创作，呈井喷状。或许，这与林忠多年的生活积累有关系，而且，他创作的题材，几乎都是自己经历的，或者与自己的生活息息相关的。所以，他创作就显得得心应手，信手拈来，即成文。

这部散文集，亲情题材占了大头。几乎每一篇，都能感受到作者对家人，对故乡的热爱。在林忠眼里，祖母是一位有着无比坚强毅力的女性，这从林忠的《祖母拦腰》一文中可见一斑："自从有了父亲后，家里的生活条件虽有好转，但对祖母来说，养活大姑妈和尚在襁褓中的父亲也极不容易。邻居时常能看见祖母背着父亲牵着大姑妈下地干活，或到街上买菜蔬。到了临傍晚，祖母做好饭便带着大姑妈和父亲，站在码头等祖父。"这段文字，让我看到一个女性的"背影"，她的血液里，流淌着一个中国母亲的坚韧与伟大。她的言传身教，也给了童年的林忠人生最初的启蒙，这是林忠一生中最值得珍藏和传承的精神财富。

《电话墙》的情节很简单，在林忠母亲居住的老宅，有一面墙，挂一电话，墙上毫无规则地写满了一个个电话号码。由于母亲不识字，这些号码也都是她的儿子们或邻居家的孩子帮着写上去的，方便她拨打。然而，在我看来，这面电话墙，就是一个母亲对孩子的牵挂，是她人生全部的希望。我能够想象，她期待墙上的电话铃声，比她的一日三餐更重要。

《180封情书》是林忠和他妻子的爱情见证。我没有见过那位可敬的白衣天使，但是，通过这篇散文，我能够感受到她内心的善良，对爱情的执着和对家人的无私奉献。有意思的是，这批情书是装在一只子弹箱里的。"这是一个废旧子弹箱，木箱子铁扣已经有些生锈，每次打开都会发出'咿呀'的声音，通体的绿色也随着岁月的流逝、旅途的颠簸逐渐褪色、斑驳了，但它在我心中却依然那么鲜亮。从拥有它开始，我就带着它走南闯北，一直陪伴在我身边。"林忠之所以要带着这只子弹箱，是因为这只不同寻常的箱子，装满了他的爱情。藏在里面的180封情书，是林忠从军认识妻子几年时间里，写下的爱情誓言。准确地说，这些情书写于他在部队服役的后三年，那时，一个在林忠眼里，世界上最美的女人出现了。分居两地，书信，就成为连接两颗年轻的心唯一的鹊桥。和所有转业军人一样，林忠也面临人生的分水岭，他对于踏入社会有一些惶恐是人之常情。而他的爱人在写给他的信中是这样安慰和鼓励他的："我相信你，在我眼里，你最棒！即使你没有工作，还有我呢！我们俩一起努力，拿出你的军人品格，相信命运之神一定会青睐于你。"读到这里，无论我对这个世界多么满不在乎，也忍不住会想起"执子之手，与子偕老"的千古名句。真正的爱情，总是在人生的低谷，才闪耀光芒。

张习显然是180封情书的结晶。这个聪慧的女孩，遗传了她父母的机敏与善良。她在写作上的天赋，让她成为一颗文学的新星。我读过张习的一些作品，与同龄人相比，她对这个世界，对生活的观察与思考，要深入得多。她把自己的感觉，形成文字，写在纸上。林忠写给女儿的信，一个中国父亲的喜悦与感动跃然纸上，孩子如花，仿佛一阵春风吹过，就含苞欲放了。他在《寄女儿信》中送给女儿的六字箴言：独立、博学、勤奋，其实就是张习父母人生的自我写照。从某种意义上，林忠也是在和女儿谈自己的人生经验。

现在，我要说一说与书名同题的《林家塘》。这要从200年前说起，“我的生命是随着200多年前祖先那条破旧四处漂泊的渔船，停靠在小湾渡头，这条混浊的浅海养育了我的曾祖父。”又是100年，“我的生命随着100年前挑着一担稻谷从舟山沈家门避难到此的祖父祖母。被一把大火烧得一干二净之后，辗转到临海大田，靠朋友的一碗糯米救了祖父性命，才有祖父祖母再一次安居在这个小山村——林家塘。”这段叙述，是林忠祖先在林家塘这座小山村落地生根的开始。在那片土地上，童年的林忠自由地奔跑和呼吸。在他闯荡世界多年以后，他决定写一写林家塘：“在我童年的时候，那片土地是我的乐园，也是教我认识自然的课堂。夏天，每天天不亮就被母亲唤醒，带上饭团，踩着露珠上山去砍柴。布谷鸟叫的时候，跟父亲下田育苗、插秧，我的手脚不知道被茅草、荆棘、树枝和镰刀划破多少次，我的身体不知道摔过多少次，这些，就印证了我和这片土地的血盟关系。”他在这片土地上，就像一株禾苗，扎根故乡的泥土，滋润故乡的雨水，长成一棵树。当他一次次回望，才发现，原来自己的故乡，是如此美丽。每一个人，都需要一个精神故乡，而林家塘，既是林忠的诞生地，也是他的精神故乡。

林忠对家乡的牵挂，在《林家塘》中，乃至整部散文集的字里行间，被填得密不透风。林忠始终对自己的军人身份有一种特殊的记忆，这也体现在他对祖国的感情上。没有国，何以为家。故乡在他的心里，就是泥土、花草、河流和空气，同样，林忠心里的故乡，也是祖先、父母、妻子、女儿和祖国。这是我在阅读这部散文集后得出的一个结论。或许不一定精准，但以我对林忠的了解，大致差不到哪里去。

我想起多年以前，我去湘西，在凤凰拜谒沈从文先生的墓园时，看到画家黄永玉为他的表叔沈从文题写的碑文："一个士兵，不是战死沙场，便是回到故乡。"我很喜欢这句碑文，我把它作为这篇序言的结尾。我觉得，对于人生这个战场，我们每一个人都是战士，我们都会有回到故乡的那一天，无论活着，还是死去。

陈富强　2017 年 4 月于杭州

（作者系中国电力作协副主席、中国作协会员、作协九大代表）

目录

序：诞生地 /1

辑一 隔断红尘八十里

父老乡亲 /3
隔断红尘八十里 /10
忆祖父 /14
再也见不到你 /20
祖母拦腰 /24
石巷幽幽 /29
母亲的呼唤 /33
一个我叫姨的女人 /37
写给阿公 /41
双墩人姑丈 /45
我的篾匠父亲 /49
生锈的工具 /54
一只大木箱 /59
天边那一抹晚霞 /64
180 封情书 /68
是谁稳住了我的心绪 /73
为父不易 /75

作家女儿 /77
寄女儿信 /82
谢谢你的表扬 /86
癞头小乃 /89
花眼三夫 /93
哲顺 /97
老摆 /101
村子里的傻子 /105

辑二 三十年后来看你

林家塘 /113
一条叫三沙洋的街 /118
电话墙 /127
三十年后来看你 /131
橘树花开 /136
消失的橘园 /139
怀念一条河 /145
一株橘树的光阴 /151
林家塘的鸟 /155
捡牛粪 /160
童年的乐园 /163
抛梁 /168
树会记住童年的糊头羹 /171
牛圈上的夏天 /174
洪水・筑坝・打夯 /177
我的初中生活 /183

老屋 /188
两个村子 /193

辑三 猪之年味

端午杂记 /201
散口米胖糖 /205
麻糍的香味 /209
穿过童年的甜蜜 /212
被包住的乡愁 /217
猪年之味 /221
永远的房子 /224
龙虾味道 /229
蝙蝠 /231
金秋十月桂花香 /234
泡沫箱里的绿头菜花 /237
东屏寻幽 /240
北山秋色 /244
大山深处里田湾 /247
名字 /250
购车随想 /254
旧书情怀 /258

跋 /261
四十六年记 /265

辑一 隔断红尘八十里

父老乡亲

“当兵去部队吧，总不能待在家里种田垟做农民。”当初对我寄予厚望，希望跳出农门的祖母叹了口气对我说：“天无绝人之路，主耶稣保佑！”那一年，在县卫校毕业后，由于错失机遇，无缘工作。

太阳犹如巨大的火球，炙烤着林家塘，使本就烦躁的我愈加抓狂不堪。整整一个夏天，我都躲在家里，不敢出门。

夏天终于过去，紧接着秋收开始了，我不得不和父母亲一起，每天在田间劳作，接受太阳的暴晒。等外塘四亩水稻割了一半，秋收还没结束，征兵工作终于开始了。村里的广播传出公社女播音员一遍又一遍的征兵通知，叫得年轻人心里直痒痒，我也似乎在黑暗中看见了一丝明亮的光线。

听到通知，祖母便托人带我去找公社书记。公社驻地在丁山脚，天还没擦黑，那人在我家吃过母亲做的六只荷包蛋大盆面，领着我匆匆地往公社方向走去。我低着头，跟在那人后面，紧紧地攥着黑塑料袋包着的香烟。

“见到公社书记，你就叫他阿叔，人要活络些。”那人边走边交代。出门前，祖母在老屋嘱咐我叫那人娘姨。娘姨是生意人，听说家里很富裕，前年发大水，藏在屋里的金条被冲走了，从此家里步入困境。她的两个女儿住在我家，是祖母心生怜悯，安顿了她们。娘姨感激不尽，这次叫她帮忙找公社书记，便一口答应。公社毗邻电影院，不远处就是我曾经读过的初中——三岩中学。这里我很熟悉，但当我走近公社时，我又感觉到如此陌生。我被娘姨带进了公社书记办公室，我轻轻地叫了声“阿叔”，并将两条香烟递给了他：“我想当兵，请您帮帮忙。”公社书记是渔西人，是三岩公社最高领导了。从小，祖母便教育我，小佬人[①]嘴巴要甜，年纪轻的叫阿叔阿婶，年纪老的叫阿公阿婆。在家里我一向很乖，在村里人眼里我也是忠厚老实，近乎木讷。公社书记抽了一口烟，“嗯”了一声，停下手里工作，拉了条长凳子，招呼我们坐下。看见我不言语，娘姨笑着对书记说：“外塘人这个‘小猢狲’好用的，卫校毕业，想去部队锻炼锻炼，家里也没人头熟，你一定要帮忙。”书记用黝黑大大的手摸了摸我的头，捏了捏细小的胳膊，又抽了一口烟，过了一会儿，才蔫蔫地说：“想去部队是好事，但不知人家部队要不要。烟你拿回去。”

不知不觉，中秋节快到了，公社丝毫没有一点消息，我再也坐不住了。母亲说，你再去一趟公社问问书记吧。父亲推来“鸳鸯”牌自行车，叫我骑着去，也好快点到公社。自行车是我读初中时父亲给我买的，足足花了一百多元钱，自从去县城读书，这辆车就给父亲讨小海用了。自行车经常被海水侵蚀，车轱辘和车把锈迹斑斑了，骑起来咿咿呀呀，后座还绑着两个扁藤筐，是父亲用来装鱼虾的。每天清晨天蒙蒙亮，父亲就骑着自行车到小湾渡头的滩涂，那里放着父亲的九龙网，每次都有收获，然后母亲把这些小海鲜拿到三沙洋街卖。如此日复一日，年复一年。

快到公社时，我在一家小卖部买了包“古松”香烟，揣在上衣的口袋里。忐忑不安地敲了敲公社书记办公室的门，没有反应，用手稍稍一推，门是锁着的。我心里“咯噔”一下，莫非今天白来一趟。我又不死心，便坐在公社的门口等。过了好长一会儿，只听见“嘀”的一声，一辆吉普车拐进了公社大门，我站了起来，果真是公社书记。随车下来的还有一位年轻的军官。我跑了过去，叫了声“阿叔”。公社书记见是我，一脸笑容，接着对军官说：“刘排长，你看这小后生怎么样，念过卫校，有文化，还写得一手好字，人又老实。”那位刘排长就向我这边靠了靠问：“是卫校毕业吗？”我点了点头。军官通身打量了一下我，然后对我说：“你先回去吧，如果需要体检、填表格什么的，到时候会通知你们大队民兵连长的。”我欣喜地掏出香烟，笨拙地分给军官和书记，满脸堆笑着：“谢谢首长，谢谢书记关照！”

回来后没几天，转眼间就到了中秋节。这天早上，民兵连长江涛来到我家。江涛是前几年复员回家的退伍军人，人很热心。老民兵连长退了后，他就接了班，当上了我们大队的民兵连长。祖母见民兵连长来，连忙招呼母亲剥荔枝和龙眼。“指标下来了，我们大队只有一个名额，可桥头边的小建儿也想去。”民兵连长说着顺手递过一张入伍体检登记表：“你先把表格填上，大队和公社那边我帮你去说。”我低着头不知道说什么好，母亲端着满满的一碗鸡蛋荔枝龙眼茶边说边招呼民兵连长：“您快趁热吃，一定得帮我虎讲讲。”

“我晓得的，老卓嫂，礼虎[②]有文化又忠厚老实，到部队肯定有出息，能给咱大队争光哩。”民兵连长吃完一碗鸡蛋荔枝龙眼茶，抽着父亲递过去的“古松”牌香烟，把高高卷起的裤腿放下，便朝着村里的石子路上走去。

这天晚饭后，祖母觉得不对劲，说，去公社再看看吧。祖母把脸扭向母亲道：“这几只青蟹也不要卖了，晚上叫虎给书记送去。”父亲把六只肥肥的青蟹装在网篮里，我顺路在花眼三夫小卖店买了一包“牡丹”烟，又顺着那条石子路向公社走去。生怕熟人看见，我拐进了一条小路。

依然是破旧的大门，两棵法国梧桐执拗地把树干伸出了围墙，枯黄的叶子飘落了一地，显得有些凄凉。我在公社门口徘徊着，分明听到了自己“扑通扑通”的心跳，我深深地吸了一口气，来到公社书记的宿舍门口，轻轻地敲了敲门。书记很热情，叫着我的名字，拉我进了他宿舍。我怯怯地站在那里不敢动，“我知道，你是想去部队的。”书记说：“我也希望送出去的兵能有出息，给家乡争光，所以当兵一定要有文化才行。这样吧，你后天来体检就是了。”

天黑得伸手不见五指，我独自一个人走在路上。天气有些转凉，四周的村庄没有一点灯光，偶尔传来几声狗叫。一阵风吹来，身子不由得激灵了一下。我尽量加快脚步，心里不由得哼起歌来。

体检对于我来说，是一道形同虚设的门卡。卫校毕业后，我分别在镇医院和县医院实习过，体检医生都认识，而且身体也很棒，所以毫无悬念地通过了。我果真被批准入了伍。临去部队的头三天，我便没有了在家吃饭的机会了。先是哲英姑妈把我拉到了她家里，给我烧了一碗大大的海鲜面。在老家，招待客人或有亲人外出，都要做一碗又大又鲜的面条，意思是往后的路顺顺溜溜，永远在外面干大事业，是村里人最高的期望。

接着是双墩人姑妈，又是一碗大大的鸡蛋“弹胡”[③]面，硬是撑得我连路都走不动。双墩人姑妈的面还没吃完，便接二连三地有人来叫，到另一家吃，屁股还没坐热，另一家的面条做好了。我只能这家吃一点，到那家再吃点，乡亲做了面条，吃得不多，但是要吃一点感谢乡亲的心意。

终于，三天快过完时，大队会计小中给我送来一本淡绿色绒面笔记本，扉页写着“赠张林忠光荣参军”字样，落款是新塘村，时间是1990年12月14日，一枚圆圆的村印章戳着。会计小中说，晚上村请客送你，就在村支书家。“新塘村每年都会有兵送出去，但文化都不高，在部队几年就回村了。”村支书端起一碗黄酒说，在部队好好干，早点出息，也是咱新塘的光荣。这天夜里，我头一次喝这么多酒。

第二天，北风呼呼地刮着。母亲早早起来，给我张罗早饭，我匆匆扒了几口，就不耐烦地出门站在家门口的马路边等村里的拖拉机来接我。不曾想，乡亲们早早地站在寒风里等我了。祖母塞给我两百元钱，还没拿过这么多钱出门，心里着实有些激动。祖母让我把钱塞到长裤的内口袋里，叮嘱我要小心，别把钱丢了，好好听部队领导的话。接着说，到楼上和你爷爷说一下。祖父患有慢性支气管炎，一到秋冬天就犯病，不停地咳嗽，身体日渐虚弱。我来到祖父床前，祖父还在睡觉，我没有叫醒他，掖了掖祖父的被角就下楼了。

我听到了哲夏姑丈的声音。我回过头，哲夏姑丈说我送你。我想起去县城念书的时候，也是哲夏姑丈送我去的。期间，哲夏姑丈经常搭猪贩子去天台贩猪的拖拉机，抬着放有黄豆菜干等菜蔬的猪竹笼，在学校楼下喊我的名字。我又想起自己放假背着尿素袋子回家，乡亲们和我打招呼的情景。我终于无法控制自己的感情，泪珠簌簌地流了一脸……

光阴如白驹过隙，从戎五载后，我回到了林家塘探亲。多年没回来，村里发生了翻天覆地的变化，家家户户盖起了三层楼房，日子过得红红火火，家里也再不会为了一条香烟当回事。听说我回来，哲夏姑丈提着一大袋椪柑。我叫了声姑丈。姑丈摸了摸我肩头的硬牌牌，脸上顿时发出耀眼的光彩。

我当兵第二年，祖父就去世了。

祖母为了使我安心服役，就一直没告诉我。祖父走时只留下一句话，“要是虎出息了，就到坟前来看看我。”我独自一人来到祖父的坟前。坟地是祖父生前自己选的，这里面朝大海，前面是大片的柑橘园，后靠青山。我不由得想起那一年为祖父造坟墓的事，他说，趁现在还走得动，我要看看自己最终的归宿。如今，祖父躺在里面，再也看不见我了。我脱掉军帽，跪在坟前，向祖父磕了头。然后采了一束山花，放在祖父的坟头，轻风吹动着坟头的白草，窸窸窣窣的，我能清晰地感觉到祖父含笑地向我点着头，听到他轻轻地咳嗽。

转业前几年，祖母的眼睛突然长出了两片翳，并慢慢地蔓延到瞳仁边缘。眼翳的根生在眼角，起先只有橘子花瓣大，后来越来越大了。面对祖母的眼疾，全家都建议去做手术，可祖母坚决不同意，说自己都七老八十了，也活不了几年了，做它干啥。后来，祖母不知道听谁说，用人的乳汁擦洗可以去掉眼翳。于是，母亲就到村里向奶孩子的小媳妇讨点奶水，父亲用干净的棉签蘸着奶水，点在祖母的眼角。我也给祖母点过几回，我记得蘸了奶水，祖母靠在床头，睁大眼睛盯着我，那种渴望光明的眼神让我觉得那么的惊心动魄。但是奶水依然无法使那片小小的眼翳脱离，祖母眼睛看东西日渐模糊，逐渐几近失明。起初，父亲给祖母削了根拐杖，以免她走路时磕着碰着，可倔强的祖母宁可摸着墙壁走路也不肯拄拐。

那是一个初冬的午后，阳光异常耀眼，祖母一个人坐在门口晒着太阳。父母亲用手拉车拉着稻谷去村里碾米，叮嘱祖母不要乱走。祖母不知道想到楼上寻什么，便扶着楼梯一个人上楼。前几年，家里翻盖了新房后，祖母就一直住在楼下，说住楼下方便。祖母下楼时，把楼梯台阶两格当成一格，连滚带碰，从楼梯转弯处直接摔到楼下，额头磕了一道长长的口子。祖母这么大年纪了，哪经得起这么一摔呀，从此卧床不起。春节探亲回家，看见祖母这副样子，我鼻子不由得一酸。转年夏天，在我外出时离我们而去。祖母去世时已经皮包骨头，人没咽气，嘴巴里面已经溃烂生疽，生死不得，痛苦万分。

人以严肃的态度创作生活，生活却往往出人意料地以开玩笑的方式决定人的命运。当我告别父老乡亲，背着沉重的行囊，坐着绿皮车被拉到湘东、晋南和冀中平原时，我压根儿也没想到，在部队干了近十年的医生，转业到地方后还是没有当上医生，却是以另外一种生活方式存在。

我庆幸自己能用文字记录我的人生经历，记录父老乡亲给予我的关怀和爱。我不知道自己能用什么方式去报答他们，我能做的就是隔三岔五地去看望父母。每年春节，我都会提前几天回到老家，给乡里乡亲写春联，乡亲们也常常在报纸上知道我的一些信息，对于我所做的极其微小的事情，他们大谈特谈，觉得无上荣光。

父老乡亲，如同故乡一样无法携带，但他们的气息已随我而来。从军十几年时间里，我都嗅着他们的气息而生活，抵御世俗对我的伤害。待到他们气息渐渐弱小时，我会再一次登上与他们邂逅的回程，一次又一次，直到我和他们一样扑到泥土的怀抱……

2012 年 6 月　三门

---

① 小佬人：即小孩子。和“小猢狲”称谓具有相同的意思。

② 礼虎：我是“礼”字辈，原名叫“礼虎”。小学毕业后改为现用名。

③ 弹胡：俗称跳跳鱼，又称弹涂鱼，一种进化程度较低的两栖类动物，三门有名的小海鲜，曾在电视纪录片《舌尖上的中国》亮相。

隔断红尘八十里

车子驶出拥挤不堪的台州市区，眼前顿时开阔起来，横云如戟，远山若黛，新桥似虹。过椒江二桥，向右拐入省道，开八十多里，在浦坝大桥的北岸，一眼望不到边的橘园深处，那里便是我的老家林家塘，还有早已在路边等待的母亲。

自从部队转业回三门工作，也有十几年了。尽管小县城离老家只有四十多里，但常有事物缠身，一年到头也回不了几次家。直到有一天，接到母亲的电话，说父亲早起去赶海，骑电瓶车不小心摔倒受伤，才突然发现父母亲已经老了——父母还可陪伴我们多少年？内心顿感愧疚和不安起来。

人总是这样，忽略的往往是最需要问候和关心的人。每当夜深人静的时候，望着灯火阑珊的繁华都市，内心却时时埋汰起自己来。12 年的在外漂泊还不够吗？却要在不惑之年，大老远地跑到市里来，也不知道自己是图个啥。要想每天开车往返显然不现实——这让自己再一次陷入浮萍漂泊的感觉之中。家于我，再一次变得遥远。

小的时候，最渴望的事就是能够背起行囊，远走他乡，去见识外面广阔的天地，所谓好男儿志在四方。少长，这样的愿望终于成真。当兵十几年，走南闯北，一腔热血，报效国家。可荣耀之后复归平淡，于是，家成了我内心深处最执着的渴望，牵动着我思念的神经，那条乡村小道，也在时刻提醒着我不要迷失回家的路。

村口有一条窄窄的长满水草的清澈小河，和小河蜿蜒并行的就是我不知走了多少遍的乡村石子路。那是一条通往远方的小路，伴随我走过人生最难忘的童年。在前寺山脚下，两侧是碧绿苍翠的橘园，芳草萋萋，野花绊脚。我从这里到乡里读书、到县城读书，再到军营。如今，一条在建的沿海高速横穿而过，隆隆的机器和来来往往的卡车，打破了乡村昔日的宁静。

这条窄窄的石子路就像风筝的一根线，把我和故乡紧紧地连在一起。离别时，它在我内心，回来时，它就在我的脚下。踏着小路走出家乡，却走不出你的思念和我对故土的眷恋。

也是这条路，我应该是七八岁光景，或许更小。我坐在母亲的手拉车上，背着饭团，踩着露水，一路颠簸，沿路去割那种长得很高的茅草。都说穷苦的孩子早当家，可那个时候，我却不懂父母的不易和辛苦，只知道偷懒，无忧无虑地嬉戏玩耍。一天的劳作，换来一车柴草。到了傍晚，我坐在高高堆起来的柴草上，双手紧紧抓住绳子，母亲使劲地拉着手拉车。母亲虽很年轻，生活的重担却早早地压在她柔弱的肩膀上。

后来，带着家人的期望和村支书的嘱托，我坐上村里的拖拉机，沿着家乡的路离开生我养我的村庄，登上南下的列车来到遥远的军营。却未料到转身离去的那一瞬间，看见母亲站在寒风中，还有那条石子路，才发觉母亲的不易。那个场景就永远永远地镌刻在我的记忆之中，可谓刻骨铭心，好深好重好长久。

石子路早已被来往汽车碾压得坑坑洼洼，路边的柑橘树依旧密密麻麻，我记得路边还有一块不到一亩的地，被父亲种上了番薯。到番薯成熟的时候，一垅垅的番薯藤被父亲掀开，抡起锄头，肥壮的番薯破土而出。

我在后面一块块地往箩筐里装，口渴了，就挑一块修长的小番薯跑到河边洗干净了啃着吃，脆脆的，甜甜的，觉得世界上再也没有比这白皮番薯好吃的东西了。

这些番薯是要被母亲刨成番薯丝，然后挑到后山晒干当口粮的。那些细小的、生经络的番薯则会被蒸熟喂猪，母亲说秋天是“奸”猪的季节。除了几亩水田、旱地，养猪是农民的主要收入。

那时候的农村，家家户户养猪。这样的场景使我感到既快乐又渴望—— 一到傍晚，吃完晚饭后，最重要的事情就是蒸番薯喂猪。我们坐在厨房间，镬灶的火正旺，父亲往灶里不停地添柴。不一会儿，锅冒出了蒸气。高高垒起来的一锅番薯上面，或者是一碗糯米饭，或者是几块南瓜，随着一股番薯的香气在老屋弥散开来——番薯熟了，我们便会迫不及待地伸手去抢南瓜——“南瓜蒂，吃了做皇帝！”但在我的眼里，做不做皇帝并不重要，重要的是生粉的南瓜蒂是多么的好吃诱人。有时候南瓜蒂只有一个。当然，只有一个的时候，我要让给弟弟们，不过，最后大家都会轮流享受着做“皇帝”的待遇。

小时的生活片段，总是不停地敲打着飞扬的思绪。到家正赶上吃晚饭，农村人吃得早，凝血的残阳掠过橘园，在道地上投下红彤彤的身影。父亲凌乱的渔网放了一地，两只黑色的小狗怯怯地看着我，惊恐地“呜呜”叫着。“大黄被偷狗贼打死了，只留下这两只小狗。”母亲端着一碗剩菜送到小狗面前。大黄，这只几年前来到我家的狗，乖巧而通人性。有一年春节回家，第一次见到我的大黄，居然不叫不吼，还“呜呜”地摇着尾巴直往我身边蹭。如今，大黄没有了，看着这两只没了娘的小狗，心里不是滋味。

二弟和侄子都在，弟妹去了北京帮自己的一个姐姐料理生意，只剩下二弟和侄子。当年还跟着抢东西吃的侄儿已经是一个 15 岁的小大人了。

为了生活，二弟重拾起泥水手艺，给乡亲装修房子贴瓷砖，一天 300 元的工钱。“只是太辛苦了，夜饭都望不着吃。”母亲边准备给我盛饭边念叨。父亲为我倒了一盅自己泡的杨梅酒——喝了酒就不能开车了，父亲是希望我能在老屋住上一晚。

看着眼前的老房子，看着父母亲，心中堆积起来的疲惫顿时消失得无影无踪，这就是我的家，我第一声啼哭的故乡。谁的故乡不迷人，谁的父母不思儿。

“清溪流过碧山头，空水澄鲜一色秋。隔断红尘三十里，白云红叶两悠悠。”突然间想起宋诗人程颢的这首《秋月》来。我的家乡，这间老屋，这里不就是远离尘嚣，隔断红尘的温暖港湾吗？

2016 年 10 月 海门

忆祖父

我一脚踏进老屋，祖父的遗体静静地停放在里屋，身上盖着一条崭新的红色缎面被子，祖母坐在祖父的身边不停地哭泣，父母亲站立着。我悲痛欲绝，黑暗中，我分明听到了自己的哭声，不觉一惊，醒来已是泪流满面……

祖父离开我们已整整 25 年了。25 年来，我始终无法忘记祖父，他那高大清瘦的身影经常会出现在我的梦里。梦中的祖父没和我说过一句话，我是多么想在梦中和祖父说说话，以弥补我的不孝，可一次也没有——梦中的祖父都是离世的形象出现，而每做一次梦，我都被自己的哭声惊醒——不相信祖父已经离开，他平和的笑容依旧清晰地浮现。

25 年前的 1991 年夏天，那是一个怎样的日子，远在千里之外的我无法感受到家乡的空气，无法感知祖父溘然长逝对家人造成的悲痛心情。只是那一天，晋南的天特别蓝，中条山横亘在我的面前，部队院子里的白杨树叶子在太阳底下翻飞着，发出沙沙的声响，战鹰呼啸冲向天空。那一年，是我在部队服役的第二年。之后才知道，为了使我安心，希望我在部队有出息的祖父，在去世前一再叮嘱母亲不要告诉我消息……

我和祖父相处只有十八年时间，一直到我离开家乡，去县城读书，到后来去当兵。那时的祖父已经年近八十，但他的思维仍然睿智练达。

知道祖父的相关信息不多，有关他的故事大部分都是从祖母或姑妈那里听来的。去年偶然一次遇见一对曾经下乡的知识青年老年夫妻，说起我祖父的一些情况。

祖父有兄弟三人，他排行老二。祖父一生经历坎坷，18岁开始当船老大，常年在大海里讨生活。后来被打成反派分子，承受常人无法承受的屈辱，差点被枪毙，最后死里逃生，躲过一劫。却在一次捕鱼时不慎跌落大海，又差点葬身鱼腹。后来有了点钱，开起了钱庄，却不料钱币贬值，“一大堆钞票就在道地上烧掉了……”祖母说起这事，仍然唏嘘不已。但这些，祖父都经受住了，才使我们家慢慢恢复元气，摆脱困苦境地，才有我们整个家族现在的繁荣。

很遗憾的是，祖父没有留下一张照片。25年来，我使劲让祖父的形象在脑海里留存—— 一米八的高个子，瘦长的身子，高高的鼻梁，一张清瘦的国字脸布满络腮胡。我想找个人物画高手，能否给祖父画张肖像，可是靠描述没有照片怎么能画得出来——我是怕自己记忆里会失去祖父的样子。

记得五六岁的样子，那时候，我们已经住上了村里为数不多的楼房，父母也早已给我们三兄弟分好了产权，我是东头一间，三弟是西头一间，中间是二弟所有。按照祖父的心意，他的床放在西间楼上靠南面的窗户边，祖父说他喜欢听马路边人来人往的声音。一大早我经常看见祖父弯侧着身子，透过玻璃窗，看马路上来来往往的车子、牛和人。

小时，我最喜欢睡在祖父的身边，每晚熄灯后，祖父就开始给我讲故事，那些故事总是那样吸引我，我不知道祖父的故事是从哪儿来的，哪怕是“炒冷饭”，我也是百听不厌。这些故事经我的传述，表姐表妹们和村里的小伙伴们个个都缠着我不放。有一回，祖父说起姑妈家门前的那口水库，讲起水库中的水鬼，毛茸茸的皮毛，锋利的爪子，猩红的大嘴巴，样子是那样的可怕，以至于我再也不敢在天黑时去水库边了。

在上小学后，每年夏种秋收，我都会被祖父拉到稻田里，帮父母亲插秧，或是割稻子递稻子、推手拉车，或是给父母亲送饭。我偷懒，祖父就用一句民谣说我：早嘎露水白洋洋，不如中午不乘凉；中午日头红火火，不如生活做到夜晚头。但我最不情愿下田，稻田里的蚂蟥令人生畏，尽管我把裤管放下来，还在脚腕处系了根长布条，但还是挡不住蚂蟥的进攻。一条条青黄色的蚂蟥吸附在我的腿上，任你怎么拍打和扯拉，蚂蟥的吸盘紧紧地吸着，我自岿然不动的样子，实在没办法的我，害怕得几乎疯狂般上蹿下跳。祖父便会在一边哈哈大笑，只见他拿起镰刀轻轻一刮，便轻而易举地将蚂蟥刮开。从此，对蚂蟥的反感一直挥之不去，不过后来，祖父教我一个使我看来更过瘾、更具有报复性的方法对付蚂蟥，就是在蚂蟥身上撒盐，不大会儿工夫，蚂蟥开始痉挛自动脱落，口吐鲜血，卷成一团。但更可怕的是，在稻堆里冷不丁还会窜出一条水蛇来，着实让我不寒而栗。

也在那个时候，祖父教会我插秧，比如两脚如何站在秧苗中间，左手如何分秧和右手如何配合，保证插得又齐又快。刚开始我往往不得要领，一边插一边要用眼睛瞄一下，看插得齐不齐，而插下的秧一会儿就会浮上来。祖父说我的手法不对，捏秧的手势应该是这样的，祖父边说边示范给我看——并拢四指和大拇指轻轻地夹着秧苗，像一把刀片似的将秧切入下去，秧苗自然稳稳地扎在泥里了。有时候，祖父也会提议来个插秧比赛。祖父说，插秧最高境界是手在插提过程中，形成的一股水柱不会断开。祖父的插秧技术果然是这样子，我不得不对祖父肃然起敬，那股混浊的水柱在祖父手起秧落之间，异常漂亮，在“啾啾”的插秧声中，一排排笔直的秧苗在眼前呈现。

后来我才知道，祖父那时是在锻炼我的插秧技术，这样的锻炼的确有效，到小学快毕业的时候，我插秧的技术炉火纯青，速度越来越快。也是那个时候，在我幼小的心灵里真正体会到了农民面朝黄土背朝天的艰辛，也使我下定决心跳出农门。但我实在受不了长时间俯身，插一会儿站一会儿。祖父便会说，小猢狲无腰无错（音），屁股开哦哦（音）。家里的四亩水田，在祖父、父母亲和我四个人的劳作下，不出两天就会插完，而父母亲俨然也把我当正劳力来用了。

不过，农忙时节，最乐意的事情还是给祖父、父母亲送饭。水田到家隔着一条河，回家要绕过河走很长的一段路。快到中午的时候，祖父仰起头看看河对面的山脚下，一股袅袅的炊烟冒起，祖父就会说，你奶奶在做饭了。于是我如释重负般顾不上洗脚，就赤着脚越过田埂，蹦蹦跳跳地往家走。穿过柑橘园，或是西瓜地、甘蔗园，我往往经不住诱惑，看看四下没人，我一闪跳进甘蔗地，扳断一根甘蔗，躲在里面好一番享受。现在想起来，那时候是多么的无忧无虑，生活虽苦却又是那么的快乐。

直到现在，我还心存愧疚，祖父是我当兵几个月后去世的，想不到当兵走的那一天竟成为我们的诀别。听祖母说，祖父经过那一次落水后，身体就一直不太好，后来，逐渐演变成老慢支，不停地咳嗽咳痰。小时候，我经常在夜里被祖父的咳嗽声弄醒，木床在祖父剧烈的咳嗽中“咿呀”摇晃，似乎整个楼板都难以承受祖父的咳嗽。后来，我上了卫校，学了一些医学知识，从县城带回来一些治咳嗽药，祖父就当见了救星一般，牢牢记着服用方法，果然，吃了我买的药后，祖父的咳嗽好了许多。

也许是祖父知道自己与日无多，就对父亲说，有空给我把坟造好，我要亲自看看我的归宿。那是一块面朝大海，在半山腰的宝地。祖父说，边上是我的父亲，你的太公，我要陪着他们。我和父亲一起，把石头一块块从山脚抬到上面，祖父站在一边抽着旱烟，当监工似的，笑眯眯地看着我们把他的归宿垒起来。完工后，还要经过他的验收才算。没有后顾之忧的祖父终于把心放下了，每天坐在堂屋或门口，看马路上来来往往的拖拉机和人畜，看见熟人经过，会一个个地和他们打招呼。到了礼拜日，家里顿时热闹起来，从四面八方赶来的基督教徒坐得满满的，祖父会站在门口迎接教会的兄弟姐妹。读《圣经》声、祷告声和着悠扬的赞美诗，会使这一天都充满激情和快乐。我想，祖父去世出殡的时候，会有很多教会的兄弟姐妹来送他的，也一定会洋鼓洋号，在圣徒唱着赞美诗中送入天国。但在我的内心里是多么的痛苦和悲伤。

我依然记得，祖父教我写大字的情景。在我十岁光景，那一年的暑假，我坐在堂屋，趴在凳子上写大字。当时的情景我依然记得清清楚楚。祖父是认不得字的，更不用说拿起毛笔教我如何写大字了。但的确，祖父示范着给我拿起毛笔，说什么我已经记不得，只记得“捺画要像大刀”一句话。

后来，我才想起，祖父是看见舅公在给家里竹制品上写那些吉语，他的一点写字方法也许是从舅公那里“偷”来的。不管怎样，这些都成了我对祖父的美好回忆。我在个人书法作品集的后记中写道，喜欢书法源于我的舅公和小学语文老师，但我自己也宁愿相信，喜欢书法也有源于祖父的原因。而每当我坐在书桌前，拿起毛笔，流出来的一个个汉字，我都会想起30几年前的那个夏天，那间潮湿的老房子，太阳正好，祖父坐在我的面前，握笔的手在空中比画着，沙哑的声音，那天的午后一定很宁静……

这些年来，我和三弟分处各地，二弟安顿在老家，陪在父母身旁。每到逢年过节或是双休日，我和三弟都会尽力赶回老家，陪陪父母。每年也只有清明的时候，回到老家，去祖父母安葬的地方看看，在坟前说说一年来家里的变化，又不免想起了儿时和祖父一起修坟墓的情景，心里不免沉重，不知不觉眼泪已经浸在眼眶……

如今，我自己也步入中年，我是怕自己逐渐老去的时候忘记祖父的样子，只是我的父亲在变老的时候越来越像我的祖父了，而一回到那个小村子，看着父亲，就仿佛自己正与曾经疼爱过我的祖父一起，祖父正在慈爱无比地陪伴着我。

今夜，您是否依然会出现在我的梦中，与我共话共语，相伴左右？

w

2016 年 6 月 海门

再也见不到你

外面全黑了，什么都看不见，所有的一切统统被扔进泥潭中，无声无息。屋子里突然响起一片哭声，夹杂着姑妈的叫“娘”声。我走进去的那一瞬间，感觉到祖母断气的声音，像一个叹息。叹息随着这夜色飘了出去。我猛地一惊，右手要去抓住这个声音，双脚离开了地，却怎么也抓不住。外面依然漆黑，道地上只留下我和一口棺材……

不知道为何，最近会做各种各样稀奇古怪的梦，梦境也会越来越清晰，记得真真切切。

十几年前的一个夏天，我正在德清的一家客栈里，心里还在盘算如何去见一个客户。按照昌富给我的地址和联系电话，我已经先和客户取得了联系，约好第二天早上和他洽谈一桩生意。

昌富是我一个远房表哥，开了一家服装加工厂，委托我去德清谈一桩服装业务，出门前，他临时给我印了一盒名片，名片上的头衔是“业务经理”，我暗自好笑。那一年我刚刚从部队转业等待工作落实，我找到他，希望能得到他的帮助。

昌富没有告诉我如何和对方谈，只给了我个最低的价格。“一定要谈下这笔生意！”出门前，昌富把我叫到他家说，按照规定，出差一天伙食多少多少，住宿标准多少多少。于是我在心里盘算着，如果节约，出差在外的几天里能赚到多少钱。想想自己转业当年我的工资才 30 多一天。

客栈房间很小，除了一张床一张凳子，所留的空间只有床前窄窄的通道，但比起我许多年前回家探亲时，住在华阴火车站边只要 5 元的土旅馆，不知要好多少倍。没有空调，电风扇不停地转动，我赤身坐在床上，看着雪白墙壁上晃动着的电风扇影子。突然手机响了，是母亲的声音：快点回来，奶奶熬不住了！我心头一阵“嘣嘣”跳。似乎感到天要塌了一般，迷糊了一会儿后我才稍稍镇静下来。我穿好衣服，面朝床头，俯首跪着，大声向天父祈祷：“上帝天父、我主耶稣，求你保佑我祖母，饶恕我一切罪孽，使我得以见祖母最后一面……阿门！”

我不知道这一天家里发生了什么。这十几年来，我一直远离林家塘，远离自己的家人，在外面游荡，突然有一天脱了军装要回来，开始兑现当初给家人的承诺，我不能当农民，再也不能回到林家塘当面朝黄土背朝天的农民了。所以，对这一天林家塘发生了什么，家里发生了什么，我一无所知。似乎只和林家塘打了个照面，还没有消除陌生感，我又要远离这里。要想得到一份工作只能靠自己。

突然间，我觉得对不起家里，如果当时能去卫生系统上班了，我也不会在外当兵。会在距离林家塘不远的某个乡镇，和其他同学一样，当个医生，安安稳稳地拿工资，哪怕偏安在乡下过完一生。但祖母对我的期望就像一块大石头压住我的背，使我喘不过气来，我知道祖母不容许我毫无出息地出现在她面前，更不允许我回到林家塘当农民。我就像一只扒食的鸡，用爪子不停地在地里扒拉着。但我觉得自己更像一头猪，一头用鼻子不停地往前拱的猪。多年以后，在我某年生日，我写下了“我就像一头猪，越上土岗，向前奔跑，没有方向”的句子，送给我自己。对一切，似乎没有选择，就像我对昌富的安排没有选择一样。

我傻呆在客栈的床上，不停地向心中的耶稣基督祷告。窗外一片漆黑，透过窗户，仰望天空，但我只看到屋檐和几根越过屋脊的电线，幻想着祖母一旦真的熬不住了，要去见天国中的祖父了，世界上会是怎样。祖父会和祖母念叨起我吗？或许会责怪起我的不孝。我一直觉得祖母不了解我，不懂得我所谓的远大抱负和理想，突然对这个从临海远嫁给祖父，和我生活在一起、我谓之为祖母的女人有一种难以名状的陌生感。我甚至在我上初中的晨光，曾经和祖母发生过激烈的对抗，即使她在我尚小的时候也会经常抱着我，给我讲故事，教我唱圣诗。在那些炎热的夏夜，祖母搬个小板凳坐在马路边，我靠着她仰头看着夜空的星星，听着那些百听不厌的故事。

我不知道祖母嫁给祖父后，来到“有囡难嫁三沙洋”这样的穷地方，在这个家幸福不幸福，过得快乐不快乐。火灾、遭人欺负、祖父险遭杀害……面对一连串的变故，她后悔过吗？我不知道，只知道祖母心气很高，如果不是这样，她不会送姑妈去上学，送父亲去学篾匠，也不会在村子里第一个造了三间瓦房，再后来不会在我完成五年制教育后，去央求老师让我再念一年书。在我当兵去后的第二年，祖父去世，祖母硬没有把这个消息告诉我，直到快过年了，才叫弟弟给我发了一份只有六个字的电报：爷爷去世，速回。

而现在，我又重复着十几年前祖父去世时的情境。第二天一早，当我办完事，匆匆坐上回林家塘的汽车，心里有点害怕起来，浑身哆嗦个不停，祖母会以怎样的神态面对我，我没有经历过亲人的死亡。听祖母说过，人死后，魔鬼就会和耶稣基督争夺死者的灵魂。我不知道在争夺祖母灵魂过程中，谁能战胜对方。我不愿意撒旦把祖母的灵魂抢走，地狱是多么的可怕，烈烈火焰、黑暗，无尽的痛苦和煎熬。还是天国美好，祖父一定在那里等着祖母，说不定耶稣基督已经派遣祖父在天国的门口等候了。我的眼前浮现出祖父的身影来，穿着白袍，还是那么高、瘦瘦的。

家里已经挤满了人，我的姑父姑妈们和亲眷叔伯，以及教会的兄弟姐妹，大家站在祖母的床前不停地做祷告，唱圣诗，祖母睁着大大的眼睛——祖母是要看我最后一眼。我扑倒在祖母的身上，祷告声把我的哭声盖住了，一旁的姑妈扯扯我的衣服示意不能哭，说撒旦就在旁边，一哭就会给魔鬼有机可乘。于是我和他们一样，大声地向耶稣基督祷告，我知道他们在向耶稣基督发出求救，好让耶稣能把我的祖母接入天国。

天渐渐暗下来，在芦苇没身的湖边一抬头，忽然看见了一叶小舟，船头站着祖母，那个撑篙的是祖父，穿着一袭白衣，祖母回头看了我一下，飘然隐入芦苇之中。我知道祖父带着祖母去了天国。只是留给我的是无尽的悲伤，祖母的灵魂去了天国，自己就可以放声哭泣。

祖母的棺材就停在道地水井边，我跪在棺材边，泪水不停地流淌，我想祖母一定能看见。一路圣歌，一路鼓乐，沿着那条马路，我抬着祖母的棺材缓缓向前。我知道，祖父已经在山上等着祖母，那是一块祖父亲自挑选的面朝着大海、背靠青山的元宝地。终于，祖母和祖父马上可以相聚了，他们一定会很高兴。

直到现在，多少年过去了，我仍然困在对祖母无休止的怀念之中，觉得祖母并没有走远，也不曾离开过林家塘，她就在教会里，虔诚地跪在地上，向主耶稣祷告，忘记了时间。

祖母在天国已经十五年了，我再也见不到了。十五年间，我把自己从青年变成中年，再过十五年，就也会变得老态龙钟。最后，我也会跟随祖母而去。

2016 年 12 月　海门

祖母拦腰

祖母出身临海杜桥的一户大家庭，兄弟姐妹五人，祖母排行第四，故名四妹。嫁给住在北岸的祖父后，祖母任劳任怨，勤俭持家，和一家人度过了艰难岁月。也就是在那个时期，祖母在家里建立了自己的权威，做事情说一不二，把贫弱的家把持得井然有序。

和善待人、孝敬长辈是祖母对我们耳提面命的要求，也渐渐形成了家规。她时常教育我们要与人为善、为人忠厚、知恩图报。

20 世纪 40 年代，刚刚三十出头血气方刚的祖父迫于生计，拉上了村里的几个年轻人开着一条木船，带着祖母和大姑妈到舟山沈家门打鱼谋生。风里来，雨里去，危险的海上生活常常使祖母提心吊胆。

自从有了父亲后，家里的生活条件虽有好转，但对祖母来说，养活大姑妈和尚在襁褓中的父亲也极不容易。邻居时常能看见祖母背着父亲牵着大姑妈下地干活，或到街上买菜蔬。到了临傍晚，祖母做好饭便带着大姑妈和父亲，站在码头等祖父。当看见祖父摇着渔船平平安安回来，才放下心来。我可以想象，一家人挤在一间简陋的茅草房里，点着煤油灯吃饭的情景。祖父喜欢海鲜，尤其喜欢吃黄鱼，那时的黄鱼最常见不过了，多得只卖几分钱一斤。由于祖母在当地人缘好，大家渐渐地对这个来自古城临海的年轻母亲佩服有加，另眼相看了。

有一次，休整了几天的祖父又要出海打鱼，因到远海，祖母便担忧起来，不停地叮嘱祖父多加小心，祖父嗤之以鼻，对于这样的经历，他自是胸有成竹。可恰恰是经历过多少次打鱼经验的祖父这次出事了，还险些葬送海底，丢了性命。据祖母后来说，那一天本是风和日丽，虽然是冬天天气寒冷，但却是一个打鱼的好时机，祖父和他的帮工们想打最后一网就满仓返航。也是天遂人愿，最后一网让祖父惊讶得说不出话来。后来，每每说起这次经历，祖父便会用十分夸大的语气来描述那一网鱼，不过我想这一网鱼实在过于多了，才使祖父得意忘形，可以想象当时的祖父是何等的高兴。祖父撸起袖子，站在船舷上，使劲拉着尼龙绳。正在这时，一股浪打来，船一倾斜，祖父站不稳，"扑通"一声落入海中，一米八的大块头就像一块秤砣。大家的眼睛都紧盯着渔网，根本没注意祖父。浸了海水的棉衣就像一股绳，缚住了祖父的身子，冰冷刺骨的海水顷刻间使身体失去了知觉。千钧一发之际，祖父使出浑身力气，用麻木的双手抓住渔网，才得以捡回一条性命。

回来后，祖父就生了一场大病，也从此落下了哮喘的病根。每当冬天，祖父都免不了要承受哮喘所带来的煎熬。记得那年我刚上卫校，给祖父买回治疗哮喘的药，也只能稍微缓解一下。后来，不知道祖母从哪儿弄回来清凉油盒大小的"乌烟"①，每次发作，祖母便用火柴梗刮一点点"乌烟"给祖父，哮喘自然停止。

真是祸不单行，一场灾难从天而降，这场灾难打碎了祖父祖母的希望和梦想。在我父亲步履蹒跚、咿呀学语的时候，得了肺炎高烧不退，情急之下，祖母背着父亲找到赤脚医生。在那个物资极度匮乏的年代，抗生素自然也少得可怜。就这样，父亲遭遇了仅有的链霉素。懂得医学常识的人应该都知道，常用链霉素会使耳蜗系统损害，直接导致永久性耳聋。赤脚医生一看高烧抽搐的父亲，一支支地给他注射链霉素。几天后，父亲的病终于得到控制，祖母悬着的心也算放了下来。可有一天，邻居带着疑惑的语气问祖母，你家的小猢狲怎么叫他也没反应呀。祖母才慌了神，拿起铃铛放在父亲的耳边使劲地摇，可是不管祖母怎么摇，摇的响声如何大，面无表情的父亲依然用他好奇的目光看着周围的大人。祖母疯了似的一次次叫着父亲的名字，泪水夺眶而出，闻讯赶来的祖父也脸色苍白，一脸茫然。

连遭不幸的祖母再也无心留在沈家门，告别生活了三年的沈家门，随着祖父的渔船，停靠在小湾渡头，回到了三沙洋，把家安在了林家塘。积攒了一些钱的祖父开始做钱庄生意，在那个动荡的年代，聪明的祖父买了几亩土地，以应不时之需。可偏偏在这时，钱币贬值，祖父几乎一夜之间就变成了穷光蛋。屋漏偏遭连夜雨，一场大火又把几间茅草房和所有家什烧得一干二净，看着眼前的残垣断壁，欲哭无泪的祖母咬咬牙，和祖父一起，挑着父亲和大姑妈，到临海大田投奔朋友。而此时，三年自然灾害开始了，大家吃了糠粉，吃紫云英，吃光了紫云英就开始吃树皮。由于缺乏营养，祖父旧病复发，全身浮肿，眼看着性命难保，隔壁的邻居偷偷地给祖母送来一小碗糯米，才得以救了祖父的性命。虽然保住了性命，但祖父身体每况愈下，饱受哮喘折磨的祖父不得不住进台州医院。那会儿，大姑妈已经十多岁，父亲只有七八岁的光景。聪明懂事的父亲瞒着大姑妈，偷偷跑了出来去找祖母。我不知道年幼失聪的父亲是如何找到台州医院，又如何找到祖母的。只是祖母看到父亲的出现，两人抱头痛哭。

祖母在世的时候，每每说起这些事，都会伤心不已，并嘱咐我们千万不能忘记这个恩人。我当兵第五年，通过多方打听，终于找到了这户人家。祖母命我赶快写一封信与之联系，并随信寄上一张全家福。

经过三苦三难的祖母用自己无比坚强的毅力和品格撑起了这个家，

让这个家延续前行。1992年夏，我当兵第二年的时候，祖父升入天国，祖母总算是没了后顾之忧。她答应我，自己不再思碌，把家里的“大权”交给母亲，自己每个周日去教堂做做礼拜，看看基督教会的兄弟姐妹。甚至四处参加教会里过世圣徒的葬礼，祖母说，每参加一次葬礼、每为过世的圣徒祷告一次，都是为了日后能得到主耶稣的恩典。翌年，生了眼疾的祖母下楼梯时不小心摔了一跤，额头缝了十几针，身体一天不如一天。从此，祖母很少外出，连教会也去的少了，有时候就在家里做礼拜。倒是教会的兄弟姐妹陆陆续续地来看祖母，为祖母做祷告。年底，我从部队回家探亲，看见祖母坐在道地水井边，编织着什么，满头银发在落日余晖下亮闪闪的，见我一身戎装回来眼泪吧嗒吧嗒流了下来。

从小祖母最疼爱我，对我要求也最严。夏天的时候，祖母就抱着我坐在马路边乘凉，看星星，给我讲故事，至今依然记得很多民谣，言犹在耳。比如：七月半蚊虫钻鞋锥，八月十六蚊虫叮萝卜，九月九蚊虫叮捣臼。如今，年迈的祖母受了伤痛怎不叫我伤心不已？

祖母指着指身上的粗布拦腰说，这是生你父亲后自己编织的，30多年了，已经破得不成样子了。我这才看见祖母是在编织拦腰的束带。小时我见过祖母编织拦腰带，美丽的图案在祖母灵巧的双手下呈现出来。在过去老家乡下，哪个妇女不会编拦腰带？拦腰也是祖母每天都要系的装束，拦腰前的口袋还可以放一些食物，拦腰常把我的手“拉过去”，笑眯眯的祖母看着我，我也总能掏出比如炒蚕豆、瓜子、芝麻糖、豆黄糕之类的“散口”②。

祖母戴着老花镜，一根根兀凸的静脉盘在瘦瘦的双手上，拿着梭子不停地在丝线间来回游动，虽然速度很慢，可以看得出她很认真仔细。

突然，祖母抬起头问我，健跳大桥是不是通了？健跳大桥是连接健跳港南北的通道，以前人、车都需要摆渡才能过健跳港。去年，政府决定架通南北，听了这个消息，祖母便日夜盼着大桥能早日架通，好去看一看大桥。我说，健跳大桥还没有造好，等好了我带你去看。“嘎长时间还没好呀。”祖母自言自语说了一句，便又开始编束带。

接下去的日子，祖母每天都坐在水井边编织拦腰带，我也时不时过去看看编了多长，偶尔也像夸小孩子那样夸祖母的腰带编得好看，祖母便乐呵呵的。

很快，假期结束，见我在收拾行装，祖母拉着我的手，“虎啊，你这次回部队，不知道以后还能不能见到我。”祖母这么一说，我的心里也涌起了无限的伤悲。突然想起当兵第二年祖父过世，祖母为了使我安心在部队，硬是不让母亲告诉我，到现在我还心怀深深的内疚。我知道，祖母是怕自己临走前看不到我。

然而，第二年夏天，祖母便撒手人寰到天国去了，我依然没见着祖母最后一面。当我匆匆赶回家，祖母那双无光的双眼大大睁着，我跪在祖母床前，双手抚摸着祖母，泣不成声……

2014 年 7 月　三门

---

① 乌烟：即罂粟。

② 散口：即零食。下同。

石巷幽幽

《林家塘》的校对工作接近尾声，突然想起桃渚北涧，想起那条石巷，想起在石巷深处那一个人来——我怎么能忘记这个地方啊？我是要通过手中的笔，为她留下一生中某个片段的影像。因为，没有这个人就没有我的母亲，自然就不会有我——她就是我的外婆。

外婆离开这个纷繁的世界应该有三年了。如今，她身后的世界依然热闹嘈杂着，而她的世界却寂静无声。

外婆是个小脚小个子老太婆，走起路来一晃一晃的。在我很小的时候，我就觉得外婆是个老太婆，嘴里不停地念叨着，有人的时候念叨，没人理她的时候也念叨，没完没了。“背时人，再念耳朵生茧了！”在外婆念叨的时候，母亲就会说上一句，但是外婆依然我行我素。

前年，外婆去村子里的水井提水，不小心从家门口的石板桥上摔在水沟里，断了四根肋骨。这是怎样的一种折磨，外婆躺在医院里，输着液体，看上去已经变了形的脸，青一块紫一块，头发凌乱地散在枕头上，双眼混浊，黯然无光。只是没有了牙齿的嘴巴依旧不停地念叨着，我知道，如果不是硬生生地摔了一跤，外婆的身体还是很健康的。八十多岁的她还能吃两大碗米饭。我站在她的身旁，舅舅、母亲和表弟们等都立在病房的过道边，眼睁睁地看着外婆在床上呻吟，我们无能为力，只寄希望外婆自己顽强的生命力，能早日恢复。

之后，外婆在医院待了一个月就回到北涧的家。因忙于事务，我并没有再去看望外婆，母亲会给我打电话告知外婆的情况。有一次，外婆想吃扁食[①]，母亲得知消息就在家包好蒸熟叫二弟开车送到北涧。送到外婆家扁食还热的，外婆趁热吃了很多。

外婆去世后，一次母亲在整理其遗物时，发现以前送给她的新衣服被统统放在箱底，叠得整整齐齐，甚至给她的月饼动也没动，这让母亲很伤心。

在小的时候，我就一直认为外婆是世界上最苦的人，平时舍不得吃舍不得穿，就连桌子掉了一粒米饭，她都要恭恭敬敬地用筷子夹起来吃掉，碗里更是干净得可以不用去洗。听母亲说，她只有七八岁的时候，外公就去世了，而大舅二舅也还小。外公是桃渚公社的秘书，是工作人员，在当地也是属于有头有脸的人物。本来一家人的生活都指望着外公，可他英年早逝，抛下了外婆和母亲、舅舅，一个人走了。我想外公是心有不甘的，外婆也是百般无奈的。我并没有问过母亲，当时外婆为何带着他们改嫁？但是外婆改嫁后也没有带来好运，在生下三舅后，我的第二个外公也撒手人寰。从此，家境日趋窘迫，看着这么多嘴巴要吃，没有办法之下，外婆把只有十几岁的母亲送到了北岸的林家塘，给祖母当了童养媳，对于这样，我想外婆也肯定是万般不情愿的。

外婆是在那年秋天的傍晚走的。当接到外婆快不行的消息，我和母亲急匆匆地赶到 30 里外的桃渚北涧村外婆家，外婆已经咽气多时，静静地躺在木板床上。一条洗得发白的蓝花印粗布被子盖住了整个身子，我看不见外婆的脸，她显得那么瘦小，我甚至看不出来外婆是在被子里面。是舅舅把外婆紧紧地裹在被子里，我以为舅舅会给外婆换一条丝绸被，但是没有，只是被子被一条布带紧紧地缚住，我有点失望。外婆的遗体被装进棺材，塞进了殡仪馆的车子里，母亲跟在后面，号啕大哭，撕心裂肺，一遍又一遍地叫着“娘”，我从没有见过母亲哭得如此伤心，而无所顾忌。我又听见母亲的哭声穿过村头的那座杨桥，顺着流水在村子里回荡着。

那座桥我是走过的，后来我才在一篇文章中得知这座杨桥是“北涧八景”之一。当年谢灵运被贬永嘉，在临海写下了“秋泉鸣北涧，哀猿响南峦”的诗句，谢灵运有没有去北涧不得而知，但有着如此富有艺术气息的名字，倒是给这里增添了一丝幽远而恬静的味道。而现在，外婆静静地被安放在一个盒子里，走过这座桥去了另一个地方。

想起在每年秋收夏种前，父亲都要来北涧，做补篾的营生，似乎是约定俗成。跟随父亲到北涧讨生活，我才四五岁的样子，一个羞涩的农村孩子，这也是我从记事后第一次去北涧看外婆。父亲挑着篾匠担子走在前面，我拎着袋子跟在后面。经过那座杨桥，穿过潮湿的石巷，窄窄的青石巷铺满了整个村子，我随着父亲的担子转了一个又是一个的弯，父亲“笃笃”的脚步声坚定有力,那弯弯的扁担发出“咿呀咿呀”的声音，就像一支悦耳动听的歌，在石巷中传得幽远而深沉……

而如今，远去了的童年，听不见了父亲那副扁担“咿呀”声，也没了外婆，我想以后再也不会来北涧了。外婆被推进殡仪馆火化的时候，秋风正吹起枯黄的落叶，翻飞着飘得很远很远，我不停地抖擞，胸口发闷，大口喘着粗气。我很奇怪自己这种状态，连祖母去世的时候也不曾有过。我站在空旷的走廊上,没有随同母亲舅舅进去。我不忍看在熊熊的烈火中，外婆就这样被化为灰烬，但我在脑海里不停地回旋着外婆火化的整个过程：那具棺材像抽屉一样塞进火化炉，只留一个观察口，在烈火中，外婆的肉体被燃烧，母亲在一旁不停地祷告……这些镜像和字眼一股脑儿地在我的大脑里反复跳跃和盘旋，一时间脑袋承受不了这样的痛，一整天我的思维都在这样的状态下。

从殡仪馆回来，三舅捧着外婆的骨灰盒，我开着车，行驶在蜿蜒的山路上，虽说是深秋，但两侧青山绿水，万木依旧葱绿，生气勃勃。而外婆却化成一缕青烟，连同她最后一口咽下无法吐出的气，消散在茫茫的宇宙之中，只留下几捧灰粉，如此轻，轻得只消一拂就会散落无影无踪，她被置入沉甸甸的小方匣之中。于是想起《圣经》的一句话：人生在世如同草上花。

出殡那天，从四面八方赶来的亲眷叔伯和教会的信徒挤满了外婆的小屋，那句“人生在世如同草上花”被信徒反复吟唱。外婆的木匣子放在墙角，人的一生就这么被自己走完，从无形液体到有型固体，最终化为气体和尘埃，这样的一个转化不就是草上的花一样吗？

“谁非过客，花是主人”。美国再生医学博士 RobertLanza 说：人死后生命不会结束，而会永远活下去，会穿越进不同的宇宙。我不知道人缘何而来，又为何而去，无法确定人真的像 RobertLanza 说的那样，真有灵魂，留下尘埃在木匣子里的外婆，灵魂是否可以听得见这歌声。

2017 年 3 月　海门

---

① 扁食：三门传统小吃，形状像畚斗。台州其他地方也有。在三门冬至有吃扁食的习俗。扁食皮为面粉做成，正方形，馅的食材丰富。

母亲的呼唤

掐指算来，自当初当兵远离家乡，已经整整 19 个年头了，虽在县城工作，但也很少回到家乡那个小山村，唯有一个既熟悉又亲切略带有拖音的呼唤如同幽谷传音般响在耳畔。

国庆中秋长假，抽了一天时间带女儿回到了那个生我养我的地方，去看望年迈的母亲。母亲显然比以前老了许多，头上又增添了不少银丝。“礼虎，妈给你包扁食吃。”扁食是家乡一种小吃，类似于馄饨。在三门有“夏至不吃羹，走路瘪塌塌”之说，这里所指的羹（亦作粳）就是扁食，不过对于已经逐渐步入小康的大多数三门人来说，吃扁食不再限于夏至这样的特定节日，想吃随时可以动手做。

知道我要带女儿来，母亲特地到街上买了菜蔬和扁食皮。随着一股白色的水蒸气在灶间升腾开来，一盘热气腾腾的扁食带着股股香气出锅了。我的思绪一下子回到了 24 年前那个冬天。

14 岁那年，我在乡中学读初中三年级，为准备来年夏天中考，每周都背着装有大米、红薯、黄豆和咸菜的尿素袋步行到七八里外的三岩中学住校。说是住校，其实是住在学校附近的老乡家，四五个同学一组，睡通铺，楼板当床，下面铺着干软的稻草。我天生笨拙，但学习上还算刻苦。那时还是五年制义务教育，小学毕业时，我差几分没考上初中。

母亲和奶奶就一同去小学找校长央求让我再复读一年，我心里自然羞愧和不自在。

母亲说：“这么小的‘猢狲’不读书隔壁邻舍要笑话的！”经过母亲和祖母一番周折，我又重新坐在五年级的教室里，转年我顺利进了乡中学。那年冬天下了一场大雪，道路全被厚厚的积雪覆盖着。当我独自一人背着装满一礼拜口粮的尿素袋，母亲就会眼泪汪汪地站在马路边目送我远去。终于，她不忍心我这么小每礼拜往返十几里路，就让父亲把一礼拜所需要的送到学校，或交给乡亲赶集时带来。

那天的语文课，我正听得入神，忽然一个熟悉而略显战栗的呼唤从楼下传来：“礼虎——”，这是母亲的声音，我本能地毫不含糊地答道：“哎——！”

课堂上一阵哄笑，我也一阵脸红，好像做错了一件事。

老师瞪了一眼起笑的同学，转身走出教室，伏在栏杆上对楼下的母亲说：“阿婶，您等一会儿，林忠同学正在上课呢。”从此后同学们知道了我还有一个名字。

下课到宿舍，母亲从布袋里掏出一罐咸蟹糊放在我床边说：“这是你爸刚从海涂里抓来的红钳蟹，新鲜着呢。吃饭时带到食堂去，用后要盖紧，才不会出白腐毛。”又反复问我记住没有，我说记住了。随后，母亲从衣兜里掏出裹得严严实实的手帕卷，层层打开，露出一卷用橡皮筋捆住的钱来，塞到我手里：“这是你这礼拜的伙食费和学习要用的钱，饭要吃饱，上课才有精神，不要太省钱了。你爸爸今年又要到外宁海做生活，能挣不少的。”

我胡乱收下，盼她快走。母亲挎上布袋刚出门，又转身对我说：“买英语字典的钱，等下次市日卖了米之后，就给你送来。”

转业当年，有一次我去县城打听工作回到家里，由于工作无法落实而闷闷不乐，匆匆扒了几口饭，坐在阳台上唉声叹气抽起烟来。

母亲看见了，显然知道了这次去的结果，却又不知道如何安慰我，拘拘束束地问我："现在人头不熟工作安置难呀——"我像是找到了出气筒似的，脱口而出："什么难不难的，我是转业军人，当了十几年的兵，经过安置考试的，不相信没有关系政府就不安排！"

她畏畏缩缩地愣了会儿神，半天才说："我们都是农民，又没关系。"隔了一会儿，她像有了办法："双墩人昌富在县城办厂，人头熟，找他看看，说不定能帮上忙。"我顿时一眶热泪滚出。那一晚，我没有睡，相信母亲也没睡好，我听见竹床发出一阵阵"咿呀咿呀"的声音。

前几年我买了一套房子，经过装修，去年临近春节，搬进了新房子。母亲高兴得合不拢嘴，按照习俗，母亲做了三大块麦糕，足足有几十斤重。一大早二弟开着小车带着母亲和父亲来到了县城。母亲一刀一刀地把麦糕切成一块块，边切嘴里边念念有词：天父呀，保佑我林忠年年进步年年高，保佑家庭和和美美，保佑我小羊（我女儿）身体健康、聪明伶俐。然后用红塑料袋装好，嘱妻子这几个袋子要放"回头货"和红纸包是给三个舅舅的，这些是要放几包香烟。接着特地交代妻子"隔壁邻舍一个楼梯堂，也要分些"。说完突然想起什么似的叫三弟和二弟到楼下抬来一袋东西，指着说："这是从自己菜园挖的泥，有力得很，你把这些葱姜蒜种到阁楼上去，烧菜可以随手摘。"我打开一看，泥土带着一股家乡气息幽幽地沁人心脾。

最近，县推出纪念解放60周年系列报道，从网上得知在1948年深秋，浙东游击纵队"三五支队"下属的铁流部队奇袭了三沙洋，没收了奸商徐大智的布匹分给穷苦的百姓，赶市的群众情绪十分高涨，直夸共产党好。

中华人民共和国成立后，父老乡亲卖猪、鸡子也要送子女上学读书。在我小的时候，村里的一对姐妹同时考上了大学，一时传为美谈，成了大人教育子女的榜样。近几年，乡亲生活水平大大提高，送子女读书之风依然，村子里有出息的读书人大有人在。

如果你有机会去一趟我的家乡，千万不要炫耀你有多少钱或是什么老板经理之类的，否则乡亲们对你的尊重程度就会大减。你即使开口不提什么官职，只说老师、医师或技术员，乡亲们的目光就会放出异样的光彩。

母亲，正是在这种文化氛围中熏陶出来的普通农村妇女。她渐渐老去，我还能有多少次可以听到她那细弱而缓慢的呼唤呢？

2008 年 11 月　三门

一个我叫姨的女人

有这么一个女人，我叫她姨。

让我先描述一下这个女人一天生活中的某个片段。每天一早，她喂过猪羊，简单吃过早饭，左手拎着一只篮子，篮子里放着一杆秤一卷白色塑料袋。右手把一只塑料盆卡在腰间，塑料盆里是丈夫刚打捞上来的鱼虾蟹之类的海鲜。她要把这些海鲜拿到集市上去卖，她心里可能还想着，一定会卖个好价钱，昨天不是市日还卖了一百元呢！

她头发看起来还不算花白，但至少也开始慢慢变老了，满脸皱纹，背似乎变得有点弯，身上穿着一件灰色的衣服倒也干净，双手戴着缀满小花的红色袖套。裤脚挽得高高的，小腿上盘着一根根曲张的静脉，就像一条条蚯蚓，又像一条盘山公路。

她走过石桥，路上的行人开始多了起来，不停地和她打招呼。这几天腰有点酸痛，有时候疼得厉害，双腿曲张的静脉也显得酸胀，今天塑料盆里的海鲜明显比前几日的多。很显然，她单手撑着这个大大的塑料盆还是有点累，没走多少步，就不得不放下塑料盆，在路边稍作休息，再换个手，继续往集市走去。

今天不是星期五，大儿子不会回来。她知道，只有周五，她的大儿子会从市里回县城，隔半个月就会顺路到家里吃一顿饭。虽然吃一顿饭的时间不长，也许就半个小时，但对于她来说还是很期盼。来的时候，她的大儿子会给她打个电话，这个时候她最开心。当然，她必须要留着海鲜给大儿子吃，早早地就做好了饭等着大儿子回来。有一次，她的丈夫捕捉到一条鲈鱼，足有三斤重，这个季节有这么重的鲈鱼可不多见。用她的话说，“活灵叮弹”的，哪怕能卖个好价钱她都舍不得卖。

现在，她的三个孩子都已长大，成了家立了业，各自生活着，还有三个孙辈，当奶奶也有十几年了。她不可能让孩子们陪伴在自己身边，还像小时候那样，想抱抱就抱抱。尽管心里是多么希望孩子们都能在这个村子里，但已经不可能了。儿大不由娘，这一点她非常清楚，所以她并不奢望在外面的儿子们能天天来看她，只在过年节的时候，她会提前给儿子们打电话。值得欣慰的是，二儿子把家还安在村子里，就在不远的马路边，一幢三层楼的别墅光鲜亮丽。每次她到集市去卖海鲜，经过二儿子的别墅时，都要停下来往屋里张望，然后叫一下儿子的名字。二儿子前几年在北京做服装生意，没赚到什么钱，回来后重新做起了泥水匠，每天一早就出去干活了，辛苦得不得了。她知道现在泥水匠赚钿好，一工要二三百多元，只是她心疼二儿子。

这个我叫“姨”的女人，就是我的母亲。

我并不清楚在我们那个地方，为什么管母亲叫姨。但我可以肯定的是母亲开始变老了，接下去就会离我而去。想到这里我就感叹人生的短暂和无情，这又有什么办法呢?

小时候的几年时光是和姨在一起的，但后来去乡里县城读书，还加上在外漂泊的十几年，又回地方工作。我不知道和姨在一起生活了多少年，所以，我为自己记不住母亲的生日找了个很好的借口。在这有限的时间里，我发现自己没有真正地审视过姨，和姨好好说过话。其实也不用去审视，姨就是一个农村妇女，没有文化，也不认识字。五十多年前从北涧来到林家塘的那一天开始，就生活在农村里。

从我记事起，姨似乎每天就这么忙碌着，种地、养猪、种番薯洋芋、管理橘园、挑水洗衣服……样样都做，在她眼睛里，全是这些事情。我不知道为什么她总有做不完的事，我断定，姨的双脚那些曲张突兀的静脉，就是不停走路劳作的结果。在我们兄弟三人尚小的时候，她把双脚别在自己的裤腰头，起早贪黑，巴不得把所有的农活都干完。我经常注视着姨和父亲一起，把二百多斤重的打稻机抬到稻田里，挑起一百多斤的稻谷走在窄窄的田埂上既稳又快，每天一早把水缸的水挑满才出门。我不知道姨是把自己当作男劳力在用的，我也不会心疼，认为每个做母亲的都是这样的。但后来我看见几个和姨年纪不相上下的女人，穿着干净挺括的衣服，烫着卷发，悠闲自在地打麻将、嗑瓜子。我甚至怀疑这些人的户口不是在村子里，而是来这里走亲戚的。

当我们兄弟三人慢慢长大，结婚生子，生活变得好起来的时候，我逐渐明白，只有姨在，在那个村子里，还在那间老屋里，这里就是我心灵的寄托。我回林家塘的次数明显多了起来，有娘在，不远游。我的举动时常被女儿调侃着，爸爸又懒娘了。女儿尚小，并不明白，就像我在女儿这般年龄的时候也没有这种感受一样。是的，我在内心里想，也计算过一道简单的数学题。年近 70 岁的姨还有多少年可以陪伴我们，又有多少次可以和我们说说话、坐在一起吃吃饭。我们曾一度要求姨和父亲到县城来住，唯一的理由是现在不愁吃穿，该来城里享享福。在多次要求下，姨才勉强来住一两天，然后又会回到村子里，回去的理由是家里那些没完没了的农活。姨说等你再给我生个孙子或孙女，我就来县城住。我也明白，实际上，我们心中给予享福这个词的定义，并不是姨心中的样子。

印象中，姨永远是最后一个吃饭的。直到现在，姨还保持着这样的习惯。她为我们炒好菜，盛好饭，就去洗衣服，搞卫生，或是到菜园里拾掇几下。等我们吃好了饭，她才端着一碗饭或是上顿吃剩的面条、年糕，坐在饭桌上，吃着剩菜。姨心中的享福是什么标准呢？或是什么样的生活是觉得幸福的呢？我没有向她证实，但我猜想得出姨心中的幸福是什么模样，也许就像这样看着我们吃饭，姨是幸福的。

据说今天是母亲节，我没有去看姨，也没有打个电话，因为姨并不知道这个节日，她有自己的节日，这个节日就是半个月一到，她的大儿子就会去看她。

2017 年 5 月　三门

写给阿公

仿佛之间，我看见一个戴着草帽，上穿白色对襟、下穿黑色裤子的老人，远远地从小湾渡口的小火轮下来，左手提着一个皮包，右手拄着一根拐杖，抬起头，从眼镜里透出的目光炯炯有神。“阿公！”我兴奋地迎了上去。

我知道，每次阿公来，皮包里都会有一些令我嘴馋而好吃的“散口”。但是我发觉这个景象是小时候的事了，自己一定是搞错了，或者是在做梦。于是，问母亲，杜下桥阿公来过吗？我习惯把阿公的老家杜桥说成杜下桥。

阿公不是前几年不在，去天国了吗？！母亲责怪我，阿公过世了你都不知道了呀？

我猛地一激灵，只见满脸红光、慈祥可亲的阿公笑眯眯地看着我。

眼前一片漆黑，我迷迷糊糊掀开被子，呆呆靠在床上，外面传来一阵“夜不休”①的吵闹声。我拉开窗帘，椒江的夜色正浓，一股热气从窗外穿过，吹起了桌子上一件没有完成的扇面作品，我又猛地打了个喷嚏，发现自己是客在异乡。

这个梦再次促使自己要动笔写一下阿公了，那个早已经在我脑海里拟定好了的题目“写给阿公”。

阿公姓陈，是我的舅公，祖母的兄长。阿公有兄弟姐妹四人，他是老大，祖母排行第四。阿公只有一个独生女，按照辈分我该叫她姑妈。姑妈也是阿公家族里唯一一个吃国家饭的工作人员。那个年代，拥有一个工作人员的身份是多么令人羡慕的事。小时候，我最喜欢跟在祖母后面去姑妈家串门，因为可以喝到我从没喝过的银耳汤。

由于阿公没有儿子，阿婆过世早，姑妈嫁出去之后，就寄住在他的一个侄子家里。慢慢地，阿公就把这个侄子当成了自己的儿子。在阿公四个兄弟姐妹当中，阿公和祖母关系最好。尽管祖母远嫁北岸，阿公也会经常来看祖母。而每次祖母看见阿公来，都要责怪他“在家里好安坦的，非要隔江过水，路途迢迢，走嘎远的路来干什么呀！”其实祖母是希望阿公来的。阿公也喜欢来北岸住上一段时间。要不是他们兄妹感情深厚，阿公怎么会走上 60 多里地，从杜桥翻山越岭、乘轮渡到北岸看祖母呢?

我永远记得小时候，阿公在水车、扁担、竹罩、米筛、藤椅上书写字的模样，打从有记忆以来，家里的所有竹木制品都被阿公写上了毛笔字，内容大都是“某年某月某日张老卓置办”等，张老卓是我父亲的名字。我至今还没搞清楚父亲为什么有这个名字。其实，这个名字只是平时隔壁邻舍顺口叫起来的，父亲有自己真实的名字的，但久而久之，这个名字倒取代了原名。

那时候农村物资匮乏，生活条件不好，谁家拥有一些农用的大件，足以在整个村子里拥有很大的面子。而我们家是少数拥有全部农用器具的，而这些大件的器具更是阿公施展写字水平的大舞台。一些大件比如水车、风车、箪篮，会写上“风调雨顺”、“五谷丰登”、“年年有余”等吉祥文字。

祖母说阿公没上过学，我不信，就说祖母骗我。小的时候，父亲每做好一个竹制品，就会专等阿公来写字。久而久之，前来叫父亲定做竹制品家具的乡亲也希望阿公能给写上几个字，阿公是有求必应，得到题写的乡亲则千谢万谢满意地拿回去。我相信，十几年后我喜欢上了书法，和阿公在这些家什上面用毛笔写字是有关系的，这也许是我最早接受的“艺术”熏陶了。如今，其他一些被阿公“创作”过的农具都已经不见了踪影，唯有这架水车还挂在老家老屋的墙上，尽管岁月已经过去了近40年的光阴，但这架水车两侧的字依然乌黑，似乎还散发着淡淡的一丝墨香。

我不知道阿公有没有临过碑帖，那时候的农村上哪儿去找一本碑帖呢。但如果没有临过，为何能写出十分地道的似颜非颜、似赵非赵且有自己风格的楷书来呢？很遗憾的是，最终，我也不知道阿公书法是怎么练成的，我没问过阿公，阿公也没告诉我。

我是经常看阿公在这些家什上面用毛笔写字的，运笔一丝不苟，结体雍容华贵、笔画遒劲有力、法度森严规范。用现在的书法品评标准来看阿公40年前的字，一股庙堂之气扑面而来，是一件非常难得的艺术作品。只不过阿公的作品写在竹制品上，写在水车风车上。老家那架被束之高阁的水车虽然普通，但伴随我度过了苦累却快乐的童年和少年时光。在碧绿成毯一眼望不到头的水稻田中，一大一小的身影，父亲扛着水车，我跟在后面。等父亲把水车架在小河里，顷刻间“哗哗”的水从水车吐出，水车上的字被侧漏的水痕滑过，浑厚而又饱满。你无法想象，这一架寓以艺术色彩的水车，在草长莺飞的春夏之际，“咿咿呀呀”的车水声伴着“嗡嗡”的蜜蜂、斜飞的紫燕，是多么令人遐思的一个风景。可惜的是，年少的我无法体会得到其中的美感，带给我的只是苦累。

后来，我自己也开始对书法发生了浓厚的兴趣，曾有过这样的想法，让阿公正儿八经地在宣纸上写一件作品，但最终也没有实施，现在想起来真是后悔莫及。

我对阿公的了解并不是很多，有的只是一个片段一个片段，串了起来。写这篇文章的时候，我试图从某个“点”来写阿公，但有好几次，一开头，我就断了思路，写了一点又删了，甚至写不下去。光凭这篇文字，是无法对阿公的人生做出总结的，可能我顾虑的是这个吧。

不管如何，我想我已经遵循了阿公写字的一些秘密，正像阿公在有意无意“教”我写字的时候所说的：做人要像写字一样，一笔一画，堂堂正正。

2016 年 7 月　海门

① 夜不休：同“夜猫子”。

双墩人姑丈

那天，我正在为女儿打印文集《童年的薰衣果》，准备参加省少年文学新星评选，接到母亲的电话，心里一惊。

母亲住在乡下老家，一般不会打电话来，每次打电话，不是叫我在几点到楼下来拿村里人给我捎的东西，就是有关父亲的事。前几次来电话，说是父亲疝气又犯了，问我什么时间有空，陪父亲去做手术，还有就是父亲做板凳时不小心锯断了中指。

姑丈快不行了，有时间来看看。母亲在电话那头焦急地说道。

母亲所说的姑丈，是双墩人我的大姑父，姑丈是老家一种叫法。双墩村和林家塘不过是十几分钟的路程，都属于三沙洋片。每当逢农历三、八三沙洋集市，姑父都会来赶集。发展到现在，三沙洋已经成为当地的一个集贸中心了。姑父好吃红烧肉，尤其对猪蹄百吃不厌，很自然，姑父患了高血压和他的饮食习惯有关。

记得小时候，姑父都会买些姜糖、柿饼、甜瓜、甘蔗之类的东西，经常到家里看望祖母，而这些东西都是我喜欢的。在道地上，姑父坐在祖母的身边，陪她聊天，问寒问暖，有时候的话题会讲到我，我也乐意听姑父讲那些琐事，这极大地激发了我的自信心。有时候姑父去地里刨些番薯、花生，顺路送来给祖母。

这就是我小时候对姑父的印象。

还是那条路，只不过此时的路已变成了水泥路，两旁被村舍围绕，一幢幢洋气十足的农村别墅矗立在路边。正是橘子熟透的时候，红红的橘子挂满枝头，一派丰收的景象。姑父的家就坐落在橘园之中。

母亲早已在姑父的房间，见我来，她轻轻地呼唤着姑父的名字，姑父勉强睁开眼睛，我不知道姑父是否看到了我。大姑妈牵着我的手，俯下身，贴在姑父的耳边说："虎来了，他来看你了，你晓得吗？"姑父张着嘴巴，想说，但说不出来了，只有"哦哦……"。

屋外表姐和表姐夫正在商量着姑父的后事，表姐夫刚从狗市塘看坟地回来。由于姑父是入赘，村里有个风俗，凡是入赘，死后不能葬在村集体的山上。我到现在始终不明白，祖母当时招姑父入赘，却为何让姑父姑妈把家安在双墩，而不是林家塘。

其实，在农村，在世的时候为自己选坟地是最平常不过的事。在以前没搞殡葬火化前，谁家老人不是亲自选择自己最后归宿的。祖父也是如此，他的坟墓建好后还得他老人家验收才算通过。但我总觉得表姐心里是否太过于着急，毕竟姑父现在还在人世。

那天上午，天空突然出了太阳，耀眼的红光给本阴沉湿冷的天气增添了些许温暖，我心头猛地一惊。姑妈坐在姑父的床边，戴着老花镜，拿着一本老旧的《圣经》，读着"启示录"第八章的内容：愿你的国降临，拯救世界上的心灵……

我心头又猛然一惊，这才想起来，姑妈是不认识字的。我并不知道文盲的大姑妈什么时候识得字了，又什么时候居然还能看懂《圣经》了。从祖母那时候起，我们家就是虔诚的基督徒。当初祖母只给小姑妈上学读书，并读完了初小。父亲由于小时候药物导致失聪与上学无缘。祖母早早地让大姑妈承担了一些家务活，所以，姑父在十五岁的时候就和大姑妈完婚。

对于大姑妈识字的事，全家人都觉得不可思议。可以想象，年过古稀的姑妈是什么能量使她老来识字？小姑妈给出了答案，归功于全能的上帝，给予了大姑妈以智慧。我也只能认同小姑妈的说法。

大姑妈向我大声地传授着《圣经》的道，此时的她简直就是一个传教士，一个智者，她的种种变化足以使我惊奇不已。姑父躺在床上，听着姑妈读着《圣经》，姑父也许听见了，也许听不见，他正在等待上帝的召唤，等待灵魂升入天堂。我想，姑父能不能见到我的祖父祖母，顿时间，我觉得死亡是一件多么美好的事情。

看着姑父，我想起了在县城读书的时候。在我眼里，姑父就像父亲一样对我疼爱有加。他会经常搭猪贩子去天台买猪仔的拖拉机，给我捎些食物，有时候是一小袋的黄豆，或是鱼干，有时候是一罐红钳蟹的蟹糊。东西多的时候，比如带了米，姑父干脆把菜蔬和米放进猪笼，和猪贩子一起抬到学校，姑父就站在学校的楼下，不管是否在上课，都会扯起他洪亮的嗓子喊我的名字。那段时间，我是多么迫切希望听到姑父的声音，因为姑父的到来，我的伙食可以得到改善。

姑父是个热心肠的人，故口碑、人缘极好。村里头哪家有红白喜事做事头，都要请姑父去把厨[①]，于是姑父穿着他那件蓝色拦腰、袖套，穿梭在村子里，俨然成了大忙人。我家有过两次造房子经历，都是姑父亲自下厨，招待亲眷邻里。都说众口难调，可姑父却能做到众口可调，姑父的名气也传遍了三沙洋。2000年元旦，我从部队回来和妻子在老家完婚，姑父自然又成了厨子，从他的笑脸和爽朗的笑声中看得出姑父是幸福的。

一年我在部队立功，乡政府干部敲锣打鼓送来立功喜报，姑父早早地来到我家。听祖母在生前说，姑父在花眼三夫的小卖部里买了包“牡丹”香烟，换了一身干净挺括的衣服，站在路口。“我虎又在部队立功了，有出息有出息……”姑父在父亲跟前比画着扛枪的姿势，竖起大拇指，然后笨拙地给乡政府和村干部分香烟。父亲站在一旁，眉开眼笑。

我不知道，当年年仅 15 岁的姑父，被祖母招赘到张家，心里是怎么想的，但从此以后，姑父把祖父母当成了生身父母，小小年纪和大姑妈成婚后，就挑起了本不该他承担的担子。那时，父亲和小姑妈年纪尚小，姑父把父亲和小姑妈当成亲弟弟妹妹看待。怕失聪的父亲受人欺负，时常将父亲带在身边，保护他。

我对于姑父的感情是深厚的，却很少特地去看望姑父，只是有事回家或逢年过节，才顺便去看望姑父。而如今，姑父躺在床上，安然接受他的慈父上帝的召唤，姑妈不停地读着《圣经》启示录第八章：

愿你的国降临，拯救世界上的心灵……

第二天，姑父就走了。那天晚上，我做了个奇怪的梦，梦中见姑父站在寒风中，送我去当兵……

2013 年 12 月　三门

---

① 把厨：同掌厨，即厨师。

我的篾匠父亲

我一直想写一写父亲，多年来却一直不敢动笔。有好几次都是仅仅开了个头，就再也没法继续写下去了。

上周回老家看望父母，远远地见父亲穿着雨衣，戴着斗笠，骑着那辆破旧的电瓶车，靠着马路右边，雨衣“呼哧呼哧”地随风使劲摆动着。待拐进道地，我才看见电瓶车后座绑着“九龙网”，右侧挂着一个藤筐。停稳后，父亲提起藤筐往塑料桶里倒，跳跳鱼、红钳蟹、小鳐鱼倾泻而出，四五只青蟹被父亲放在另一个小竹篓里，上面覆盖着海草。父亲小心翼翼地将青蟹倒在稍深一点的塑料桶里……望着忙碌的父亲，想起几年前父亲说自己到 70 岁就享清福，可现在父亲已经 73 岁了，不由得鼻子一酸。

我读过朱自清先生描写父亲的《背影》，也听过描写父亲的平凡伟大的歌曲。正像每个人都有自己的母亲一样，每个人也都有自己的父亲，只是身份不同罢了。我的父亲是一个农民，一个地地道道的靠天吃饭的农民，如果硬要给父亲加上一个称谓，除了农民的身份，他还曾经是个出色的篾匠。

那是祖母为了父亲以后有养家糊口的本事，四处托人拜师学艺。事实证明，当初祖母的决定是多么英明，对我们整个家庭来说，这个决定具有战略眼光也不为过。多少年来，我们的家庭就是靠着父亲的竹篾手艺，才越来越兴旺，生活越来越好。

父亲挑着担子，走村串户，补篾，打制米箩、扁担、笊篱、糠筛米筛、蒸笼等竹制品。因常常随父亲一起讨生活，我自然也学会一些简单的修补竹制品的技术，比如给破损的谷箪修补，给糠筛米筛换篾条等细小的活。

父亲外出讨生活大多是在每年稻子收割前，足迹遍布健跳港以南的沿江、东郭、岙口、花桥、山场等地。那些大农场比如凤凰山农场、宁海的青珠农场都留下了父亲的足迹。有时候粮食收购站为了能早日“抢到”父亲，居然还出现了争夺战。

父亲的竹篾手艺堪称一流——至少我是这么认为的。父亲制作的竹制品精致、牢固、耐用。前年，去杭州看望一个老战友，无意中说起 18 年前父亲给他打制的篾席，时隔近 20 年依然还在用，让我惊讶不已。

农村用的竹制品，没有一样父亲不会打制的，就是一些复杂的大件，父亲也是游刃有余——他的聪明才智足以胜任，我也宁愿相信自己是遗传了父亲的一些“文艺”细胞的。如果父亲能上学念书，还不爬到天上去？——这是祖母在世时候经常挂在嘴边念叨的话。你也许很难想象，我的父亲是个聋哑人——小时候，父亲因高烧被链霉素打成了聋子，自然也学不了说话。这样的遭遇影响了我和我的家庭。从小，当我懂事开始，知道父亲是聋哑人，就对这两个字极其敏感，以致我不敢面对。

但是父亲有着这样精湛的技艺，也是他教会了我要坚强，如何面对生活，教我如何才能获得别人的尊重——很显然，在村子里，没有一个人不敬重父亲的——父亲在村子里为我们造起了第一座楼房，第一个拥有凤凰牌自行车和上海牌手表。当我坐在父亲的自行车后面去“讨生活”，拉着父亲的衣角，穿过村子，引来一片羡慕的眼光，那是多么令人幸福的事情。就这样，我在父亲讨生活的自行车上，度过了我快乐而又难忘的童年。

第一次对父亲的竹篾手艺感到钦佩的是那对漂亮的箪篮，这是江南地区农村红白喜事时常用的竹制品，类似于古代宫廷的食盒。一层一层，用以盛装各种菜蔬。我曾在一个鉴宝栏目见过这种被叫“提篮”的东西，做工相当考究，图案极为漂亮，但叫“提篮”远没有“箪篮”来得有历史底蕴。

《孟子・梁惠王上》有这样一句话：以万乘之国伐万乘之国，箪食壶浆以迎王师，岂有他哉？用一层层叠起来的箪盛放食物，来慰问打仗的将士，不可谓不方便。所以说祖先的聪明才智真是无与伦比。后来，这个箪逐渐走进了寻常百姓之家。颜回的“一食箪、一瓢饮”就指的是箪篮。这样漂亮的箪篮我是见过的，而且是亲眼看着父亲一条篾一条篾制作完成的。

在我生活的农村，箪篮可真算得上是个大件，不单单是体积大，工艺也复杂，整个村子也没有几户人家能拥有箪篮。父亲要完成这样的大物件，往往要耗时一个多月——只有这样的工艺品，父亲高超的手艺才显现出来。用来做箪篮的竹子必须要上等的好竹子，那些竹节不够长，体型不够挺拔匀称的竹子都入不了父亲的法眼。为了挑选上好的竹子，父亲往往会花去一天时间，去东郭寻找称心的竹子。由于没有运输工具，砍好的竹子，父亲要用几个小时，才能把十几米长的竹子扛回家。

如果说制作箪篮是件技术活，那么父亲剖竹子的过程可以说是一件惊心动魄、让我兴奋回味好几天的保留的表演节目。只见父亲用竹刀在竹子细端处剁开一个裂口，粗端顶住墙角，双手握住竹子开口的两边，前腿弓后腿蹬，一运气，只听见父亲“嗨”的一声吼叫，随之发出的一连串“啪啪”竹节依次裂开的声音，碗口粗的青竹顿时被父亲撕开两爿！

箪篮用的竹篾是要竹子中间一层篾黄，父亲用粗重的篾刀分离出一条条只有一厘米宽薄如纸的篾片，然后把篾片放在凳子上，篾片轻柔地如流水般垂在地上。这还是粗加工，接下去就是刮篾片，这是一项细致活。只见父亲拿起两个铁片，“啪啪”几下，被父亲用锤子刀口相对敲入凳子，中间刀口留出一个口子。然后把篾片卡在两个铁片刀口中间，用左手将一根厚点的竹条压住篾片，右手捏住篾片，“哧溜”一声往后使劲一拉，一卷嫩黄的篾丝飘然从凳子上滑落，一根光滑、宽度一样的篾片才得以合格。

父亲曾教我如何在刀片上刮篾，只是刮篾时所发出的“吱吱咿咿”的声音让我受不了，好在父亲听不见这样的声音，要不然一整天都被“吱吱咿咿”的声音包围着，也是一种折磨。

接下去就是要体现父亲高超技艺的环节了，这时，母亲每天都会煮上一大碗龙眼鸡蛋，还放上土茶，给父亲当接力[①]。老家的语言确实富有内涵，这“接力”二字是一个多么形象的词语。吃了母亲的龙眼鸡蛋茶，父亲干起活来既快又轻巧。

箪篮主体部分一般由一个架子和三至四层单独的箪及箪盖组成，每一个环节都马虎不得。首先，父亲要完成每个箪，有点像蒸笼，但远比蒸笼来得精致——篾片一条条绕着框架，最难的是要在这圆圆的箪体编出各种图案来——图案不是写上去，是直接编出来的。

最简单的是“福禄寿喜”等字，只见那些字在父亲轻巧的手中逐渐清晰起来。而对那些花草鱼虫，父亲也不在话下，我不得不佩服父亲的聪明才智了，也对祖母的话深信不疑。

都说编筐收口，等编好单独的箪，关键就要看收口了。

箪口往往由一条宽竹片卡在箪体上，内外两侧由竹片夹住，最后再用藤条扣牢。而在最后的箪盖、箪架、提把等几个环节，父亲最为仔细认真，要保证每个箪咬合得一毫不差，箪体和箪架服服帖帖。等全部做好后，父亲会用细砂纸给箪篮打磨，涂上桐油——漂亮精致的箪篮总算完工。

现代文明的发展，使那些农耕文化逐渐消失，竹制品在我们生活中慢慢消失了。

前段时间，因为单位文化展示厅布置需要，去了趟文化馆找梅馆长借一些蟹篓、鱼篰，居然还有一对箪篮！那些从农村收集起来的竹制品，被放在一间房间里，上面布满灰尘。

梅馆长说要建立一个三门民俗博物馆——这些记录农村日常生活的竹制品，也完成了它们那个时代的使命，只能在博物馆里看得见了！

2015 年 6 月　三门

---

① 接力：点心。

生锈的工具

博物馆在市民广场的东北侧位置，对面是图书馆和群艺馆。傍晚有空的时候，我先去图书馆看一小时左右的书，然后绕走经过博物馆，在市民广场蒙眼驴般地走几圈，看着计步器的数字跳到五千步即回到出租屋。

第一次去博物馆是去岁暑假时节。我刚调到椒江没多长时间，女儿来看我，带她去了一次。那时候博物馆建成开馆不久，里面有台州各地的风土器物，比如糠筛、脚箩、箪篮等竹制品。在台州一带，竹制品是农村最常用的“家生伙”，又有谁家没有这些竹制器物呢？

但现在，这些竹制品已经被人忘记了，哪怕在农村，土地一次次被“改良”后，谁还用得上这些东西呢。逐渐消失在记忆深处的竹制品，人们也只能在博物馆里才能得以一见。遗忘的不单单是这些竹制品，连同一起被遗忘的还有制作竹制品的工具。

有一次回到林家塘，为了找一样东西，我钻进老屋的楼上。昏暗中，母亲的花眠床还放在原来的位置，只是已经布满着灰尘，床上塞着蒸笼、饭蒸，母亲编制的草帽叠在那里，楼板上也堆满了杂物，一地的凌乱。在靠近窗户边，一堆父亲用过的篾匠工具，已经全部锈迹斑斑了，失去了昔日的锋利和光亮，显然很长时间没有用过了。其中有一把篾刀，点点锈迹就像老年斑一样，布满了刀身，木头手柄处开了一个裂口子，露出刀柄来，令我无限伤感。恍惚中，我似乎听见了一个声音从裂开的口子蹦出来，一字一字跳着从楼板的侧面跌落下去。

看着老屋被遗忘的这些篾匠工具，少年时期跟随父亲外出谋生的艰辛，以及艰辛中带给我的快乐，凡此种种，都一一呈现在我的眼前。虽然记忆深处，属于父亲的这些工具还会使我怀念，或者说就是用于回忆过去的时光的，但一切都成了过去。

父亲出生于20世纪40年代，兄弟姐妹三人，他排行第二。那时候家境非常贫寒。由于一次长时间注射过量的链霉素，父亲很小的时候就失聪。无奈之下，祖母把只有十来岁的父亲送去拜师学艺，听不见声音的父亲凭着他的聪明才智，历经三载艰苦，终于出师。学成回到林家塘，二十岁不到就开始以一副薄削的肩膀背上篾箱上门为别人做竹制家具。

我想，愿意把自己的女儿嫁给失聪的父亲，外婆是经过深思熟虑的。在那个连饭都吃不饱的年代，把自己一生的希望托付给一个像父亲这样的人，母亲需要多少的勇气。

父亲是远近闻名的补篾高手，可以说，是父亲的手艺养活了我们全家七口人，虽然那时候家里有四亩稻田、二亩旱地和几十棵橘树，但仅靠这些收成是难以维持全家生活的。我们兄弟三人尚小，祖父身体又不太好。在父亲看来，能让全家在村子里过得有尊严，让他的三个儿子有出息，是他最大的目标。实际上，父亲没有让全家失望，也没有使母亲失望。他用自己勤劳的双手和智慧，给我们创造了幸福的生活，用自己的双肩在村子里第一个支撑起了三间瓦房，买了第一辆自行车和第一块手表。父亲对于我来说，就是最励志的、最好的榜样。

每年“双收”前或空暇，一大早天还没亮开，父亲就挑着担子走出家门，徒步走村串户，开始讨生活。说来奇怪，我对父亲所有美好记忆都来自我的少年，也可以说，我是嗅着父亲手中的竹篾香来到这个人世间，听着竹篾在刀锯下发出的声音长大的。那一条条顺溜而柔软的竹篾，会把我的记忆一点点地串起来，即便时光过去了很长，在进入父亲当年的年纪，我依然还记得父亲那时候的情景和艰辛。

农村常用的竹制品诸如扁担、簸箕、饭架、竹罩等，打制这些简单的家具，在父亲眼里自然不在话下，就连谷箩、糠筛米筛、大箩豆笾、笊篱箪篮这样精细复杂的器物也是手到擒来。父亲凭着手中的这些工具和自己的睿智，把竹器打制得既好看又十分耐用，成了四里八乡的名人。我会经常看见有人来到家里，一手把香烟往父亲的手里塞，一边比画着要请父亲去定做生活用具，看父亲应下了，才满心欢喜地回去。

出门前一天，干完农事后的父亲会把所有的工具全部打磨一遍，锯子，各种刀具和刨子。我经常看见父亲在道地的水井旁磨刀，身体随着磨刀上下起伏，时不时用大拇指试试刀口的锋利。“嚯嚯”的磨刀声和着菜园里“叽叽喳喳”的鸟鸣，屋顶炊烟袅袅融进夕阳的余晖，这样的镜像，现在想起来是多么的美好。

父亲从一早出门，忙活一天后，才披星戴月地回到家。渐渐地，随着名气越来越大，父亲接的活儿也就多起来了，距家的路也越来越远。后来，父亲的名声远播康谷、宁海、象山、临海，每年父亲都会接到宁海象山一些农场的邀请，一做就是好几个月。每当说起这一点，父亲比画起来眉飞色扬。稍微近点的如渔西、沿赤、东郭、健跳、凤凰山农场等几个地方，他只好暂宿在主人家里，直到完成所有的活。有意思的是，多少年后，有一次无意之中听老丈人说起，当年父亲在东郭门讨生活的时候，就住在老丈人家，想不到之后能成为亲家，也许是上天安排命中注定的事情，这就是所谓的缘分吧！

第一次和父亲出去讨生活是我上小学四年级的暑假，地方是黄金坦国有粮站。父亲四十几岁的样子，比我现在的年龄小几岁。闲着无聊的我坐在父亲的自行车后座，顶着烈日，一只脚放在父亲的篾箱上，一只脚耷拉着，双手抓住父亲的衣服，穿过村子唯一的一条石子路。

粮站在黄金坦水库上游，背靠穿岩，离林家塘不算远，却是我第一次去。粮站大院里矗立着圆桶形粮库，有六座的样子，有两层楼房那么高，圆锥形茅草封顶，漂亮而敦实，后来，我学到了几何，这些圆桶形的粮库成了我几何学习的最初意象。

粮站是工作人员上班的地方，对于农民来说，这里的人除了他们羡慕之外，还有一种高高在上的权威。我有个干亲戚也在黄金坦粮站上班，我叫他叔，祖母是他的奶娘。现在的人很难想象，当年粮站交公粮热闹非凡的场面——通往粮站的公路上，从公社各个村送缴公粮的手拉车、拖拉机，一簇簇，一队队，像海中蛟龙，迤逦而行。

父亲一到，这位干叔叔就把粮站的箅、谷箩、畚斗……统统拿出来给父亲，这些竹制品经过几年的磨损，有的断了篾漏了个洞，有的箍在沿口的藤断裂。父亲就像个女娲，只见他一只手捏紧篾刀，一只手挑开竹篾向上分开，用嘴叼住竹篾，篾刀能够顺利游刃在两层竹篾之间。就这样，一条一条的竹坯在他刀劈刨抽之间，又神奇地撕扯成一条条薄薄的有些透明的篾片。从青篾到黄篾，一片竹在父亲的手里，硬是用粗笨的篾刀劈出八层篾片。篾片仿佛一条欢腾的蛇在父亲的面前伸展翻飞，这些翻飞的篾片在父亲的双手间，瞬间就把破损的竹制品修得天衣无缝。要是要打制新竹器，就需要好几天时间，但无论如何，所有的活都要在收公粮前完成。

傍晚时分，下工回林家塘，父亲顺道买回一个西瓜，或许还能给我一根五分钱的白糖冰棍。我坐在车后座上，看着被夕阳染红的天边，以及路边树木漏下的阳光碎碎地洒在父亲宽厚的背脊上，晚风习习，掀起的衣服呼呼直响。后来每每回忆这一幕，是那样的幸福，对父亲也佩服有加了，他能把世间的粗糙与细腻结合得如此美妙，如此神奇。

父亲带过近十个徒弟，好像都是亲眷叔伯，后来这些徒弟一个个出师，就像当年父亲当学徒出师一样，我想这些徒弟在父亲的调教下，步入社会，会不会记住父亲呢？但毫无疑问，对于出师的这几个徒弟，父亲是有自己的成就感的。当然到最后，没有一个徒弟从事篾匠的行当，这不影响父亲内心深处的自豪。

前年清明给祖父母上坟回来时，父亲曾带我参观他的杰作。父亲其中一个徒弟现在是某个农庄的董事长，在刚建农庄的时候，这个徒弟请父亲为他做竹门楼和竹长廊。我们爷俩站在竹门楼前照了一张照片，父亲黝黑的脸庞，十分自然地笑着。我突然觉得父亲并没有老，他的艺术细胞还在旺盛地分裂着，尤其是他指点自己这些杰作的神情和自信，我就比不了，如果父亲能上学，那现在又会是怎样的一个人？

2017 年 1 月 海门

一只大木箱

少年的事物一件件遗失，不管如何找寻，翻遍老屋的角角落落，除了一张母亲结婚时的花眠床、父亲的补箴工具，还有上面布满的灰尘，什么都没有。灰尘中也没有童年的气味，一切都隐埋在无情的岁月之中。

梦醒之后，我长时间回味，好多学生时代的往事开始涌上心头。

也许来自农村的缘故，我常常莫名其妙的忧伤和自卑。在将近三十年前，这种忧伤和自卑在我血管中凝聚，甚至可以堵塞我蓝色的静脉、红色的动脉。十六岁的时候，当我接到一纸入学通知书时，并没有露出丝毫的兴奋——要去县城的那所卫校读书，尽管父母沉浸在无比的幸福和无限的希望之中。在他们眼里，认为读卫校就是可以当医生，可以吃国家饭，光宗耀祖也指日可待。但对于我来说，从此没有机会读大学，少时的愿望再也不可能实现。

我这种看似无端的忧伤，在家人看来简直不可理喻。拿我祖母的话来说，哪怕回家在三沙洋街开个诊所，也足以改变一家人的命运。三年后，祖母曾为我能在三沙洋街开个诊所，不顾年迈，一次次地和我一起去临海杜桥，向我的一个远房姑妈的侄女讨教开诊所的一些问题，连开在什么位置，用什么药柜配置什么器械都给我想到了。她是非常相信自己的孙子有这方面技术水平的，也相信我一定能够在这条繁华的三沙洋街上和赤脚医生海灯竞争并立足于此。

但我却如此忧郁，在父亲拿着锯子走进废弃的猪圈，在一堆乱糟糟的木头里扒拉着的时候，我的忧郁便开始萌发和泛滥起来。猪圈里特有的味道还没有完全散去，但这不妨碍我在父亲身后大口地喘着粗气，我已经习惯这种味道。这些准备造房子的木料，是父亲慢慢积累下来的。虽然那时候我们已经住上了瓦房，但心高的父亲说要重新造三间二层楼，我也相信父亲有这个能力。

那一年夏天，我刚过十六岁，初中毕业，穿着一件青灰色的中山装，人精瘦精瘦的。父亲是远近闻名的篾匠，可是现在，他却要为我——他的儿子做一只木箱——再过几天，我要去县城读书了，到县城足足有百十里地。我是要住校的，这样子就不能每天往返了。

于是，父亲从村里的木匠处借来刨子、斧子，还有他的篾匠工具，又是锯又是刨，他要在我上学报名前做好这只箱子。在锯木板的时候，我想父亲心里肯定是幸福的，或许锯子也能感受父亲那种幸福而变得快乐起来。我心里十分清楚，父亲的一切希望都要寄托在我的身上，他这个大儿子终于可以走出林家塘了。但后来，使他想不到的是，我这一走，却越走越远，只稍稍回了一个头，一个短暂的驻足，又背着更为沉重的行囊，带着对故乡和亲人的无限思念，与林家塘、与他走出了十几年的距离。

我从父亲锯木板时的动作中开始感觉父亲这种幸福和期望。父亲拉锯子更欢快，但这种发出来的声音，却使我在暑假里变得更为烦躁不安。这是一只普通的松木木箱，那时候，我甚至觉得这只难看的木箱是父亲故意给我带来忧伤和烦恼的。没过几天，父亲就把这只木箱放到我的面前——木箱被涂着褐色的油漆，大约一米左右长，宽和高五十厘米，盖子四个角被一块铜片包着，箱子使用木榫扣连接，不仅严谨，看起来还非常牢固。

暑假结束了，上学的日子也说到就到。一天中午，村子冒出袅袅炊烟的时候，班车从县城开了过来，在小湾渡调了个头在林家塘停住。我从车屁股爬上车背，父亲用绳子绑好木箱，爬上梯子，给我递来绳头。我蹲着把那只木箱拉上了车背，班车上面堆满了大包小包的行李，箱子在这杂乱堆着的行李中间是如此的扎眼、那么的另类。三年后，我把这只箱子换成一个背包，坐在村子里的拖拉机上，一腔热血，把自己变成了一个兵。可当我抬着它走进大大的宿舍，才发觉这只将陪伴我三年的箱子，和我一样是那样的黯淡无光，我并不知道自己在这里会度过怎样的三年。

学校在县城南山脚下，在没有成为风景区之前，这里还只有一条可通往山顶的台阶。山顶有两座亭子，山坳里到处是坟墓，每隔一段时间，我们就可以从教室的窗户中看到送葬的人群。山脚有一条路叫沿山路，其实就是一条只有一米左右宽的石子路，路两旁还有翠绿的毛竹，每到春天，那些破土而出的竹笋到处都是。住校生每人都有一只木箱，这好像是住校生的特别标志，那些城里的或离学校很近的街上同学，不太相信吃喝拉撒一应物件都能从里面拿得出。

但的确如此，我的那只箱子就是我全部家当。箱子中间被一块木板隔开，分为两个区块。我不得不佩服父亲在做箱子的时候想得如此周全。在我看来，箱子就像一所房子。一边稍大的空间是放我的换洗衣服、书籍、香皂。当然，我每月的零用钱和伙食费虽然只有 40 元，但一定是压在箱子最下面。一边稍窄的放着大米、菜蔬。说是菜蔬，其实就是一小袋黄豆和菜干而已，有时候还有一小瓶咸蟹糊。

箱子被我放在床底下。睡觉的时候我心里就想，箱子在床下，里面有衣服有书，有大米菜蔬，还有被压在衣服下的几十元钱的每个月生活费。

如此一来，就安坦自然了，也就不那么讨厌这只箱子了。箱子就像移动的家，虽然里面只有我的书和生活用品，但每次掀开木箱盖，都有浓浓的咸蟹糊的味道往外涌。那味道使我感受到一种温暖，感受到家人比我付出更多的辛苦，我知道其中的分量，一定还有父亲不可名状的期盼。

在学校第二年的时候，我想自己是进入了青春迷茫期的。我莫名其妙地又开始陷入无尽的忧愁和烦恼的泥潭之中，这一次烦恼源自村里在温州打工的小伙伴。对于农村孩子来说，能赚到足够的钱，可以使自己在村子里挣足脸面。但我每天上课前，要重复着相同的一件事情——把饭盒拿到学校的食堂去蒸。我要打开箱子，舀一罐大米倒入大饭盒，抓一把干黄豆放在小饭盒里，稍微洗一下，放点盐，再放一块从家带来的肥肉，好让黄豆汤里有点油星。这块肥肉会被我用上一星期，直到周末我准备回家，重新从家里带一块肥肉。

多少年后，当我能在工作之余读着路遥《平凡的世界》的时候，不由得感慨万千，突然觉得孙少平和我多么的相像。不！所有为改变命运奋斗的农村子弟，都有像孙少平一样的历程。

我经受不了贫穷所带来的生活，和孙少平一样，开始与自己过于自尊的自卑感做斗争。虽然没有像孙少平那样落魄穿着单薄的衣服躲在学校的角落，在纷淋的雨雪中，等打饭的同学都离开后，才偷偷地取自己的黑面馍。

但在县城念书的三年时间里，我的确只能吃着最便宜的 5 分钱一碗的青菜，甚至有些时候只吃自己带去的黄豆，很少吃肉菜。由于没钱买行李包，每次回家，我都背着一个大大的尿素袋，穿过县城，登上客车回到林家塘。我开始在心里纠结着，人也愈加自由散漫，每天精神恍惚，脾气也变得坏了起来,有一次居然为“鲸鱼是不是鱼”而和同学争吵不休，事后连我自己都觉得莫名其妙。

我一次次地翻过学校的围墙，跑到电影院看《神雕侠侣》，在日记本中写下了超过一万字的观后感。有个周末，我并没有像往常一样回家，一个人在宿舍里整理着箱子。我想我该结束这样的学业了，必须回家，要出去闯荡江湖，要去赚钱！我不得不承认，自己这种莫名其妙的想法来自一本书，一本叫《苦儿流浪记》的书成了我下定决心离开学校的理由。书的作者是来自法国的马洛，看着看着，书中的苦儿雷米也逐渐变成了自己，在我看完《苦儿流浪记》，开始读《少年维特的烦恼》的时候，我下定决心必须马上离开学校。我翻开那一年那一天的日记，仍清楚地记得，我把已经整理好的木箱锁好，照例放在床底下——现在的我随时可以走出学校。我和几个同学约好，到南山的亭子前合影留念，真有点悲凉的感觉。最后，这种想法被老师及时纠正，我也没有离开学校独自去外面闯荡，自然也没有实现赚钱的心愿。

现在，这只木箱老早不见了踪影，也许被父亲当柴烧了，也许被母亲塞在某个角落，但这只再普通不过的木箱，却一直伴我在县城三年的读书时光，它不但装着我难忘的求学经历，也寄托着家人对我深深的感情和我对往事的美好回忆。

2017 年 3 月 海门

天边那一抹晚霞

我曾经无数次地想过，那个小山村，贫瘠、破败，并没有什么出奇，可却是我在少年时最留恋的地方……

当我再一次来到这个被群山包围的小山村的时候，已经是十四年后了，我也不再是愣头愣脑的傻小子。前些日子在网上得知，小山村要重新规划了，也许以后我再来的时候，这里又是另一番景象了。

还是那条用石板铺成的乡村公路，蜿蜒着从两座小山中间穿过——尽管在白天，小的时候，要是一个人走过这样的山路，我都感到害怕，阴森森的坟墓就立在路边，或有被挖开了的坟墓，墓道像张大了口的魔鬼，随时可以吞噬路过的行人。

已是初秋，世界似乎变得旷朗起来，石佛山[①]静静地仰望着天空，不闻人间岁月。大片的松树灌木丛被茂密的狼蒺簇拥，枫叶透出淡淡的红晕，路上行人依然很少。我记得，最为热闹的是碰到小镇集市，这条路就人来人往，提篮挑担，卖柴粜米，行人相互打着招呼，挂着一脸的笑容。如今，山里的年轻人都搬到了镇上，留下的是那片并不富裕的土地，还有那些个伴着老屋的老人，守候着一成不变的岁月。

当我把车拐进村头的小路，笔架山正托着夕阳，橘红色，柔柔的，静静的，斜斜地照着石门水库，就像一张大大的网撒在水中，波光粼粼。

又像一张透明的巨幕，罩住了整个山村。我停下车，望着眼前的小山村，熟悉而又陌生，却为去不去犹豫起来。

在我小的时候，这条小路不知走过了多少次，不知在石门水库闹腾了多少回。每年暑假，祖母都会带着我来石门住上几天。得知去姑妈家，我尽量把激动的心情掩藏在心底深处，到了晚上，就翻来覆去睡不好觉了，好不容易挨到鸡叫三遍，便急匆匆从床上爬了起来。

“潮水还没涨平呢，不要急！”那时候，没通公路，也没有大桥，要去姑妈家，就得坐船从小湾渡头过海，在浦坝上岸，再走两个小时才能到大山深处的石门村。海不算宽，小火轮要走半个小时。轮渡只有一艘，也会有渔船乘机来抢生意，我却是害怕坐这样的船，风浪大的时候，摇晃的小船随时可以倾覆。

祖母是算好了时间，什么时候涨潮什么时候平潮，不过我只记得“初三十八中午平”。等涨潮的时候，走半个时辰，到了小湾渡码头潮水就涨平了，小火轮就会把我们直接送到浦坝港码头。如果遇到退潮，小火轮只能将我们下到满是泥浆的引路上，这个时候就只能卷起裤腿提着鞋，小心翼翼地一步步向前走，但有时候免不了滑倒或被牡蛎壳割破了脚。

出发时，天还没有大亮，东方微曦初露，远处石佛山在雾霭中若隐若现。祖母会带着一篮米面、红糖、饼干之类的东西。过了海，就是一段长长的山路，一路上祖母会和我说很多的话，因为心情愉快，尽管山路难走，倒也不觉得累。过了毛洋岭头，就看见了小镇，说是镇其实就是一条窄窄的街，四周都是农舍。我知道，从小镇后面的一条小路穿插过去——还要再走大约半个时辰的路程。我们就会在毛洋岭的路廊里坐一会儿，这里是路人歇脚的地方—— 一间石头垒起来的矮房子，直到山路成了宽阔平坦的水泥路，老路廊才被拆掉，重新造了一座砖瓦房。路廊常年会有一个阿婆在卖草糊冻和水，水一分，草糊冻五分。十几年前，我从部队转业，曾经在小镇的供电所工作了八个月，之后就调到了机关。每天傍晚，无聊的乡村生活，我常常独自一人沿着当年走过的路，不知是在追寻往日的快乐，还是去重拾不可能拥有的无忧无虑的少年时光?

知道我和祖母来——走得快的村民早早把这个消息传到了姑妈的耳朵里，似乎整个村子都弥漫着一股欢快的气息，表妹们一起去菜地里割菜，表姐到小镇上买肉。村子唯一的一条小路，路边站着看着我们的村民，“北岸人来了啊！”“这是老卓儿啊？”他们和祖母一个个打招呼，我低着头跟随在祖母身后不敢作声。

祖母育有三个子女，父亲排行第二，还有一个大姑妈，石门姑妈最小。小的时候，小姑妈念叨最多的就是自己中断学业的事情，每每说到这里，满是遗憾，责怪祖父。要不然我就是工作人员，也不会来到这个穷苦地方，受这份罪。姑妈生了表哥，满心欢喜，却不曾想表哥得了小儿麻痹症，寄托了自己一生希望的姑妈不甘心，四处托医求药医治，流干了绝望无助的泪水。好在表哥娶了表嫂，又有了一个儿子，四个表姐妹都有了自己幸福的家庭，这使姑妈稍稍宽慰一些。

我知道，前面的小路再拐弯处就是姑妈家，有青青的竹林，有充满臭味的猪圈，还有那块吊忠岩，但这一切都是我向往的地方。随着我和祖母的到来，潮湿低矮的老房子顿时充满笑声，姑父也会从田垟早早收工。到了晚上吃完晚饭，我和表姐妹们坐在道地上，或爬上猪圈的平顶，数着天上的星斗，一遍又一遍讲那些不知讲了多少遍的故事。

“哞——”的一声把我从过去拉回现实，夕阳中，一位戴着斗笠的老人，挑着一担狼萁，腰间别着砍柴刀，走在老黄牛后面，从我身边走过，缓缓地向村子里走去，地上拖出一条斜长的影子，融在无尽的霞光之中，不，整个村落也全部沉浸在霞光之中了，我远远地望着，阳光温暖地照在家家户户的玻璃上。我又幻想着村口的石板小路会不会出现什么，可除了那头牛，那个渐行渐远的老人，村后面的吊忠岩依然静静地在夕阳下，什么也没有，一切都成了过去……

2016 年 9 月 海门

---

① 石佛山：形状如仰卧着的佛像，海拔约 400 米，位于三门县浦坝港镇小雄。在黄金坦、三沙洋、浬浦一带能看到石佛山。

180 封情书

这是一个废旧子弹箱，木箱子铁扣已经有些生锈，每次打开都会发出“咿呀”的声音，通体的绿色也随着岁月的流逝、旅途的颠簸逐渐褪色、斑驳了，但它在我心中却依然那么鲜亮。从拥有它开始，我就带着它走南闯北，一直陪伴在我身边。

子弹箱里装着的是一颗颗滚烫的心，这是我和妻子从相识到相知到相爱再到结婚，整整 3 年多时间里我写下的 180 封情书。每当看着这一封封叠得整整齐齐的信件，我的思绪又回到了那段充满无限甜蜜和思念的军旅岁月。

说是情书，其实也不全是那些情呀爱呀、相思之类的甜言蜜语，更多的是我在部队日常的一些工作、生活琐事。

记得 1998 年，在空军部队服役的第 8 个年头，已经 27 岁的我和妻子经人介绍认识，妻小我 3 岁，在一个偏僻的乡卫生院当医生。

当妻子的同事、朋友得知我是一名军人，纷纷反对。反对的理由只有两条：两地分居，转业后工作难以着落。我想这两条理由也是最现实、最致命的。丈母娘也极力反对，妻子是个乖乖女，使她不得不尊重母亲的话。在回部队后的第一天，我就给妻子写了第一封信。

“我完全同意你母亲在婚姻这个问题上所采取的审慎态度——是的，

作为军人，我没有更多的时间陪伴你，嫁给军人就意味着牺牲。而转业后有可能没有工作，当然也可能没有财富。这的确是一件我们不得不以另外一种态度来处理这个令我痛苦的事情。我会尊重你的选择，我也会等你的消息和接受你的考验！”

在接下去的日子里，我三天一封信，一周一个电话。就这样，我们书信往来，感情一天天地炙热起来。不久，在我猛烈的攻击之下，妻子顶着亲朋好友的一致反对，偷偷地和我许以终身。

那一年，正是部队飞行任务最重的时候，将迎来建团以来毕业飞行员最多的一届，为了确保如期完成毕业飞行训练科目，全团上下都憋了一股劲。卫生队人员少，处于青黄不接的时候，除了要在机场值班，我还要值内场班，往往白班夜班连轴转。无疑，妻子的问候和关心是我无限的动力源泉，我像打了鸡血一样，生活变得不再枯燥。

“终于可以歇一口气了，部队今天也放假，卫生队组织会餐，大家都庆祝建团 30 周年和飞行学员毕业 30 名。你别小看这区区的 30 名，他们可都是万里挑一大浪淘沙后留下的精英，毕业后都要到战斗部队去，担负保卫祖国领空的重任，不过也有我的功劳哦……”

很显然，我能为飞行员如期毕业感到自豪，便迫不及待给妻子写信。“向伟大的中国人民解放军空军飞行员致敬，也向‘赤脚医生’敬礼……”妻子不失时机地给我奖励了一番。年底由于我工作突出，被部队党委记个人三等功一次。这是我第二次荣立个人三等功，军人把荣誉看作高于一切，为了荣誉，军人可以牺牲生命。当我把金灿灿的军功章交给妻子，说这枚军功章有你一半时，她的笑脸比花还要美。

飞行学员毕业后下战斗部队前，团里组织了一次飞行学员长途越野和革命主义教育，地点是白洋淀。我作为卫勤保障人员参加了此次活动。令我终生难忘的是见到了心目中的英雄——“小兵张嘎”原型，现在想起来依旧历历在目。

“今天，我参加了全团飞行员40公里越野，目的地是白洋淀，见到了小兵张嘎的原型赵波赵老英雄，还和他合了影。这样功高于天的一位抗战英雄却是多么的平易近人，在经过血与火的战场上闯过来后，依然保持高昂的斗志和简朴的生活。我能零距离聆听这样的英雄事迹感到莫大的光荣。”

不久，我收到了妻子的回信，说想到部队来，看看我，看看我的战友，看看英雄的白洋淀。听说妻子要来，卫生队的战友立即忙开了，和我同寝室的战友张宏斌挪身搬到了别处，军医张振胜从战友家里“抢来”了一台电视机。卫生队自从来了妻子，也顿时热闹起来，战友们左一个嫂子，右一个弟妹，今天被李医生拉去吃饺子，明天被护士长请去吃手擀面，妻子也和战友们很快熟了起来。我还带妻子去机场观看飞行，显然，第一次看战斗机飞行训练的妻子显得非常好奇和幸福。去了白洋淀，看着芦苇荡和层层叠叠的荷花，虽然没见着“小兵张嘎”，但妻子说自己已经感受到了这种气息。

回去后，妻子马上给我写了一封信，信中流露出对部队战友之间的纯洁的友谊之赞美。还说自己知道我为什么如此留恋部队的生活了。是呀，我是离不开战友，离不开部队火热的生活！

“再过几天又要迎来新的一年。今天部队放假，我刚睡醒，头痛得像要裂开一般，在部队经过锻炼，我的酒量也稳步提升。昨晚部队庆祝澳门回归，在这么一个举国欢庆的日子里，作为军人，怎能不为自己国家的强盛而感到自豪呢？怎能不为澳门回归祖国的怀抱感到兴奋呢？我也‘会须一饮三百杯’，终被灌得大醉了。

在香港回归后的1999年，我们又一次迎来了澳门的回归。鸦片战争以来，中华民族经受了太多太多的苦难。澳门沦为殖民地，和香港一样，是中华民族的奇耻大辱，如今，这一页就要被翻过去，久别的儿女就要和母亲紧紧相拥！”

这是1999年12月21日，澳门回归的第二天，我给妻子写的一封信。对于那一晚的情景我仍记忆犹新，战友们举起酒杯，唱着国歌，共同庆祝澳门的回归。

人说做女人难，做军人的妻子就更难，两地分居，相思难尝；养儿育女，照顾家庭，一个女人该承受多大的担子！妻子从不拉我后腿，家里再困难的事也不和我说。婚后，为我尽孝的责任不得不由妻子来做，尤其那一年祖母从楼上跌了一跤后，除了值班，妻子每天都从卫生院坐车去林家塘看望祖母，陪她老人家说说话，或是给祖母梳梳头、洗洗衣服……

于是，我写了一封信给妻子："祖母是我最爱的亲人，自从摔了一跤之后，身体一直难以恢复。多亏了你，能经常去照料她老人家，我身在军营，不能顾及家里，一切都拜托你了……"很快，妻子回信了："谁让我是个'军用品'呢？再苦再累，那是活该！"她还附了一段《说句心里话》歌词：你不站岗我不站岗，谁来保卫家？我读了这情真意切的文字，还有什么我不能放心的呢？还有什么能比爱和情更暖人心的呢？

铁打的营盘流水的兵，转眼之间，我在部队已经12周年，按规定，我将要退出现役。尽管我对部队有太多的留恋，但也不得不接受这样的现实。

"组织找我谈话了，明年我即将转业回地方，我不得不重新审视自己——回地方能干什么？我的命运再一次接受考验！是的，命运的洪流将我再一次冲到困厄的境地，'解甲'后说不定又重新'归田'，亲爱的，果真如此，你要受到多大的压力，我又有多少力量来保卫我们的'爱情'不受侵害呢？"

转业前的一段时间是最难熬的时候，自己就像又被重新丢弃在十字路口，迷茫、彷徨、无助，种种低落的情绪向我袭来。当我把自己的担心写信告诉妻子时，妻子回信安慰我："我相信你，在我眼里，你最棒！即使你没有工作，还有我呢！我们俩一起努力，拿出你的军人品格，相信命运之神一定会青睐于你。"

转业后，我和妻子的通信也从此中断了，通过努力，我也有了一个安稳的工作，也不必为生计而忧愁。

时间如白驹过隙，一晃就是十几年过去了，但每当我回忆起这一段美好的时光，无论春秋冬夏，无论生活多么不容易，我都会坦然面对，我都会永远守护着这颗滚烫的心！

2015 年 8 月 三门

是谁稳住了我的心绪

工作着是美丽的，人闲着太久了便会出毛病。

刚从部队转业到地方的半年里，对过惯了部队生活的我来说竟一时半会儿难以适应，人也变得懒散起来，只是偶尔心血来潮去晨跑，可体力已大不如前。起床也不会再有军号催了，想睡多久就多久，我的心也不再是争强好胜,对下半年安置考试我总以“时间还早”作为自己的借口，书也便没心思去看，只是以涂鸦打发着时间。

好不容易等到了安置考试的消息，在接下来的日子里，我把自己关在小屋里，足不出户，看完了该看的书，做完了该做的题之后，我满怀信心走进考场。过去的一切只是给你一个根基，你的人生分水岭也就从这开始了，而我真的在这次考试中走了“麦城”，进入分水岭。虽被列入安置之列，可接收单位以指标没有将我挡在门外。

在世上有许多事是无奈的，日子一天天地过。女儿渐渐地长大着，我也时不时地在内心深处又发掘出一种自卑，以前的优越感荡然无存。而在新的环境中，所能带给我骄傲的东西渐渐变淡，变淡。

在等待的日子里我彻夜地失眠，思考着过去思考着将来。回到家里，本来应该快快乐乐，而事实上，我的快乐只是暂时的，只有女儿灿烂的笑容才勉强将我从忧郁、沉重、伤感之中拉回来。妻没日没夜地上班，挣着只有几百元的工资。作为男人，我羞愧难当。

有一回中午，我从母亲手里接过女儿时，突然发现母亲原本乌黑的头发竟白了许多，皱纹也爬上了她的额头。母亲是家里的主心骨，家里家外全靠她一人撑着。母亲的白发也许早就有了，而我这个粗心的人直到今天才发现。

看着熟睡中的女儿，我明白，我再也不是一个只会将一瓶瓶啤酒灌入肚中，醉了就睡，过着一人吃饱全家不饿的大男孩，我是一个男人了。我意识到了父母的苍老，同时，也感觉到了对自己的称谓的改变，我应该对我的家庭、对我的妻女、对我自己的未来负责。

重新翻开十几年的从军日记，整整二十五本，从湖南写到山西，从山西写到河北……我看到了自己经历过的酸甜苦辣，也看到了自己失败的痛心和迷茫，成功的喜悦，军功章的辉煌。直到现在，我还不知道自己该属于哪种性格，可好强与没有缘由的自卑时不时地缠住我的神经。回想起来，自己真是想不开。

回到家，看到父母、妻子、女儿，我恍然发觉自己的情绪稳了，责任已紧紧地压住了我那颗好冲动的心。或许，经过这一年，我才开始成熟了。

2003 年 10 月　三门

为父不易

女儿提前一个月溜了出来，害得我整个措手不及，于是我也提前得到“提升”。妻也不再挺着个大肚子吃力地爬楼梯，但她卸下的包袱却重重地压在了我的肩膀上。

在未做父亲前，看见那些活泼可爱、蹦蹦跳跳的小孩子，我就羡慕得不行。常常幻想着自己也有一个漂亮聪颖的孩子，甜甜地在我的肩上撒娇，在我的耳边喊着爸爸。我会牵着他（她）的手去散步，去逛街，会给他（她）买好多漂亮的衣服……可谁曾想到，当这个梦幻真正地成了现实时，我却尝到了一般父亲难以想象的酸甜苦辣。

由于女儿是早产，我的心里更是害怕着一切可能发生的事情。

所幸女儿还算争气，一落地，哭声就如冲锋号——急急的尖尖的，只是长得有点对不起观众。你看她通红的小脸，眯着红肿的双眼，稀而黄的头发一撮撮地趴着。不高的鼻子还点缀着小米点，鲳鱼般小嘴翘得老高。更糟糕的是小家伙的体重只有 4.8 斤，直到现在我还以“一只剥光了的兔子”来形容她。

这就是我的女儿，当母亲将她抱到我面前，我激动幸福的泪水已悄然滚落……

妻坐月子时，家中上上下下忙得不亦乐乎。老丈人送来了两只老母鸡和热药[1]，亲友们送来了鲫鱼虾皮、鸡蛋、白鲞……满满的一屋子。

我每天除了给产后的妻子做汤做饭，加强营养，又要随时为这位宝贝“千金”换洗尿布。妻也硬是改掉了以前不吃肉的习惯。在头几天里，我就像一部永不停息的机器，随时加大着油门，整日忙碌着。

天气渐渐地变凉，我是一刻也不敢有半点儿马虎，精心喂养着，甚至和北京的专家建立了联系，一有难题就打电话。

等女儿满月时，终于度过了最危险的时候，女儿的体重也超过了 6 斤，悬着的心也终于能放下一半了。

小家伙渐渐地长大着，显得愈发可爱乖巧，我的心头也充满了无比的幸福，女儿成了全家人的中心，一切服务于她，一切着眼于她。我不再有白天黑夜，吃饭休息全被打乱，随时享受不绝于耳的啼哭声，我只有将小家伙的哭声当作一首美妙的“交响乐”吧。

等到女儿终于能冲着我微笑时，我已整整地瘦了十来斤。如今，只有八个月的女儿能叫爸爸、妈妈了，这让我更加的欢欣鼓舞。

每当夜深人静，女儿安然入睡，我拖着累得快散架的身子躺在床上却怎么也睡不着，脑子里始终在想：孩子是有权选择生的，作为父亲你就得为她劳碌奔波，为她的一切负责，她是有权选择的而你就别无选择。

人一旦到了这个份上，也就有了很多感觉——做父亲的感觉，也才真的感悟了那句千古名言的深刻内涵——不养儿不知父母恩！

2003 年 8 月　三门

---

① 热药：三门一带妇女产后常吃的一种中药。

作家女儿

今年暑期的一天，驱车陪同女儿去杭城参加省少年作家协会举办的“少年文学新星”丛书入选作者座谈会。

参加座谈会的有入选丛书的十位小作家、家长，以及著名儿童文学作家冰波和王一梅，省少年作协主席海飞等评委。按照议程，每个小作家都要围绕组委会设定的主题进行简短的发言，内容包括自我介绍、作品内容简介、对文学的认识与感悟等。前一天，女儿已经准备好了发言内容，虽然不采纳我的修改建议，但作为这样的发言也应该没多大问题。

女儿的发言被安排在第七个。

发言开始后，每个小作家都介绍了自己的作品，以及对文学的认识。个个慷慨激昂，有的内容太过于成人化，有的小小年纪直接和社会择校等现实问题挂钩，我坐在那里都感觉自愧弗如。

小女坐在海飞先生旁边。海飞先生与我同龄，同年入伍。当轮到第三个小作者发言的时候，小女拿起笔在笔记本上开始写着什么，我意识到，女儿可能感觉自己的发言太短了，在对内容进行补充。不一会儿，轮到女儿发言，投影仪屏幕上打出女儿的照片和简介。那是一张去年国庆期间和女儿在北京颐和园时拍的照片，戴着当时非常流行的休闲帽，姿势俏皮活泼。

女儿对着麦克风介绍着自己和《童年的薰衣果》。果然，发言的内容增加了很多，虽然声音略显轻柔，但在我的心里突然之间升起一股欣慰和幸福——女儿那对洁白的翅膀，开始了她人生的第一次起飞！

女儿早产，比一般孩子身体稍显瘦小。为女儿取名“习”，是依《说文·习部》（“习”字繁体为“習”）：“习（習），数飞也。从羽（翅），从白。”“习”的本义为鸟反复练习飞翔，只有勤梳理羽翼，才能飞得高。

六年级上学期，小女完成了7万字的《童年的薰衣果》，参加了省“少年文学新星”丛书的评比，在全省77个参赛作品中脱颖而出，入选丛书，并获得省十佳“少年文学新星”。此外，作品还获得第六届鲁迅青少年文学家一等奖，第十六、十七届“中国少年作家杯”全国征文活动一等奖，省第八、九届“少年文学之星”征文活动一等奖等。

别人问我你是怎样培养女儿的。其实女儿喜欢阅读，我从来没有刻意去教导，更不会强迫督促她看书，女儿对书的喜欢完完全全出自于自觉。如果硬要说阅读产生一点影响的话，那就是我近万册藏书和看书的习惯对她有潜移默化的作用。

记得周岁开始，我和妻便常常给她讲童话故事。后来，女儿的要求逐渐提高，要求我们不能对着书本讲，要自己编。这下难度实在不小，开始的时候我们还能勉强应付，可后来，已慢慢地黔驴技穷了。不得已，我把讲故事的内容转向自己童年发生的事情，但也往往记忆模糊，难免添油加醋，故事情节却更加吸引人，往往惹得女儿手舞足蹈，哈哈大笑。久而久之，睡前故事成了女儿必不可少的催眠曲目，女儿就这样在我们的故事中熟睡、长大。

我和妻子都喜欢看书。但准确地讲，妻子看的是医学专业书，是出于职称知识更新需要。而我由于喜爱书法，看的基本上是书法类、文学类书籍，也偶尔动手写点诗歌、散文之类。所以，女儿在家看到的情景是我们各据一方，或看书，或写字。这样的氛围，我相信，女儿迟早是“近墨者黑”！我不知道女儿读的第一本书是什么，也记不清给女儿买的第一本书是什么。在小学期间，女儿看书的速度越来越快，有时半天就能看 4 本书，所看的书也越来越多，初步估算所看的书超过千册，藏书也有 500 多册。家里到处都是书，除了书房摆满书之外，床头、客厅、餐桌、窗台，甚至卫生间，这样，女儿能随手拿出一本书来。

由于工作关系，到外地出差的机会比较多，而女儿的要求是给她带几本书当作礼物。当然小女孩喜欢发卡、头绳之类的小玩意儿，但比起书来，女儿更喜欢选择书籍。我常常对女儿说，老爸好羡慕你，有这么多的书可以看。想起自己的童年，为了买本课外书，我利用一个暑假的时间，晚上抓黄鳝和泥鳅，白天捡了牛粪，晒干之后卖给黄岩人，所得的钱还要交一半给父母，手里捏着几元钱，走路去区供销社买。但那里所卖的书籍也极其少，最多的是小人书，偶尔有几本其他书。

对于给女儿买书，我是毫不吝啬的，而且都是一整套一整套地买。比如杨红樱的、曹文轩的、冰心儿童文学奖、鲁迅青少年文学奖作品集等等，女儿也对这样的原创儿童文学尤为喜爱。有次我得知朋友儿子只有十岁，就在看《红楼梦》《西游记》等四大名著了。我也有意让女儿去看，但女儿显然是看不懂《红楼梦》这样的书。后来一想，《红楼梦》是一部学科，有的人花了一辈子去研究都未必研究透，自己怎么能强压女儿去看这样深奥的书籍呢，后来我也对女儿不做要求了。

女儿看书的食粮从来不是问题，但也有间断过的时候。比如买来的书全看遍了，又恰巧图书馆没开我没时间去书店，无奈之下，女儿又重新翻出老书，一遍、两遍，甚至三遍地看。我经常听到女儿的责怪声，老爸，我都没书看了！由于书看得多，写起作文来自然不是问题，作文常常被语文老师当作范文在课堂上朗读，或是贴在墙报上。

小学四年级的时候，女儿写过这样一篇作文 :《我就是我》，其中有一段描写看书的文字，用了“钉”这个字。的确，女儿看起书来是非常专注的，饭可以不吃，水可以不喝。这个时候家里是安静的，当我们突然想起来没有女儿的声音了，一推卧室的门，只见女儿趴在飘窗上，两只小脚丫一晃一晃的。有时候看到兴时，发出“咯咯”的笑声，完全进入到书本的情节里去了。当我叫她的时候，女儿一脸茫然，转而嗔怒道 :“爸爸，你进来都不敲门的呀！”后来，卧室的门上出现了一张字条 : 老爸同志，进来请敲门！看样子是严重警告了。

在班级里，女儿的学习成绩只能在中游水平，今年刚刚小学毕业，按照学区划分进入到镇中学，没有去县重点中学。那是一座老旧的学校，在离小区不远的山脚下，去学校要过一座桥。那天，我给女儿去报名，看着眼前这所学校，心里不免有些失落，不管环境、教学质量，这所镇中学都无法和县重点中学相提并论。刚开始，自己还是感觉不是滋味。从开始为女儿规划上哪所学校发愁，到后来几所外地学校不接受报名 ; 从能不能上县重点中学，到考试前后煎熬而忐忑的心情。我甚至担心在以分取人的教育环境下，如何面对这样的学校。女儿倒是一脸轻松，依然我行我素，该看课外书的照看不误，该玩的照玩。在一次期末测试上，女儿的成绩使妻子的眼泪“吧嗒吧嗒”地流，还说，女儿一位小学数学老师曾当面奚落女儿考不上县重点中学，甚至责怪自己教育失败了。我开导妻子说，首先女儿是优秀的，是独一无二的，女儿成绩不理想只是分数，不上县重点中学没有什么可怕的。

暑假很快过去了，女儿也从一名小学生变成了初中生。选班干部，女儿和同桌毛遂自荐，当了宣传委员和文艺委员，接到的第一项任务是美化教室墙壁。那天，我站在女儿的教室里，看女儿和她的同桌在雪白的墙壁上画画，那神态自信得不得了。

昨天，省少年作家协会打来电话，少年文学新星颁奖大会将在年底举行，要求女儿填写采访内容，包括兴趣爱好、口头禅、获奖情况和获奖感言等十来项。

可似乎女儿对这些还是漠不关心，只是淡淡地“哦”了一声。女儿的人生之路还很长，成得了成不了作家并不重要，重要的是女儿内心有个梦，看着陶醉在梦里的女儿，我心里也美滋滋的。

2015 年 10 月 三门

寄女儿信

张习，吾女：

这封信有点长，也许还有点啰唆，或许还有些大话，但请你看下去，好吗?

昨天，妈妈又去杭州进修了，这下又剩下我们爷俩了。不过没关系，老爸会照顾好你的，陪你一起走过你的第一个毕业季。

上午爸爸临时有事陪单位领导去检查工作，我把你托付给亚军阿姨。对不起，女儿，以后爸爸一定会多陪陪你。中午回到办公室，在整理你的照片时，无意之中发现你和爸爸的第一张合影。记得你那时候才几个月大，爸爸抱着你，你躺在爸爸的臂弯里，显得是那样的小，红红的笑脸，还嘟着小嘴巴，显然你对我这个穿着军装的爸爸还不怎么“亲密”。看着这张照片，老爸心里不由得一阵感动和感慨起来：“好像我的女儿昨天还不过是这么一点点，怎么今天忽然就成了一个小姑娘了！现在马上要小学毕业了！”

老爸真后悔平常净板着个脸，都没有好好和你交流交流。其实老爸真心喜欢你、爱你的，只是老爸有时候不善于表达。现在可好，一转眼你就长大了。你知道吗，爸爸最喜欢你坐在我的身上，在床上爬来爬去，或者你骑在爸爸的脖子上，看你高兴的样子，爸爸好开心。有一次，你居然把尿尿在我的脖子上，你还记得吗？

亲爱的女儿，你还记得你小时候吃饭的细节吗？看你不吃饭，我就和你妈妈扮演一对“活宝”，妈妈拿着勺子，我就在你面前学着开飞机的样子：“飞机来啦，请张大嘴巴！”然后妈妈“呼”的一声，就把饭送进了你的嘴巴，你也“咯咯”大笑。就这样，一勺一勺，喂着你吃饭。直到你自己可以拿勺子、拿筷子吃饭了，爸爸和妈妈才停止这样的喂饭方式。

在你以后漫长的人生道路上，你会遇见很多很多你意想不到的事情。也许你现在还不明白，但是在这个世界上，要想别人尊重你，首先你要尊重别人，还有很重要的一点，就是你要有让人尊重你的资本，简单地说你要有某种“本领”。我们相信，你既然来到人世，以后所遇到的各种困难在所难免，我们相信你一定会克服一切困难，坚持着自己的梦想，人生一定会出彩！

女儿，说老实的，你老爸老妈在平时对你太严了。其实，爸爸妈妈为你感到骄傲——是因为你得到了他人的尊重；你善良、孝顺、纯洁，这是做人最基本的品格。我希望你在今后的学习时间里，更加主动、自觉、努力。因为，学习是最重要的事情——就好比造一幢高楼，需要坚实的基础，你现在的学习就是打好基础。只有这样，才能使你在以后的人生道路上乘风破浪。爸爸妈妈也希望你以后更加尊重你四周的人，尊重别人的尊严和个性，尤其是个性，这是一种健康、健全的人格。等你长大了，你就会发现，对你以后的人生会起到很大帮助。

爸爸曾经对你说过，你是老爸老妈最大的骄傲、最大的成就——人生得吾女足矣。现在，你正处在你人生当中的第一个升学季。你得想想，升学考试前，你需要做一些什么？

对于考试前的十几天时间，爸爸妈妈也没有多要求的。只是你要对语文、数学、英语这三门功课加紧复习，不懂的地方要搞懂、没记住的知识点要记住，这样才能胸有成竹。另外，克服你的马虎，切记切记！这个很重要很重要。

升入初中后，以后的你又应该怎么做？我们对你有如下建议：

第一，独立。你已经12岁了，你得自己去做一些事情了，当然你还不能“行万里路”。我知道你得笑我假模假样地说套话。可是你老爸12岁那年就会帮你爷爷奶奶割稻子、放牛、割猪草，暑假的时候去捡牛粪，晒干了卖钱。而你，在爸爸妈妈的呵护下，你回忆一下，是不是感觉到自己的独立能力尚嫌不够、性格尚嫌脆弱呢？因为你会慢慢长大，会慢慢接触世界，就像一只小鸟，一定得离开自己的鸟妈妈，去领略大千世界拓展人生视野，去经风雨、见世面以外，又有什么办法？12年来，我们对你的一切培养，其实都是为了你能够离开我们，自己去面对世界。

第二，博学。又是一句套话，12岁，你看了许多许多的书，爸爸妈妈很欣慰，因为喜欢看书的人都有一颗渴望知识的心，是优秀的。而且你在12岁就出版了自己的第一本书，加入了省少年作家协会，被评上了省“少年文学新星”，这是爸爸妈妈小时候想都不敢去想的事情，爸爸妈妈为你骄傲！但是，爸爸给你一个忠告，上初中以后，你得开始“博览群书”和“读万卷书”了。我早就说过，什么书都要读，中国的名著要读，世界的名著要去读，天文地理的书也要去读，等你长大了，哲学、历史、艺术等等的书也要读。读书的妙处，就在于它能使有限的人生得到无限的拓展。我也是从十来岁开始喜欢读书的，但那时候爸爸哪有你现在这么幸福，能读这么多的书。如今，老爸逐渐老去，但仍觉“书到用时方恨少”，“年一过往，何可攀缘？”望吾女莫做老爸蹉跎之叹。

第三，勤奋。“业精于勤而荒于嬉，行成于思而毁于随”、“书山有路勤为径，学海无涯苦作舟”、“天才就是百分之九十九的汗水加百分之一的灵感”……这些古今中外的名言想必你也读过，爸爸给你取名“习”，也是希望你勤奋，只有这样你才能飞得更高更远。当然，你会遇见风雨雷电，不要怕，希望你无论面对什么挫折，永不委顿，永远生活得超迈而乐观。是为至要。

好啦，吾家有女初长成，老爸不唠叨了。不知女儿能体会得到？

老爸于 2015 年 6 月 4 日

谢谢你的表扬

您端坐在我的面前，头发花白，皱纹满脸，脖子上挂着一架卡式照相机，透过茶色眼镜，我知道您在注视着我——我站在发言席上，在三百多位来自全国各地的朋友面前，我激情澎湃的语言感谢着大家的光临。时间过去了大半年，我依然记得去年，那场在台州书画院举行的个人书法展上，您和师母坐了两个多小时的车，从诸暨来到台州，来参加我的书法展。

应该有 36 年没见过您了。您变老了，我很轻松地就能回忆起您年轻时候的样子，您站在黑板前教我们写字的姿势。我依然清晰，在发下来的写字本上，您给我打了个大大的红勾，还时刻在我的眼前跳跃。

我不知道这样的小事值不值得说。或许这样的小事，甚至是您无意识之中对自己学生的鼓励，这样的鼓励，一个好的老师，会经常挂在嘴边。一句话改变一个人的命运，这是老师的神圣所在。在我小学时代，因数学不好，更多的是接受老师的训斥、戒尺和“壳落卜”①。我唯一记得的就是您那句话，到现在依然没有忘记。我也是沿着您的那句话，向自己的理想目标坚持着。

我是在一所叫三岩中心小学上的学。一排矮小的石头瓦房，静静地被村庄包围着，也不知道它有多少年的历史了，日复一日，年复一年，我只能看着它爬满青苔，破旧不堪。一到农忙的时候，学校的操场边成了农民的晒谷场，一时间稻叶飞扬，人杂车忙。学校操场东头是一个石头垒起来的戏台，虽不大，但足以成为我童年里美好的向往了。

8 岁那年，我背起母亲给我缝制的布书包上了学，那时候还是五年制义务教育。即便是成了学生，我还是难以脱离农民需要劳作的铁定现实。到了五年级，学校便分给我们班一块地，用来播种小麦，为的是到了明年夏季毕业会餐的时候,可以做麦糕改善一下。就是在五年级的时候，您走进了我的世界，也开始改变我的人生。

那年，您大约刚刚 30 出头，瘦弱的脸庞，单薄的身子，经常穿一身灰蓝色且洗得褪了色的中山装，干干净净，身上始终散发着一股肥皂味儿，目光透出一丝丝对我们的关爱。我只记得您来自大城市绍兴——在我眼里，绍兴足够大，和鲁迅先生同一个地方的，单这一点我就对您产生无比的敬仰了。我不知道那时候自己是否是语文课代表，只记得我的语文成绩始终在全班名列前茅，作文经常被您当作范文在课堂上朗读。那天，您叫我带着几个同学，去外贸公司门市部给全班买写字米字格本子。去外贸公司有四五里的路，一条石子路弯弯曲曲，路两侧是成片的甘蔗林。因要经过家门口，我把这件小差事当作十分光荣的任务。但可惜的是，当我和几个同学兴致勃勃经过家门口的时候，我却没见着父母亲的影子，心里不免一丝不快。但这不妨碍我买本子给自己所带来的优越感——当我回到学校，把一叠写字本子交到您的手里，再一本本发给同学的时候，您冲着我点了点头，当着全班的同学，给我一个满满的表扬。

很长时间，我都沉浸在您的表扬里。您教语文，也兼任我们的写字课老师，也是从那个时候开始，我第一次知道了王羲之、颜真卿和柳公权，尽管我没见过《兰亭序》《麻姑坛记》，以及《神策军碑》的样子，但在我的心底，已经埋下了艺术的种子。如果发芽需要养分、阳光，那么您——

这样一位来自绍兴的老师，给我这颗艺术的种子以足够的土壤了，打开了我懵懂的兴趣之门。我是农民子弟，父母是与土地打交道的农民，勤劳朴实，也认不得字，因是长子，自然成了第一个上学认字的人。在物资极度匮乏的20世纪70年代末,因买不到一支毛笔而无法上写字课的我，突发奇想，拔了老母鸡的毛，自作聪明地做了一支鸡毛笔，忐忑不安地在描红本上完成了您布置的写字作业。显然，您并不知道我是用这样的自制毛笔书写,我暗自庆幸“逃过一劫”。写字的事早已丢弃到九霄云外了。直到有一天写字课,您发给我们写字作业本。发现写字本上有一个大大的、红色的勾,一个极具潇洒的“好”字被一个顺势的圆圈圈住,就像一个炸弹，重重地炸开了我兴趣的闸门。就这样一件事，我什么时候想起来都感动不已。

后来，我当兵从军，十几年后才回到家乡，期间我是打听过您的消息的，但最终不得而知。直到有一天，在一个同事那里得到您的消息，就这样,中断了30多年的师生情谊被重新拾起。如今,您已是古稀老人了，但那句表扬我的话，依然回荡在我的脑海。

谢谢您，在我学生时代给予我表扬的陈永田老师！

2016年9月 海门

---

① 売落卜：虚握拳头，用中指第二关节敲击他人头部以示惩罚。

癞头小乃

癞头小乃是个人名，家住新塘村林家塘自然村。从小时记忆开始，村里的人都叫他癞头小乃，他的大名叫小乃，长着个癞痢头，所以大家都叫他“癞头小乃”。

早先农村穷，开销基本上是种田卖粮所得的那些钱，除此之外，很少有其他的经济收入。所住的房子大多数是茅草屋，又矮又潮，冬天冷，夏天热。一到雨天，外面大雨，屋内下小雨。

癞头小乃就住在村西河边的那座低矮的小茅屋里。村西边有成“7”字形的河，半围着整个村子。一条简易乡村公路穿过村子，马路边的小山坡上，有一座破旧的老爷殿，老爷殿对面有一条通往河边宽约 2 米的土路，土路就是通往癞头小乃家的路了。

小的时候，小河是孩子玩耍的天堂和乐土。小河里长满茂密的芦苇和水草，河边是大片的甘蔗林，后来改为种柑橘。每年暑假，我们帮着大人放水牛，挎着竹篮割猪草，瞒着大人在河里游泳、抓小鱼、摸螃蟹、抓青蛙。

有一次，依旧到河边放牛，太阳晃得眼睛都睁不开，我们在河边抓了好多的螃蟹，然后挖了土灶煮着吃，结果给癞头小乃看见了，说是把他的田弄得乱七八糟的，被他狠狠地训斥了一番，结果大家扫兴而散，从此大家恨死了癞头小乃。

癞头小乃终身没娶老婆，是“独个人”[①]。

其实，癞头小乃也有过一次机会，女的是个哑巴，年纪比他小 10 岁。那天，媒人把女人带到了癞头小乃那座又矮又潮的茅草屋里。我们小孩子就躲在门外看，为的是能得到一块糖或几粒香喷喷的炒豆。

那个女人坐在饭桌边，癞头小乃坐在灶前一声不吭。媒婆急得直骂他“弄不灵清”，头脑没魂，没有“看眼相法”。最后说得癞头小乃自己也急了。我们就在外面大笑，癞头小乃一拉门走了出来，吆喝让我们滚开！我有点愣住了，呆呆地看着面前的人，癞痢头一块白一块红，还布着一块块结痂，没有一根头发，脸圆而面色古铜一般，两眼虽大却无光彩，并且充满了敌意。随后媒婆走了出来劝他回去，我跟着其他孩子也一哄而散，最终我们没吃到半颗糖和一粒炒豆，大家对这个怪人开始感到一丝害怕。

后来，听村子里的人说，哑巴女人在癞头小乃家住了两天就走了，癞头小乃依旧过着“独个人”的日子。

我把癞头小乃的事说给祖母听，并笑癞头小乃这么老了还没有老婆。

祖母说，癞头小乃原来并不癞头，长得还算端正。由于家里穷，很小的时候就给别人做长工。有年夏天，不知怎么回事，癞头小乃头发一片片地脱发，整天流脓出水，最后就成了秃头了。打那以后，癞头小乃这个名字一直伴随着他，他开始自卑，开始躲避别人。

在我的印象中，癞头小乃没有父母，没有兄弟姐妹，也没有什么朋友，一年到头独自一个人默默无闻。

后来，癞头小乃花了百十元钱买了一头小水牛。每天一大早，他腰间别着砍柴刀，锄头挂着饭团，就把牛牵出去，到了傍晚，保准是一担木柴或茅草。癞头小乃对小水牛照顾得无微不至，哪怕自己不洗澡，也得给牛冲洗。

农忙的时候，小乃就替别人打短工，比如种田、割稻。大家都说小乃实在，不偷懒。正因为这样，小乃很“畅销”，我的父母就雇过他。

晚上，癞头小乃就坐在老爷殿的岩石上吸烟。他抽着旱烟，一根用竹子做的烟斗被他抽得发黄。每次只装一点烟丝，用火柴点燃抽一口就把烟灰磕出来。癞头小乃就不停地装烟、点烟、磕烟灰，周而复始地重复着这些动作，每点一次烟，就划一根火柴。

村里人经常拿癞头小乃开玩笑。有一次农忙结束，帮工赚了点钱的小乃闲来没事做，就在三沙洋街大撑小店柜台前，吃皮蛋沽老酒与人“讲白搭”②。有好事者就挑动别人和小乃打赌吃皮蛋，赌一次吃下十几个皮蛋。小乃爽快接招，那人却心虚不敢。只是望着小乃说，老酒少吃烟少抽些，赚了钱好娶老婆。

小孩子在一旁入神地观看。眼看着白吃皮蛋泡汤，自认为是被人耍了，小乃就把小孩子当出气筒，他扭过头来，用那空旷的大眼狠狠地瞪我一眼，我心中一凛，就飞也似的跑开了。现在想来，那眼神很冷、很酷……

我们当地有个习俗，每逢正月十四过元宵节，每家每户都要做一种叫糟羹的糊糊小吃，糟羹有甜和咸两种。据说，糟羹的来历和抗倭英雄戚继光有关。

每年十四夜，小孩子一手提兔子灯，一手拿碗，挨家挨户去讨糟羹吃。而最想去的就是癞头小乃家，他做的甜羹料理最丰富，也最好吃。一般情况下，我们约好了在村老爷殿汇合，然后由一人先去打探，如果好了，就会跑回来报告，我们就敲着碗一哄而上。在这个时候，癞头小乃也最和善，一个个招呼我们到他家里来喝甜羹。直到现在回想起以前的事情，嘴角似乎还沾着甜羹的味道，成了我对小时候美好的记忆。

后来稍大，我一步步远离了家乡。18 岁那年，我参军离开了那个生我养我给我快乐和美好记忆的村子，就再也没见到过癞头小乃了。时间一晃过去了十几年，有一年，我从部队回来探亲，听母亲说，癞头小乃喝农药死了，村子里的人都去送他，我听后不觉有些伤感。

2010 年 7 月　三门

---

① 独个人：没有娶老婆，光棍的意思。
② 讲白搭：闲聊。

花眼三夫

在部队的辰光，每年有一次探亲假，我都会回到老家林家塘，一进门，喜出望外的祖母就开始张罗菜蔬，“虎，到花眼三夫的小店去舀斤老酒。”祖母习惯性地像招呼我小时候那样差我去买东西，于是我也像小时候那样，提着酒瓶，穿过村中央的石子路，朝村北桥头边的花眼三夫小店走去。

三夫从小就失明。老家对失明的人叫“花眼”，久而久之，花眼三夫就成了他的绰号。花眼三夫的小店就在村北的小桥头南侧，矮矮的瓦房，靠着河边。小店也实在是太小了，几层用木板固定的货柜，摆的也只是酱油、老酒、味精、牙膏、草纸、蛤蜊油、皮蛋、饼干等日常生活用品。

在我读初中的时候，他还住在新塘村，后来不知是什么原因就迁到了林家塘来。林家塘是新塘的自然村，原来这是一片滩涂，经过围垦，就成了那些外来人的集聚地。林家塘只有二三十户，人住得分散，东一户西一户。我家住在村头最南端，花眼三夫的小店孤零零地落在村北边，也是村里唯一的小卖部。路过的种田垟人、铃铛担客[①]或赶集的人都会在花眼三夫的小店歇歇脚，聊聊天，或吃点饼干、皮蛋充饥，或喝点老酒解解乏。

别看花眼三夫眼睛瞎了看不见，可人是顶顶聪明的。他喜欢打听人的底细，对没“见过”的人都会问一句“作噶姆[②]的”，一来二去，只要是在他的小店落过脚的过客，不管是男客人，还是女客人，花眼三夫都记得一清二楚。

“是外洋人[③]吧，又来捉小猪啊？”每当集市，花眼三夫就趴在小店的窗口挡板上，探出脑袋向过往来人打招呼，“来，吃斤老酒。”更绝的是，远打远有人走过来，他就会凭着感觉能辨别出来这人是谁。

大家都觉得不可思议，有时候故意想作弄他，或是模仿某个人的声调，或是憋了喉咙头管，这样的小把戏都难不倒花眼三夫。“鬼出了[④]！”试过的人只能用这三个字来形容他。单凭这个，花眼三夫的小店生意倒也兴隆，一年到头也能赚点钱。

花眼三夫大约五十来岁的样子，兄弟五个，他是老三。老大义木，老二义夫，老四义龙，老五义来，其他四个兄弟都是“义”字辈，偏偏他叫三夫，大家都嘲笑三夫，说三夫不是亲生的。三夫也不生气，只是“看见”自己兄弟儿囡满堂，心里就苦闷不堪。祖母在的时候，他倒是托祖母寻过亲，“老卓娘，外面有没有合适的人，只要能把家，人聪明就可以了。”

早年，也据说有人愿意嫁给他，可一听他是花眼，又住在三沙洋，娘家人就摇摇头说，三沙洋连柴都没得烧，嫁过去要苦煞的呀！也正应了那句童谣：有囡难嫁三沙洋，晴天燥日无水吃，落雨时节无路行（念hang，第三声）。没柴烧也许又是一条新的罪状。最终，也没有哪个女人来到林家塘嫁给花眼三夫，从此，苦闷的花眼三夫更加孤独。

我经常看见他在夜晚敞开着门，独自一个人傻傻地坐在屋里，拉着二胡，凹陷的双眼眶望着门外。曲调凄婉忧伤。有一次我路过三夫的小店，听他孤独地拉着阿炳的《二泉映月》，虽然有点跑调，但曲子有了更多的哀伤悲情。有时候高兴，也拉些越剧诸如《五女拜寿》《红楼梦》等调子。

据说，三夫跟人学过算命。小时候我看见来三沙洋算命的好像都是花了眼的，没有出路的花眼三夫只能去学算命。可没过多久，算命师傅嫌三夫“非上路”，就不肯教他。当初寄予厚望的算命没学到，三夫心里非常苦闷，一时不晓得去做什么，但人总要活下去，总要有铜钿赚的行当。大家也看着三夫蛮可怜，就给他出主意，有人就半开玩笑半当真对三夫说，林家塘小店没有，你就去开小店，生意肯定好。万万使人想不到的是，花了眼的三夫真的开起了小卖部来。

从此，三夫人也变得干净，一年到头都穿着一套黑色的中山装，清清爽爽、服服帖帖，一双解放鞋洗得也干干净净。冬天天气好的时候，喜欢坐在门口，跷着二郎腿摘日头[5]，嗑瓜子，雪白的袜子显得特别刺眼。早年后生的时候，花眼三夫生活特别困顿，眼睛看不见，做小工都没人要，时常在腊月天怀揣着一口碗，拄着一根竹竿，“笃笃”地东家借米西家借油。村里的小孩子就跟在花眼三夫的后面，学着三夫的样子“吃吃”地笑着。花眼三夫也不生气，只是故意地用竹竿猛地在地上敲一下，“小猢狲干什么！”于是，小孩子一哄而散。

当然，三夫也以自己的方式开心，或者说他那种与生俱来的逗人乐的基因。三夫虽然瞎了眼，做起事情来有板有眼，顶佩服的是牵着牛走过窄窄的田埂，却如履平地。还摸索着给豆苗锄草，隔壁邻舍就拿他开玩笑，三夫，望望相，天落弗落雨。三夫煞有介事地站起来抬头瞄了瞄天，语气肯定地说，暗嘎[6]落大暴雨。

80 年代末，村子里通了电，没见过电的村民都觉得新鲜。供电所的电力师傅接到花眼三夫家时，就对三夫说，你家电灯不用装了，反正你也看不见。三夫一听就急了，“要装的，要装的。我又不是不给你铜钿，别人夜晚头来买东西总要看的吧。”自从有了电灯，天还没黑，花眼三夫就早早地开了电灯坐在店里守着。

有一回黄昏，我去买自来火，远远看见三夫在昏黄的灯光下，一动不动，一种无限的悲凉顿时浸得我心里不由得一酸。孤独的花眼三夫终年生活在黑暗之中，没有花红柳绿的春天，也没有丰收景象的秋天，更不知道亲爹亲娘兄弟姐妹的样子。他的眼前，永远只是黑暗无光。

显然，三夫是听到了我的脚步声，站起来说，“几时回来探亲的？”我已经一年多没回家了，他依然还记得我的“模样”，很快就辨别出我的脚步声，我告诉他我刚刚回来。“你老爸满佬佬辛苦的，今年在青珠农场做生活赚了不少钞票，听讲下年你屋里要翻新屋了。”说完又神秘兮兮轻声细语地说：“其实我是能望见的，只要对着电灯，我就可以望见灯光了。”不说倒好，这一说听得我双眼刹那间湿润起来。

前几年，听母亲说，花眼三夫不知道什么原因，喝“敌敌畏”死了，我听后唏嘘不已。如今，三夫留下的两间小屋也被一对收破烂的外地夫妻占着，道地上堆满了废轮胎、破自行车、塑料瓶……

2014 年 12 月　三门

---

① 铃铛担客：货担郎。
② 作噶姆：干什么。
③ 外洋人：临海杜桥一带的统称。
④ 鬼出了：奇怪。
⑤ 摘日头：晒太阳。
⑥ 暗嘎：下午。

哲顺

哲顺比我小一岁，也姓张，他管我父亲叫“大”[①]，自然，我得叫他叔。叫叔的哲顺是小时的玩伴，只是他小学一毕业就出去打工了，在温州在温岭皮鞋厂做皮鞋，还在建筑工地做过小工。

那时候挺羡慕他的，羡慕的原因是他曾给我看过一张照片。照片中，他站在大城市温州的立交桥上，留着中分头，满脸笑着在吃着一块面包，披着一件“摩根”夹克衫——据说是韩国的品牌，那是当时非常流行的款式，村子里很多人前前后后都买过，显然80年代的农村年轻人也已经赶起了流行风。

哲顺打工回来，就曾穿着这样的夹克衫。而我只能穿着一成不变的灰色中山装坐在乡中学的教室里，听老师讲三角函数、几何解析和滑轮杠杆的原理。哲顺不用记这些东西，他向我讲述做皮鞋的经过，各种各样的皮鞋牌子和款式。有一年春节，他穿着一双尖头鞋回到家，在老爷殿前走来走去。大家都嘲笑他钞票赚不来，穿双皮鞋有什么好得人惜[②]的，哲顺“嗯”了半天也说不出一句话来。

我不知道哲顺是什么时候死的。去年听母亲说他得了肺癌，没得救了，是晚期，可怜这一双囡啊！有好几次我都想去看看他，但我面对他能说什么呢？我没有想好，也不知道如何面对他。

据说在刚开始的时候，他只是咳嗽，后来就变成不停地咳嗽、咳血。他自己倒是无所谓，以为是支气管炎，他老婆也不以为然。那时候，他拖家带口还在江苏种西瓜。农民赚钱不容易，哪舍得花钱啊，一向苦惯了的哲顺只是吃些消炎的药。在林家塘，出去种西瓜的人很多，虽然辛苦，但运气好的话，一年能有十几万的收入。这样的收入在农村足够使一个人会非常体面地活着，也可以支撑起家里的开销。

年里，卖完西瓜准备来年再出去种的哲顺，却最终没有支撑住。说实在熬不住了，没办法之下住在县医院。之后医生说晚期扩散了，没办法医治了，劝他老婆把人拉回家，也好有个眠床位置。拉回林家塘的那天晚上，我正好周末下班经过林家塘去看母亲，母亲从哲顺家回来对我说，看看多么可怜，原先还能吃一碗饭的，现在只能吃口粥了，皮包骨头，看样子没有多少时间了。

哲顺节约是出了名的，这一点我深信不疑。在小时候，大家都叫他小气鬼。我不知道他如何小气，可能是他没给大家买过棒冰，或是没分过口袋里的炒豆。但有时候，他却会把好吃的分给我一点。有一次还给我买过五分一根的红豆棒冰，我就觉得哲顺并不小气。

不过在林家塘，和我一起玩耍的小伙伴大多数人都玩过扑克赌过博，“32 张”是最过瘾的一种，还有“红五星”、“争上游”，或是滚铁板赌钱——这是一种以滚出去停下来的位置前后、击中后者的铁板为赢的游戏。滚铁板在当时农村非常流行，多则四五个人一起玩，少则两个人就可以玩半天，我就很痴迷这样的游戏。玩“32 张”的时候，哲顺他从不做庄，只是在一边押赌注，有时候赢了就走，别人休想从他的口袋里拿点钱去买吃。其实那时候玩的非常少，只是几分几分地玩。哲顺把口袋捂得死死的，最后大家也没有让他掏出一分钱来。

在今晚，我突然想起他来。一个人一辈子说完就完，只是有的人是熟透了，就像庄稼熟透了，等待它的只有死亡。死亡只是被挥舞着镰刀的手收割而已。这句话是从我很小的时候就听过的，是《圣经》上说的。

这个收割的人是上帝，每个人都要预备被收割的。正是壮年的哲顺，他自己也许没有料到，这么早就被上帝的镰刀收割走了。

哲顺一辈子没干过什么大事，我没有过多地观察过哲顺，也没有料到他一脚就迈进了生死界。在农村，什么才算大事呢，其实大事还是小事只是相对而言。你不能说哲顺在江苏种西瓜不是大事，造了两间三层楼不是大事。但对于他来说，没有哪件事大过他娶妻生子。结婚对于一个人来说是个与生死一样大的事情。我见过他的新房，他亲自来叫我去吃喜酒，并看看他的新房。那是一间二层楼的砖房，尽管外墙是裸露的黄砖，但里面却被涂得雪白雪白，还做了卫生间和抽水马桶。一张刚做好还没来得及油漆的婚床，一张雪白粉嫩的男娃娃图片贴在窗前的墙壁上，我也在结婚的时候在新房贴过类似的画。

我知道自己是怀着十分矛盾的心理生活在林家塘的，我不想自己也像哲顺一样在林家塘娶妻生子。我曾不止一次在夜里为自己的担心而睡不着觉，担心的事情只有一件——假如我真的当了农夫该怎么办？最后得出结论，我当不了农夫，因为我并不知道每个季节都播种什么样的农作物。

但哲顺就比较安坦，他来到林家塘就是当农夫的。我曾见过他有一段时间在下权河边种了几亩芹菜。每天一大早就到河边割芹菜，然后骑着自行车去三沙洋、浬浦、黄金坦赶集。对于哲顺来说，只要能赚到钱的就行，而不会在乎干什么。我也见过哲顺学着别人一样去网鱼，但不知为何他网到的鱼总是比别人少许多，有时候小鱼小虾还没人要，显然这样的行当对于哲顺来说也是赚不到钱的。

当他有第二个女儿的时候，哲顺看见林家塘三层楼房如雨后春笋般立起来，再看看自己两间低矮的黄砖房，他意识到，靠几亩水田、网鱼卖芹菜这样下去实在赚不到大钱，也不可能把二层楼变为三层。看见别人出去承包土地种西瓜，赚了钱，最后他也经不住钱的诱惑，眼红了，于是带着老婆孩子也跑了出去，种起了西瓜。

种西瓜实在是苦啊！哲顺用这样一句话对我说。种了几年的西瓜，的确也赚了一些钱，但哲顺变得更“小气”了。香烟不吃、老酒不吃，博不赌。钱赚来带棺材里去啊！别人又开始嘲笑他。面对这些，哲顺“嗯嗯”半天依然说不出一句话来。

为了节约成本，十几亩的土地只有他和老婆两个人翻耕，翻好后还要播种、搭塑料棚。家就安在地头，用毛竹竿、塑料薄膜搭个简易的棚，一家四口住在里面。这几年，哲顺就把家和老婆孩子系在裤腰带上，晃荡来晃荡去在外面奔波，忙得都不知道白天和黑夜。地是不能重复种西瓜的，所以，哲顺一年换一个地方，除了老婆孩子，跟随他的还有那些铁锹、锄头、毛竹竿和塑料薄膜。

没过几年，赚了钱的哲顺接傍他大哥的三层楼，也起了两间三层楼。我想，这时的哲顺是满意的，为妻女支起了房子，也为自己撑起了面子。

就这样，哲顺凭着赤手空拳一天天打发了所有日子，对付了自己的一生。

现在，哲顺走了，走的还不算遥远。我不知道哲顺是否梦见自己的铁锹、西瓜地走的。走的时候是否想过谁，是否想过小时候的玩伴、想过自己，或是他是否意识到当初得了癌症，他是否为了给老婆女儿留点钞票，才对自己的健康无所谓？我想肯定是这样的，但他却忽略了，在他自己完成了一辈子的事情之后，怎么能把自己的性命都完成掉了呢，却留着老婆孩子在人世间，空守着这两间三层楼。

2016 年 12 月 海门

---

① 大：哥哥。

② 得人惜：显摆；可爱，惹人疼爱。

老摆

一条蜿蜒的石子路穿村而过，把林家塘分为两半，东侧十户，西侧十一户。被翠绿的甘蔗园围着的茅草房一幢幢错落地被安放在马路两侧，一簇巨大的竹丛趴在马路边。

午后太阳正烈，一个四十多岁的中年男人，挽着裤腿，坐在竹丛下面的石头上，手不停地用草帽"呼哧呼哧"地扇着。在他面前，放着一个担子——那是货担，令农村小孩嘴馋、女客人[①]期盼的杂货担。

村子里异常寂静，太阳肆无忌惮地将村子里的一切生物压在人看不见的地方——茅草房、猪圈牛棚，或是鸡窝鸭窝。只有知了还一个劲的一声接着一声地叫着。

中年人歇了会儿，喝了一口水，接下去他要做一件不知重复了多少次的动作。每次做这些动作，他都充满激情，毫无保留。只见他的右手拿起拨浪鼓，轻轻咳嗽一下，大大的头颅一扬，从肺中鼓出并经过他长满黄牙的嘴吐出一声悠长略带沙哑的叫喊声——顶针、篦笄、发夹、洋纱卷哦！姜糖、汽水、香烟、自来火哦！紧接着，"唧唧"的一阵拨浪鼓声。

这一系列动作一过，他的声音飘过林家塘整个上空，太阳立即被这个中年人硬生生地豁了一个大大的口子，在林家塘掀起了一股股气浪。连知了都停止了叫唤，它知道，这个时候没有它们的事了，这股气浪把全村的生物都惊醒了。

除了男人，全村人一股脑儿地冲破太阳的包裹，谁在乎这些虫儿的叫声呢？手脚快的小孩迫不及待地边跑边叫："姨[②]，快点呀！"那些手拿针线正在纳鞋底或结了一半扁蒲草凉帽的女客人，也把手中的活一扔，"个天诛绝灭的老摆，就知道来哄小猢狲，把别人的钱拐拐光的呀！"

准备拐这些孩子、女客人钱的老摆乐呵呵地从石头上站起身来，继续拨着拨浪鼓，小孩子的心就越发痒痒了。

"有薄荷糖吗？"

"姨哦，给我买些橡皮圈！"

"买橡皮圈做什么？"

"我要做链条枪！"

老摆的货担就被一群叽叽喳喳的小孩子和女客人围着……

打我从懂事开始，村子里就这么叫这个货郎。大概是因为他是一个瘸子的缘故，走起路来一摆一摆的，叫的人多了、时间久了，老摆就成了他的外号了。他常年挑着货担穿梭在各个村子里，从公社一直沿着这条乡村石子路到新塘、林家塘，再到小湾岭脚，绕过龙坑、大井头。兜了个圈子后，再折回他的老巢——公社所在地丁山脚。

在那个物资极其匮乏的年代，在农村，除了供销社的一些商品之外，老摆的货担要承担着乡村一些日常用品的供应任务。老摆自然就成了这些小孩子、女客人日思夜想的人了。我想，老摆为了生计，一担二柜，虽然为三餐肩挑四处奔波，但有这么多人想着他，他该是多么幸福呢！

那是两个一模一样的木柜，分三层，上面两层，四面是用透明的玻璃隔着。一侧可以打开，下面一层是储物柜，里面储存着各种货物，每一层都用小钥匙锁着。木柜里的东西可谓琳琅满目，简直是我童年最为美好、时刻惦念的世界。那黄得诱人的橘子水、薄荷糖的香味永远占据着我的嗅觉，远比百灵家茅坑旁的薄荷叶好吃。

不止一次，我们曾在中午或放学回家时偷偷地去摘百灵家的薄荷叶，却常常被蹲在茅坑上的百灵他爸发现。汽水虽然好喝，只是太贵，舍不得买。可汽水的引诱就犹如万恶的基路伯引诱夏娃一样，使我无法抵挡。我多么想把自己变小，钻进老摆的货柜，就可以喝个够了。显然，我无法像孙猴子那样有着七十二变化。于是，我只好把手从侧边伸进父亲锁住的抽屉，偷了五毛钱。不知为何，父亲竟然没发现，但后来，我再也不敢去偷了。

不知道老摆有没有老婆，虽然他个子矮小，且丑，像武大郎，又是个跛脚瘸子。武大郎都有潘金莲这么漂亮的老婆，老摆肯定也有老婆。做他老婆该会有多幸福啊！是不是会随便吃薄荷糖，随便喝汽水呢？老摆一定很有钱，这点毫无疑问，你没见他每天都在赚钱嘛。他的钱会藏在什么地方，贼骨头会不会去偷？我甚至担心起他藏钱的安全来。

老摆是最会赚钱的一个人，大家都这么说。等村子里的小孩子、女客人买了东西后，老摆又要到下个村子。走之前，老摆就会随便找一家要水喝，把他的水壶灌满。

我很喜欢看老摆挑着货担走路的样子，他一走一摆的样子很搞笑。弯弯的扁担也一晃一晃的，“咿咿呀呀”的继续扰乱着我的听觉。

这一走一摆，似乎整个村子也随着老摆走路的姿势摇摆起来，村子的房子也摇摆起来，西边的那条小河也摇摆起来。摇摆起来的小河会不会把水倒灌进村子，村子会不会被河水淹没掉？我跟在老摆的后面胡思乱想。

我们有时候也找来一条竹片，学着老摆的样子走路，一边走一边学他叫卖：“铃啷铃啷，洋纱卷、篦笄、自来火、香烟哦！姜糖、汽水、打不死[3]哦！”老摆也不生气，继续走他的路，待走出村头的相龙家，我们才回到家里。

那个时候，农村的交通还不发达，很多人家还没有自行车，更不用说有公交车这样的交通工具了，买个东西都很困难。于是在后来，老摆增加了一项业务，还愿意为人家带货，有人需要什么，可以提前跟他说好。下次来的时候，老摆就会把人家需要的东西带来。

2017 年 1 月 台州

① 女客人：对结过婚的女人的统称。结过婚的男人则称为男客人。
② 姨：母亲。健跳港以南地方，称母亲为姨。
③ 打不死：陀螺。

村子里的傻子

林家塘有好几个傻子，一个是能，另外几个是仙春兄弟姐妹四人。说起来这几个傻子还和我家沾亲带故的。

能是我堂叔和塔的儿子，家住在林家塘山脚，今年好像有 30 岁光景了，身高只有一米四左右。能有个弟弟，后生好的猛，人也聪明，用当地话说，鲜笋一般。和塔叔高中毕业，在早先的农村算是有文化的了。曾在大队当过干部，但自从有了能之后，和塔叔就四处去赚钱，承包过柑橘园，种过大棚西瓜，什么都做。能生得一双丹凤细眼，眼白特别多，老是斜着看人。鼻头和嘴巴都很小，由于经常流涎，嘴角的皮肤被口水洇渍成生肉一样粉红。能小的时候不会走路，无论到哪里能娘都要背着这个活宝。直到十三岁以后，能才会自己走路。能以前没有学会说话，以致到现在只会“嗨嗨”地出声，音量倒是挺大。尤其是见到熟人在马路上走过来，被能看见了，他就朝别人跑过来，一边挥手一边“嗨嗨”起来。平时一个人的时候，能就自娱自乐“嗨嗨”个不停。

有一年春节前，我从山西回林家塘探亲。见我穿着军装提着包从“三卡”下来，能就蹦蹦跳跳大老远朝我跑来，“嗨嗨……啪啪啪”，还捡起路边的一根树枝，作端枪状，急急地跑到我家门口，“嗨嗨……啪啪啪”地朝屋里喊，他是叫我的母亲，意思是说你的当兵儿子回来了。能跑起来的姿势很有意思，别人都是正着跑，他却像只螃蟹，横着边跳边跑，还手舞足蹈。他的母亲也跟着出来，我好奇，问能妈，能怎么知道我当兵？电视上看的呗！能娘胖胖的，烫着头发，穿着一件红色羽绒服，打扮也很时髦。前几年，能的娘得了癌症死掉了。没了娘的能，有段时间变得沉默寡言，一天到晚跑到他娘的坟前傻傻地转来转去。有路过的人说能没有娘了，没人疼了之类的话，从不打人的能居然捡起石子，握着拳头，咬牙切齿状，“嗨嗨……打死打死”。

能很喜欢到我家玩，从小就喜欢。因为母亲从不撵他走，我们兄弟几个也不讨厌他，还经常分给他一些吃的。一大早，能就缠着他娘指指前面一个劲地“嗨嗨，大……大”地叫唤，他娘就知道能想去我家里。按照辈分，能叫我哥，“大”是能对我的称呼。尽管能的样子看起来总有点不舒服，但这不是能的错。他也是一个人，一个有思维的人，只不过他思维简单一点，活在自己塑造起来的世界里罢了。其实我倒觉得我们这些看似正常的人都没有能快乐。他无忧无虑，饿了就吃，困了就睡，哭笑皆随性，什么都不用发愁。在我探亲回家的一个多月时间里，能每天很早就跑到我家道地。我还在睡梦中，他就已经站在楼下“嗨嗨，大大”地叫开了，就像一只准时打鸣的公鸡，声音尖而高亢。

能其实不是很傻，有感情，还懂得知恩图报。我假期满了回部队时，看着我在路边等汽车，他也站在我的身边，一边仰起头看我的军装一边“大大”叫着，声音怯怯的。然后能瞭望着远处，见汽车来了，他就迫不及待地朝汽车使劲挥手，还帮我把拿行李，看汽车开走了，能还站在路边一个劲地向我挥手。

还有一个傻子名字叫仙春，乍一看是个女孩子，其实也是个男的。仙春娘和春仙爸是亲表兄妹，一共生了二子二女，仙春行三。除了大女儿稍微好一点，其他三个都和仙春不下上下，全是傻子。在以前的农村，表兄妹结婚是蛮多的，也没听说过有谁生的是傻子。林家塘就有一对亲表兄妹夫妻，两个儿子都很聪明，唯独仙春兄弟姐妹一个比一个傻。只是除了仙春，其他三个不出来祸害人。大儿子名叫仙灵，和我年纪不相上下，就在家里窝着，不大出门。我去河边放钓经过他家时，经常看见一个人坐在门口吃稻草，一根根地咽下又重新拉出来，很恶心。后来二女还嫁了人。大女儿叫仙花，是在仙居找了个倒插门女婿，女婿名叫有富，据说这个仙居来的女婿人蛮勤力的。结婚第二年，就生了个女儿，可惜的是，这个女儿也继承了她母亲的基因——又是傻子，但总算有有富的基因，尚不至于很傻。前几年有富带着傻妻和傻女，外出包地头种西瓜，赚了一些钱。大女儿结婚生子后，仙春娘就开始想小女儿仙菊（忘记名字了，暂且叫她仙菊吧）的婚事了。她知道，以后自己老了，不能靠两个傻儿子养老，还是要靠女儿。也是天遂人愿，小女儿后来嫁给了河里村的道长。道长人长得还不算丑，还是我小学同学，我记不太清他读书成绩好不好，只知道他念完小学就不再念书了。三十多岁了，还没有老婆。屋里人一急，七寻八寻，打听到了仙春家，没几日就托人来说媒。仙春娘和仙春爸一听说道长，没有丝毫犹豫，便一口答应下了这门亲事。双方都不嫌弃对方，当月就送了“小日子”，过年前就热热闹闹地办了酒席，拜了堂成了亲。结婚后正月辰头小两口子到林家塘娘家拜岁，道长挑着一担礼物走在前面，仙菊远远地跟在后面。别人在马路边拿他们开玩笑，道长，你要慢慢时走，把老婆手牵牢，勿逃走了。仙菊在后面捂着嘴吃吃笑，还嘀嘀咕咕不知道说什么。如今有很多年没有仙菊的消息了，不知道有没有子女，如有，会不会又是傻子呢？

仙春比能年纪大，不知道大几岁，但应该比我小几岁。我管仙春娘爸叫姑娘姑丈，是不知拐了几道弯的亲戚了。说来奇怪，林家塘就三十多户烟灶，但凡和我家有亲戚叔伯关系的，家里都有傻子，能和仙春兄弟姐妹是比较典型的。

比起能来，仙春的的确确是个傻子，且脾气暴虐，六亲不认。手里总是拿着一块石头或是一条长长的树棍，整天在马路上溜达，经常骚扰过往行人。有段时间搞得人心惶惶，见了他唯恐避之不及。他走路的姿势和能有所不一样，能是横着走，仙春却迈着大步，很有力，走路时脚掌狠狠地拍打地面，似乎是举全身之力，总感觉有点像朝鲜阅兵的弹跳步。他在马路上溜达的时候你是不能看他的，说不定你就在无意之中看了他一眼，其实这也是很正常不过了——面对一个手里握着石头或一条长长树棍的傻子站在马路上，总是要看一眼。这一看不要紧，但却被仙春视为对他怀有恶意，信息会立即传达到大脑——也许是他仅有的思维反应，随之，石头或树棍会从他手中成为自卫攻击的武器。听母亲说，经常会有行人被仙春伤害，但他是个十足的傻子，受到伤害的只得向仙春娘告状。告状人多了，仙春娘也烦恼不堪，就和仙春爸商量，最后决定把仙春关起来。仙春也怪可怜的，他娘不知在哪儿弄了一副铁链，出门的时候，就把仙春用铁链锁在屋柱上。这样的滋味肯定不好受，母亲知道这件事情之后，曾经劝仙春娘不要这样对待他，他娘就抱怨道，老卓嫂啊，我也是没有办法，讲起来心郁死，忖来忖去，做人也没有意思。前世也不知道自己做了什么事干，生了这个天诛绝灭的东西，到处捣扰良民。

把仙春用铁链拴起来，虽说不人道，但也真是无奈。虽然傻，但也是自己的骨肉，看着被捆在屋柱上的仙春，他娘又心疼起来。后来仙春娘想了个办法，给仙春要来一只小乌狗，让狗陪仙春玩。乌狗尚没有半岁，浑身乌黑光亮，短尾巴，见了谁都“呜呜呜”尾巴摇落，样子蛮可爱。刚开始的时候，仙春牵着小乌狗就在他家门口的小路上来回晃荡，不去马路上祸害人了。但渐渐地，小乌狗和行人都熟悉起来，就开始不听仙春调派了，经常和仙春唱反调。有一次，小乌狗看见哲顺蹲在自家门口吃夜饭，就想挣脱仙春手里的绳，可能肚子饿了想去捡拾点哲顺的施舍。这下可惹怒了仙春，一脚头，像踢足球一样，“嘭”的一下子就把小乌狗踢出去老远,又见他右手用力一拉,可怜的小乌狗就这样被仙春折磨的“呜呜呜”惨叫不已。后来，再也没有见过仙春，据说死了，再后来，仙春娘也喝了“敌敌畏”死了。

还有一个傻子，住在双墩村。双墩村在新塘村的隔壁，我大姑妈就住在这个村庄。傻子叫华丽，比我大好几岁。人高马大，身材魁梧，足有一米八的样子。华丽的名气远比能和仙春大，性格温和。比起能和仙春来，华丽算是个聪明人，除了能帮家里干点简单的活，有时候也义务给别人担水割稻之类的。有一年，妻外公身体不好，还专门叫华丽照料老人家。而且他的信息格外灵通，无论哪里有唱戏放电影，或是哪家有个红白喜事的,他都能找到。华丽最喜欢办丧事人家,就站在人家大门口，赖着不走。给他吃的，他也不走。后来，大家才知道。要是死了人，他要在棺材前磕个头才行。要是娶新妇娘，他是一定要看到了新妇娘、讨了红鸡子才会走的。

很多时候，我看见华丽，心里莫名其妙地掠过一丝丝羡慕的情绪。你看他从这个村逛到另一个村，一年到头穿着一件中山装四处游荡。华丽走过的地方远到渔西，近边的几个村子比如仙岩下岙、里浦、黄金坦、丁山脚，当然最多的是三沙洋片的河里、新塘、林家塘、小陡门大陡门。他就像仿佛人世的巡游者，洞察着周围的人和村庄，时时露出含义莫名的笑容，很深邃，这种笑容是什么，我并不知道……

这就是一些我的村庄关于傻子的记述。多少年不见了，也不知道他们现在活的如何。

2017 年 12 月 海门

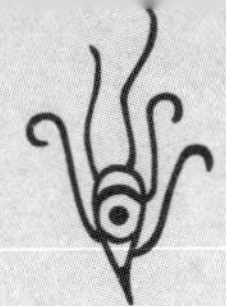

辑二　三十年后来看你

林家塘

诚如一首歌唱道，终点又回到起点。

20 多年前，我穿上上绿下蓝的空军服，和 40 多名相识的、陌生的、同样一脸稚嫩的新兵一起，在县城武装部剃了光头，加入了空军行列。这一去就是 12 年之久。12 年走南闯北后，又回到了这个小村子，回到了这片土地，转眼间又过去了 10 多年。

老家似乎是一只橄榄球，前半部分是越来越大，后半部分是越来越小。小时候，我穿着开裆裤、光着脚，被父母搁在竹篮、谷箩里，或坐在装有猪栏①的手拉车上，一路颠簸到蟹山后的橘园摘橘子，或者去外塘水田种田。村中有一条窄窄的乡村石子路，我并不知道通向何方，也从没离开过村子，那个宁静的小山村就是我的老家。那个时候，祖父经常带我去村上赶集，村里的长辈就会摸摸我的头笑着说，是林家塘老卓的"小猢狲"呀，嘎②大了呀。八岁那年，到了该上学的年龄，祖母便领着我到三岩小学报名。老师问我哪里来的，我躲在祖母身后怯怯地看着老师，我的老家便是林家塘。

后来，到三岩公社念初中，这里汇集了全公社 20 多个生产大队的同学。填表格时，我的老家升格至新塘大队。当公社改为乡的时候，大队也改为村委会。初中毕业后，我考到县城读卫校，老家也随之变大变远了，我成了三岩人。人们习惯上把新塘和邻近的河里、双墩、小陡门等几个村统称为三沙洋，所以，我也是三沙洋人。现在，我经常用着"三沙洋人"的印章，钤印在作品落款的下方。没过几年，三岩乡撤销，并入浬浦镇，我的老家再一次更换成浬浦。再后来，浬浦也随之撤销，连同沿赤、小雄、泗淋等乡镇合并成了更大的浦坝港镇，于是我又莫名其妙地成了浦坝港人。

年轻人的血总是沸腾的，理想总是光辉而灿烂的。当我决定把自己的青春以从军的方式报效国家的时候，1990 年冬天，第一次走出三门，尔后越过湘江、跨过黄土高原、穿过冀中平原……我的老家逐渐长大成三门、台州、浙江。如今，人生已经越过橄榄球的中线，那个由小变大的老家，现在变得越来越小了，逐渐还原到少时的那条河、那座山、那条蜿蜒曲折的乡村石子路，还原到那个依然宁静的小山村。

那条河叫下权，那座山叫前寺山、下峙岗，那个依然宁静的小山村——林家塘，那条蜿蜒曲折的石子路时刻迎接我的脚步。

那是一座倒"7"字形的小山，向阳的山凹处一座座白色的坟茔，埋着生长在这里的故人。正好也是"7"字形的那条河衔接成"口"字形，小山村就被这样的一座山和一条河紧紧地裹着、润着。那片肥沃的土地养育了我，也养育了我的祖先。

我的生命是随着 200 多年前祖先那条破旧、四处漂泊的渔船，停靠在小湾渡头，这片混浊的浅海养育了我的曾祖父。

我的生命随着近 100 年前挑着一担稻谷从舟山沈家门避难到此的祖父祖母漂泊到三门。被一把大火烧得一干二净之后，辗转到临海大田，靠乡亲的一碗糯米救了祖父性命，才有祖父祖母再一次安居在这个小山村——林家塘。

60 多年前，我那可怜的父亲出生在林家塘，刚学会走路咿呀学语，却罹患病痛，被一支支链霉素打成了聋子。但老天总是公平的，当关闭了一扇门，总会为你开启另一扇窗。父亲凭着绝佳的竹篾手艺，在竹篾器具上雕龙编凤，在这块土地上施展着他的才华而游刃有余，名声传遍公社、整个港南地区，乃至临海、宁海、象山都留下了他精心编制的竹篾制品。林家塘养育了我 60 多年的父亲。

当我的曾祖父、祖父带着不同的感受走完各自人生历程，这块土地将他们紧紧地揽入怀中，他们也用自己的躯体融入并滋养着这块土地。

在我童年的时候，那片土地是我的乐园，也是教我认识自然的课堂。夏天，每天天不亮就被母亲唤醒，带上饭团，踩着露珠上山去砍柴。布谷鸟叫的时候，跟父亲下田育苗、插秧，我的手脚不知道被茅草、荆棘、树枝和镰刀划破多少次，我的身体不知道摔过多少次，这些，就印证了我和这片土地的血盟关系。

小的时候，我和村里的小伙伴们上树掏鸟窝，抓小鸟，夜里用弹弓打麻雀，或者打着自做的煤油灯和竹子剪，去稻田抓黄鳝和泥鳅。现在才发觉，它们因此失去了自己的孩子，自己的父母，我用自私的手剥夺了那些弱小的生命。

下午放学后，我在村对面的河里放钓，把钓插在芦苇丛中，第二天一大早起来，鱼钩上准会咬着鳗鱼、黑鱼、黄鳝、鲤鱼。下雨的时候，我穿着蓑衣，背着用蚊帐布做的网，去河对面石桥或闸门边捞虾。放暑假了，最乐意的就是把牛牵到前寺山或是林家塘里，坐在坟头和小伙伴走石子棋，饿了就去摘野果或跑到自家的甘蔗地扳甘蔗。要么把牛赶到河里，坐在牛脖子上，双手握住牛角，和小伙伴玩打仗的游戏。或挑着簸箕沿路去捡牛粪，然后晒在村子后面的山岩石上，积累到一定分量，等黄岩人来收购，这样我就可以自己赚钱交学费、买书看了。这块土地给我苦难的同时，也给了我快乐，让我记住了它无私的恩赐。

春节前的半个月，家家户户就开始准备做米胖糖了。这个时候，父亲最为忙碌了，他要挑着爆米花机，走村串户。我也跟着父亲，为父亲拉风箱、收钱，为父亲送饭。大人们又会摸摸我的头说："林家塘老卓小猢狲嘎乖，嘎小年纪就帮老爸代力。"到了大年三十，父亲用满是炭黑的双手数着爆米花赚的钱，十元一叠放在抽屉里，然后把剩下的零钱作为我们兄弟的压岁钱，这个时候，我是最高兴最幸福的。那个抽屉也曾经吸引了我的小手，我知道父亲把钱锁在最左侧的抽屉里，我的手也偶尔穿过抽屉的缝隙，站在路边等卖棒冰、汽水的经过。

这一切的一切，都随着时间，成了过去，成了记忆。

老家是无形教育专家，教育着我奋发向上、艰苦朴素。12 年的军旅，我也用三枚军功章，为自己画上了圆满的句号。

转业前，我将妻子用一辆花了 200 多元租来的"桑塔纳"轿车和中巴车接回了家，门前放起了数千响的炮仗。一时间，烟焰弥漫，硫香扑鼻，妻就这样嫁给了一名军人、农民的后代，妻子也就成了名副其实的军嫂。婚后，妻子第一次随我来到部队，战友围着妻子左一个嫂子，右一个嫂子，让妻子感觉到做军嫂的责任和幸福。这块土地接纳了我的妻子，延续了我的后代。

如今，家里的四亩水田早被村里承包给了养殖户，不再种田的父母亲管理着柑橘园。父亲照样每天一早去赶小海，母亲负责到集市上卖，父母亲像祖父母那样逐渐老去。父亲说要劳作到 70 岁，听了这句话，我备感心酸。

去年，父亲胃出血，在医院做了手术。今年，父亲因疝气又做了手术，元气大伤，人也一下子变得愈加苍老了。

前段时间去老家看望父母，父亲正在架着一个铁箱化沥青，母亲说，东侧房子渗水，要补一下。我再一次爬上房顶的平台，突然又想起祖母平和的目光。那一年新房子落成，祖母站在房顶，倚靠着水泥栏杆，让我给她拍一张照片。祖母眺望着远方，眼中充满幸福和成就感。如今，祖母走了已经有 10 年了，回忆往昔，仍历历在目，不免伤感。回县城的时候，母亲到菜园割了许多青菜，又到老屋拿了番薯、南瓜等，装了满满的一袋子。直到现在，我还接受着这片土地的恩赐。

林家塘，只是一个极其普通的小山村，但却是精深的也是沉重的。我游走四方，但是忘不了你，依旧深深地爱着你。

2012 年 8 月　三门

---

① 猪栏：猪圈里给猪铺垫的稻草和猪的排泄物混合物。
② 嘎大：这么大。

一条叫三沙洋的街

有一次，办公室进来一个老者。说是很早就知道我的名字，这次终于见到我了，有事情相求。还说我书法了得，三沙洋几百年也没出过像我这样的人，如此这般地猛夸我一番。

三沙洋并不是一个具体的地名，地图上并没有这个点。只是以新塘村为中心，画一个半径五里的圆，所圈到的范围，比如丁山脚、大小陡门、中央港、河里、双墩、新塘、林家塘等村子，都统称为三沙洋。

看着老者这般神情，我有点发毛，惊奇得张着嘴巴不敢吱声。在心里想，他到底想要我做什么，竟然用这样的话来抬举于我。我并不认识他，老者也没有自我介绍。看他这般自信的样子，似乎我也应该认识他。

老者讲话语速非常快，夹带着一点口吃。我的思绪也随着他的讲话到处乱窜，从海游南山修建的石子路，到北山的石门、凉亭，又一下子从县城最著名的两座山跳到五十公里之外的龙坑村，那座老爷殿那条土路，还说今天要去交通局要点修路的费用。

龙坑村坐落在虎尖山西侧，和林家塘隔了一座前寺山。小时候，父亲去打爆米花的营生，我随父亲去过好几次。目光穿过下峙岗和前寺山之间的豁口，就可以看到龙坑村。每年十四夜，我的目光一次次地从这个豁口穿过，看虎尖山头亮起来的灯。

龙坑村和林家塘一样，都属于三沙洋片，只不过龙坑远离了三沙洋的中心。我心里就想，老者看样子也有七十多岁了，从精神气质可以看出，他非同一般，估摸也是当过官。最后，老者从手包中取出一张纸来，展开后推到我的面前，说想请我写幅字。我一看纸片上写着“清雅”两个字，字尚算端庄，笔画也有力。没等我开口，老者紧接着说想挂在龙坑老家的新屋里，要 1 米高 50 厘米宽。我这才有了些记忆，前段时间当地报纸和电视台是报道过一个退休了的老干部热心公益事业的新闻。我问是不是他老人家。他说是的是的。老者当过某个局的局长，他的女儿在小城创办了一家非常有影响力的公益图书馆，后来，我给她捐过三千元的图书，还给图书馆题写过馆名。

话说到这个份上，看样子我是不得不给他写字了。我说过几天就给你写，面对这样的一个热心公益的老者，这样的虔诚劲，我没有道理不给他写。我一年又一年地挂出“免战牌”，却一次次地被人摧毁。

得到了我的应允，站起来准备想走的他突然重新坐定，在包里掏出几张折叠的打印纸。说今年是三沙洋解放六十周年，收集了一些当年奇袭三沙洋的资料，想请我写一篇文章，让大家都知道这段历史，说我这个三沙洋人写最适合。

事实上，我是不怎么写这样的文章，历史题材拿捏不准，其中人与事都为往事、烟消云散。作为三沙洋人，我是知道三沙洋解放这段历史的，但也不全。小时辰光，我曾听祖父讲过关于大地主李云峰在三沙洋是如何的威风，徐大智如何了得。徐大智在三沙洋街拥有棉布店、茶叶铺等很多店铺，地处三沙洋街西侧最好的位置，是几间靠近路边的二层木楼，人称小角楼。

现在，当年徐大智的小角楼成了其富的诊所。后来，在一次拆老屋过程中，推倒了老木屋。听说在石板下面挖出了两罐元宝，还有很多铜钱，这件事传得有板有眼，神乎其神。大家都说这是徐大智藏的，当年铁流部队向徐大智借棉布，他来不及告诉屋里人就被抓走了。祖父也曾说起了徐大智那天所遇到的种种故事。我在哲顺家无意之中发现一本关于亭旁起义的书，其中三五支队奇袭三沙洋有相当长的篇幅。亭旁起义建立了浙江第一个苏维埃政权，也使三门成为浙江省第一个解放的县。后来，当地政府专门拍了一部电视连续剧，还出版了亭旁起义总指挥包定的诗抄。有个情节我印象深刻，为了阻止徐大智从渔西赶来的救援部队，三五支队在丁山脚架着机枪，打了一场阻击战。

对于写文章，我并没有答应他，但在后来，我还真想写写这段历史，但苦于没有更多的资料，也就搁着没再动笔。

少时，关于三沙洋最初的印记是来自一段童谣：有囡难嫁三沙洋，晴天燥日无水吃，落雨时节无路行（念 hang，第三声）。说的就是三沙洋太穷了，劝有囡的人家，千万不要把女儿嫁到这里来。这段童谣时不时被那些已经嫁到三沙洋、后悔莫及的小媳妇挂在嘴边。三沙洋的新塘、林家塘以及蟹山塘，原来是大片浅海滩涂。后来开始围垦，慢慢地，也有了移民。围垦后的土地还带着咸碱，不能种植也就没有收成。水都是咸的，道路泥泞不堪，的确也不是人住的地方，也难怪有这样的童谣流传了。

抗战时期，三沙洋由临海柏家徐徐梦蛟（台州专署自卫总队队长）和花桥李云峰合股围垦，有涂地 2000 余亩。而在当时，三沙洋街是远近闻名的老街，也是风光一时。整条街东西走向，有十几米宽五百米长，中间铺有鹅卵石，两侧商铺林立。除了公家办的供销社，还有中药店、剃头店、打铁店、糕饼店、米麦行、土产行、海鲜行、柴炭行、牲畜行、碾米厂等等，据说以前还设有六大赌场。三沙洋街东边有宽宽的台门，一出台门有一条窄窄的小沟渠，每到春天，小沟渠就长满了扁蒲草和水草，我曾经常在这条小沟里钓黄鳝。小沟渠把新塘村和河里村隔开，而沟渠上的小石桥又将两个村联系起来。

在三沙洋街，最热闹的除了公家的供销社，就是东侧的台门头和西侧的小角楼。

公家开的供销社在当时三沙洋街有绝对的优势，整整占据了三沙洋街一侧近半的位置，柜台里有各种各样的货物。我还记得左侧是卖布的，中间是日常用品、学习文化用品，右侧是生活用品。在凭票供应的年代，供销社已经成为三沙洋街最繁华最集中的地方。四五个营业员各自站在柜台前，人头最多的永远是布料柜台。后来市场放开，供销社也逐渐冷落下来，我就看见过几个营业员在没顾客的时候聚在一起打老 K 的情景。

在我上小学之后，我经常逃过祖母或母亲的目光，一个人偷偷跑到供销社，趴在柜台上，透过玻璃眼巴巴地看小人书的封面，只是口袋里没有一分钱。刚开始的时候，装作要买的样子，让营业员拿出几本小人书来翻看。只是试多了，营业员发现了我的诡计，就不灵了。

台门头有赤脚医生海灯开的中药铺，一只只青花瓷药罐密密麻麻地排在药铺的柜子上，还有一个顶到了楼板的药柜。海灯穿着白大衣，拉开抽斗，抓起药放在一把小巧玲珑的铜秤上称，一包一包叠好，“吱”的一声抽出一条细绳系住。我曾有过一段时间经常到他的中药店，趴在药铺的木台上，看赤脚医生海灯抓药的样子，心里想长大了要是自己也能坐在药铺里抓药那有多好啊。

海灯每天把自己的衣服整得笔挺笔挺的，头发干干净净。没有人抓药闲下来的时候，海灯就端着一个茶杯，交叉着手，也会去台门头看别人打老 K。穿着白大衣的海灯在一群灰头土脸的农民当中显得尤其突兀，而他永远是大家心中羡慕的对象。

台门头二楼，是供销社和学校老师等吃国家饭工作人员的宿舍。印象中，我曾去过一次，但已经没有了非常确切的记忆了，只觉得这样的地方就应该是工作人员住的。虽低矮却干净，楼板被踩得光亮光亮，没有一点垃圾。每个宿舍门口都放着一个痰盂罐，我也见过这些工作人员在早上起来倒痰盂的情景，害得我好生羡慕。不像我的家里，道地上到处都是农具，堆满柴火，房子里也杂乱无章，还有臭气熏天的露天茅坑。似乎在那个时候开始，我就有了一定要离开林家塘的想法。我觉得自己就应该是吃国家饭的，和这些工作人员一样，有自己一间清爽的宿舍，每个早晨也有属于我倒痰盂的时间。

台门头我是不常来，潜意识里那边是河里村的。只是在小学毕业的时候，学校组织我们在台门头吃过一次毕业会餐。我所读的三岩中心小学是有块自留地的，好像在蟹山后，不大，大概也只有半亩光景。一到新学期开学的时候，老师就会叫五年级的男同学从家里带来锄头，女同学带着草耙，捡一个晴好天气去翻那块地。学校有许多老师都是新塘村或是河里村的，比如林日兴老师、王日友老师。上课的时候他们上课，平时就当农民种地。这块被翻过的地没过几天就会被老师种下麦种，盖上“猪栏”。等到春节过后，天气转暖，麦子就会顶出泥土钻过肮脏的“猪栏”，冒出青青的叶子来。这些麦子也似乎受过知识灌输一般，长势往往比其他地里的麦子更有力。这些麦子是要为我们毕业会餐做馒头用的，自然会受到更多的溺爱——学校厕所围墙边有一个皮桶，老师要求我们男同学都要把尿对准这个皮桶。拉到皮桶里的尿就不再叫尿，而是叫脚水。脚水满了的时候，老师就会让我们抬去浇到麦地里。当然，脚水是要掺些河水的，不能直接泼到麦地里，不然就会把麦子烧焦头的。这对于农村孩子来说是个基本常识。

转眼间，小学快要毕业了。也到了割麦子的时候，没有什么事情比割麦子更让人兴奋不已了。割麦子是男同学的事，没有女同学的份，但女同学往往也跟在后面呐喊。大家都知道自己马上要毕业了，这种兴奋并不是来自毕业，而是我们将会迎来一个难忘的会餐。兴奋会一直延续到会餐当天，考试成绩好与否都不是我们所关心的，绝大多数同学都会升入初中继续学业，只有极个别的从此离开学校。会餐当天，老师给我们每个人拍了照之后，还照了一张合影。可惜这张合影早已遗失了，这也是我最早的一次拍照。

不知道什么时候开始，生命中极度虚无和迷茫强烈地折磨着我，甚至在内心一次次地问自己，理想是否还存在、时间是否有终点？虽然这个问题对于我来说毋须如此急迫去解决和求证。可眼下，一提到三沙洋，我就急着确认曾经拥有的那些散落在这里的旧时光。我只有在文字里回首，这种回望的渴求如此迫切。三沙洋街有我太多的记忆，也有我快乐的时光。直到现在，三沙洋集市依然沿用着过去的约定时间，把逢三、八作为市日。一到这几天，就会有人从四面八方汇集到三沙洋街来赶集，粜米的、卖柴的、捉小猪贩牛的、测字算命拣日子的……整条街热闹非凡，到处都被人群挤得水泄不通。来赶集的最远的有外洋杜桥、山里的小横渡，近的有周边的村子，还有小雄、浦坝等缺米谷的人要隔江过水来籴米。

记得石门姑妈挑着箬箩，起早坐船过浦坝港，在小湾渡头上岸，到三沙洋几个村收鸡子，然后挑回去再卖给别人，赚取中间差价。石门是个偏僻的小村子，生儿哺子的姑妈常常埋怨祖母把她嫁到这个穷乡僻壤。不过，姑妈真的是苦命人。书念到了初小，眼看可以到高小读书，却被祖父勒令中途退学。一说起这件事情，姑妈就有倒不完的苦水，说自己本来也可以像方仙玉那样吃国家饭的。方仙玉是我小学一年级的语文老师，住在我家后面。我也经常为姑妈叫屈。但无法改变命运的姑妈，只得做起贩鸡子的生意，用自己的肩膀撑起这个家。

因为有了这条街，贸易往来异常兴旺，有些人长期租借在村子里。

我家就曾住过四个小雄长田村的小猪行贩。原来有两个是住在开夫阿公屋里的，不知什么原因却搬到了我的家里来。可能是我家是村里唯一有三间二层楼房的缘故，反正每到集市，来来往往的赶集人都转过头来，用羡慕的目光对着我们家指指点点，这个时候祖母脸上就会扬起一股幸福的笑容。

在三沙洋市日前天，小猪行贩就雇百昌或升尧表哥的拖拉机去天台贩猪仔，一大早就要出发，过健跳港和海游，走猫狸岭头……等回到林家塘，天往往都擦黑了。祖母为他们准备好晚饭，困乏了一天的这些行贩吃着老酒，给我讲着路上发生的一些惊险时刻，往往把我唬得目瞪口呆。第二天一早，他们又用手拉车把小猪仔拉到三沙洋集市上卖。这些小猪行贩整整在我家里借住了四五年时间。后来我到县城住校读书，家里还曾托这些行贩给我带过大米。

三沙洋市日对于我来说永远是个天堂，吸引我的不仅有供销社，还有供销社里的小人书和杂七杂八的东西。我常常缠着祖父带我去集市，就是想他老人家给我买一本小人书。那时祖父六十刚出头，一米八的大个子，帅气得很。祖父是船老大出身，虽然那时候并不富裕，但在我的记忆中，祖父是“无鲜不落饭”的真正实践者。每次市日回来，祖父都会买来好多海鲜，而黄鱼是必不可少的。那会儿黄鱼并不是什么稀罕物，普通菜而已。当然，祖父会给我买些糖啊、汽水啊之类的东西，可我所想要的小人书始终没有得到祖父的同意，理由是看小人书人会看“野”了的。我只有满怀希望跟去，无限失望而归。

但对我来说，三沙洋也有不平静的时候，在我四五岁的时候，那场文化风暴即将过去，作为小孩子当然搞不明白。我就见过某个夏天的傍晚时分，四五个学生排着队、敲着铜锣，走村串户喊着口号。还有一次，祖父说带我去三沙洋街看批斗会，说某某要戴高帽、游街。我并不知道什么是批斗会，什么是游街，只感觉祖父带我去看的总是有意思的，比如戴高帽一定很好看。如果有可能，借一顶高帽戴戴，岂不是很好，那时候我就是这么想的。果然，有四个被戴着尖尖纸高帽的人站在台门头，低着头，胸前挂着一块纸牌，纸牌上写着大大的几个字，反背着手，但我看见其中一人嘴里却露出一丝笑意来。果然好玩，他们在做一种游戏吗？接着，由一个敲着铜锣的人领着，向街的西头走去。那个领头的人敲一下喊一声，来围观看热闹的人越来越多。我站在祖父身边傻傻地笑，祖父严肃的眼神看着我，说这些人都是四类分子，戴高帽是在批斗，不能笑。游街只是很短暂，一会儿就结束了，回来的路上，祖父自言自语，也好像对我说，大革命看样子要结束了，好在都是隔壁邻舍，也不能难为他们，只是摆摆样子，对上也好有个交代。我抬头看看祖父，依然搞不清楚。

祖父也会带我去村办公的地方，那里是村里有头有脸人汇集的场所，从外面寄到新塘村的信也会放在这里。负责在这里管理的是大队会计小中，小中是林家塘人，他的家离我家只要百十米，我曾经过他的同意，让我使用了一次订书机，这也是我第一次亲手用了回订书机，我顺便还向他要了一张旧报纸包书。后来我参军，小中代表村里送给我一本绿面笔记本，上面的字就是他写的，运笔潇洒飘逸，也对他是佩服有加了。

一条街兴旺了几个村庄，也使一些人生活过得更有尊严。以根是新塘唯一一个剃头匠，跛脚，我经常去他那个剃头店理发。他的剃头店在供销社的对面，小小的一间。里面设施简陋，一把转椅，一条候坐凳子，一面大大的镜子，墙壁糊着旧报纸。在剃头的时候，我是不好意思看镜子里的自己的，直到现在理发的时候，我依然不习惯看镜中的自己。以根的手压住我的头，我就低头看对面墙壁上的报纸，我看见了一排大大的黑体字，但只记住了“苏联”两个字和一个戴着高帽的新沙皇漫画。

以根剃头手艺好，人也热心。祖母说，以根是和我们家组小队的，虽说是农民，但他是村子里少有不种田垟的人，大家都对他另眼相看。我特别喜欢他给我洗头发，他的手修长，软软的，香皂泡沫在他的搓揉下发出很好闻的味道。自从离开林家塘，我就没有去过他的剃头店，不知道他的店还在不在，有关他的消息从此也无从得知了。

如今的三沙洋街依然保持昨日繁荣，店铺林立，富裕起来的人也不会再拿那首童谣说事。

一想到那些人和物，想到祖父的眼神，似乎在穿过历史的时空，让我无法从那条街走出来。没有了台门头，没有了小角楼，没有了供销社的三沙洋街，一切味道都变了，随着消失的还有往日的欢乐时光，什么都不见了，我惘然不知所措……

2017 年 3 月 海门

电话墙

老屋东侧墙壁上，有一个凹进去的内置石板柜，说是柜子，其实就是那种预制板浇筑的“日”字形置物架，在农村这样的预制板置物架非常流行，既牢固又实用。每一个家里都可以见到放满东西的水泥置物架，镶嵌在雪白的墙壁里。

当兵后，父亲推倒了老房子，在原址上盖起了三间新房，照样在雪白的墙壁上放了一个预制板浇筑的“日”字形石板柜。于是，石板柜上放满了杂七杂八的东西，有父亲的老花镜、补网用的梭子，有母亲的小型针线盒、鞋锥子。瓜熟的时候，这里也会出现一团用草木灰粘裹起来的瓜籽团，粘在墙壁上，以便来年播种。

不过最显眼的是那些布满在石板柜内面的数字，这些数字是我和两个弟弟的手机号码以及亲眷叔伯的电话号码。后来，随着电话号码的变更或增多，这些数字就像藤蔓一样往外墙繁衍，甚至把它的触角伸向了那张年画上—— 一张县政府慰问转业退伍军人的年画。画面或是飒爽英姿的女兵，或是威风凛凛的三军仪仗队，或是陆海空联合演习。不过今年画面换成了我海空军巡航钓鱼岛，看了让我十分振奋。

我 19 岁参军，十几年来，走南闯北。虽然我是长子，但家里最牵挂的却是我。

说实在的，我从小对祖母的感情胜过母亲。母亲十几岁从古城临海桃渚北涧来到张家做童养媳，二十岁不到便和父亲结婚。祖母把母亲当成自己女儿看待，因为能嫁给从小因药物失聪的父亲，这是张家修来的福分。

小时候，家里是祖母当家做主，大事小事都是祖母说了算，祖母便成了家里的权威和主心骨。那时候家里还没安装电话，打电话要到村里的集市中心的食品店去打。在部队有公用电话，那时候非常流行用IC卡打，每到周末，部队的电话亭就排满了人，一个接一个，天南地北，各个腔调都有。

一次，我在部队立了功，公社干部敲锣打鼓把喜报和慰问品送到家里，这绝对是值得全家人骄傲和荣耀的事情。即便这些慰问品无非是毛巾、荔枝干和红糖、“古松”香烟之类并不稀罕的东西，奶奶还是在电话里大说特说。那神情不用看，在电话里就知道了，祖母是幸福的！

有一年春节，我留在部队带新兵。有一晚当我巡查完新兵宿舍和营房，正准备洗漱休息。忽然值班室响起了电话铃，接电话的战友告诉我是家里打来的。我心头一惊，要知道在农村这么晚了早就熄灯睡觉了，莫不是有什么急事？我心怀忐忑接了电话，刚“喂”了一下，那边就传来祖母的声音：“虎啊，山西那边这么冷，雪下得这么厚，要注意身体，听首长的话……”我这才想起前几天祖母说给我介绍个对象，叫我寄张照片过去让那个姑娘看看。是的，那张是我带新兵训练的照片，四周全是厚厚的积雪，难怪祖母这么担心。据说，那位姑娘看了我那张带新兵的照片便直接将我淘汰了。

终于，家里安装了电话，那是一部简易壁挂式红色电话机。母亲便将我们的电话号码写在石板柜的墙壁上。号码越来越多了。这些写电话号码的笔各种各样，有圆珠笔，有水笔，有做衣服用的笔饼，居然还有木炭写的，和雪白的墙壁相比，显得有些突兀。在电话号码旁边写着名字，写多了也不知道哪个是谁的电话。母亲没上过学，不认识字，只认得那十个基本的阿拉伯数字。为了母亲方便，有几个在年画上的电话号码描得又粗又大，那是我和妻子、两个弟弟和几个姑妈的电话。

不知道从什么时候开始，这些数字开始爬上这个石板柜，就是这些阿拉伯数字，让母亲多了一份牵挂。早年，二弟初中没毕业就外出闯世界，跟着一个远房阿叔做过泥瓦匠，风餐露宿，辛苦得不得了。后来，三弟也不再读书，十八岁不到就独自一个人出去闯了，搞过服装展销，也在北京秀水街做过外贸，后来为了有个照应，二弟不再做建筑工人了，和三弟决定在一起做生意。最远的到过西藏的拉萨，最南的到过广东。每到一个地方，弟弟们都会给母亲打个电话报平安。后来，我转业回地方工作后，弟弟们都买了手机。为了母亲打电话方便，三弟给母亲买了个“老人机”，也教会了母亲使用。于是母亲出去干农活就不怕接不到我们的电话了，母亲也会经常给弟弟们打电话，每次的话题基本上都是生意好不好呀、要吃饱穿暖之类的。

以前，弟弟们做外贸服装，生意不是很好，母亲整天就唉声叹气，担心起弟弟们的债务。最近几年，弟弟们虽然辛苦，但生意有了转机，总算使母亲舒了一口气。如果说，在外面谋生的我们兄弟是母亲心里的风筝，那么牵挂着风筝的线就是写在墙壁上的那些电话号码。

一年又一年，时间如白驹过隙，母亲逐渐老去，那个石板柜依然堆满了父亲母亲的杂物，那面被电话爬满的墙壁也不再雪白，但是那些数字依然清晰可见。

其实，这一组组数字，是母亲一生的骄傲和积蓄，也是作为一个农村妇女的荣光。她的儿子们虽然没有高官厚禄，也不是老板大款，但我们的生活过得舒适安坦，二弟今年造了别墅，三弟也有了自己的孩子，在县城有了一套房子，弟弟们日子过得红红火火。而我，能做的，就是隔三岔五打个电话问候一下父亲母亲……

2013 年 4 月　三门

三十年后来看你

我出现在村子中间的马路上，来来往往的村民和我打着招呼，仿佛间我是被母亲调派到供销社买老酒，温暖的阳光包裹着我。

村子到处弥漫着春节的气氛，异常热闹。不宽的公路两旁停满了各种各样的小车，看起来有点不太像新塘。脑子里又跳出少时的一句童谣来。可眼下，新塘村像布满了东西，严严实实地挤满了——我心里也高兴起来，他们富裕了。

我沿着当年上学必经的土路，如今也成了一条平坦的水泥路。路的东侧依旧是一片柑橘园，一条小水沟长满了杂草，黑乎乎的，萌动着，似乎在等待春天的消息。三间低矮的简易房子和水泥路并行兀自面东而建，一整个上午，房子都可以享受这温暖的阳光无私的普照。一个年轻的女人穿着红色的睡衣，探出身来看着我，我也看着她。我突然感到有点伤感，正在老掉的自己，站在这条水泥路上，被这个农村女人茫然地看着。她应该不认识我，或许她在想，这个人是谁？春节在这儿闲逛干什么？

太阳刚刚升到村子半中央，有点刺眼。

许多年前，我坐在学校最东边的一间教室里，一缕缕阳光挤进不大的窗户，一束束贴在好几个同学的桌子上。老师说我们是早晨八九点钟升起来的太阳。我知道太阳每天从前寺山升起，跨过我们的学校，然后从海湾那边的山脊落下去。

我总是喜欢把布书包挎在右侧，书包里只有两本书和两本作业本，还有一支铅笔和一块橡皮擦。这块橡皮擦还是和校长女儿、我的同桌用一个弹弓换来的。

挎在右侧的书包被太阳抚慰着，我的影子贴着路面，被坑坑洼洼的泥路折磨成一褶一褶的。我喜欢看自己的影子，喜欢自己的影子像铁犁一样犁过泥地。一个人早年的影子，直到他回来时才被捋直捋平了，而对于这个人来说，再也不是早晨的太阳，而是走过中线失去光芒准备慢慢下山了的夕阳。

是的，我要去的就是我曾经度过六年童年时光的小学。学校的围墙爬满了枯掉了的藤蔓，豁了一个口子的围墙裸露出老师宿舍。宿舍前面应该是平坦的道地，在那时，我是不敢去这道地上嬉闹的。但大家还是每天都会经过这块平坦的道地，我不明白为啥把厕所建在这里。下课了，我们乱哄哄地去厕所，轮不上的就排队站在厕所外面。老师坐在被围墙圈住的道地上谈论，也会看着我们，或是训斥一下。礼虎，你过来！正在低着头排队尿尿的我被一个女老师叫到跟前。这是你捡的吗？她笑眯眯地掏出一盒清凉油，红色清凉油盒子上一只老虎正回首看着我。我说是的。其实我是在撒谎，清凉油是我花了一毛钱从供销社买来的，然后装作捡来交给语文老师。女老师不是教我们班的，为何清凉油会在她手里？但我喜欢这个女老师叫我，短发遮住了她的一侧白皙的脸庞，大眼睛非常漂亮，她是我们学校最好看的老师。值得表扬！我领了一句话屁颠屁颠地跑回教室，连尿都兴奋得憋了回去。

咋都不见了呢？

应该有人叫我，哪怕是一声狗叫也行，怎么没人呢？也没有上课铃声，什么也没有。只有这块被农民“霸占”去硬生生地种满各种蔬菜的道地，还有这太阳从东边上来迎接我。

我心头一痛——老师的宿舍门口堆着柴火，里面也被杂物挤满了。我至今不知道那个女老师住在哪间宿舍，我看着眼前的一切，也被它们略显伤感地望着。

为何在围墙的一侧多出一口水井来，抑或原本就有，只是我没有发现罢了。我像看那个好看的女老师一样看着这口水井，我诧异，被这杂物包围的水井里居然是满满的清澈的水，还能映出我的人影来，映出我的鱼尾纹一道一道的，把整口水井的水也划裂出一道一道波纹来。天空正好有鸟飞过，飞过我的波纹。那时候夜夜梦见自己挎着母亲缝制的布书包在学校上空飞，我知道村里的许多孩子，还有那个女老师也都会在梦里飞。我常常在飞的时候会遇见他们，我只是低着个头，怕遇见那个村长的儿子，还有“地头烂”的弟弟，或是打个照面就各自飞走了。

学校叫三岩中心小学，是几个村子唯一的小学。学校在两个村子中间，却坐落在新塘村，一条小水沟把河里村和新塘村从中隔开，东侧是河里，西侧是新塘。后来新学校重建，搬到了河里村，更名为三岩小学，新塘村就失去了往日的荣耀，而且老学校被河里村一个农民租用去办了调料加工厂。那个办调料厂的人我是认识的，当我推开虚掩着的门，他正蹲在学校内的一株柏树旁“啊啊”地刷牙，刷了一半，见我走进学校，就“干什么干什么”地叫着，我就“看看，没事没事”回答着。学校操场变成了水泥地，中间搭起了一溜毛竹棚，里面整齐地排着做调料的工具。他用每年只要三千元的租金，租用了我的学校十八年，并在这里挖出了一桶桶金。

“把‘红鼻头’的小鸡鸡用稻草系着……”“地头烂”的弟弟带头吆喝着，我和广森抬着“红鼻头”，“老乌黝”去解“红鼻头”的裤带，“系得嘎紧做嘎呣！”“老乌黝”越慌越解不开，“红鼻头”像一条黄鳝一般使劲扭曲着身子，“地头烂”弟弟一拍“老乌黝”的脑袋，“滚一边去”，三下五除二麻利地解开了“红鼻头”的裤带，直接用裤带把他的小鸡鸡给打了个结，围观的同学哄堂大笑。

那声音是多么的遥远，又似乎在眼前。他们全是新塘村人，从一年级到小学毕业，都是我的同学，我都认识他们。至今他们没有走出这个村子，依旧生活在这里，只是忘记了名字，不知道该如何称呼他们。不过我认识这块黑板。黑板的黑面褪色变成了白色，水泥斑驳剥落，有一块像书本一样裂开着口子。这个口子是不是时空裂痕，我能钻进去吗？然后从里面跳出来，把那个“红鼻头”的小鸡鸡用稻草系了。我往里面瞧了瞧，没发现什么东西，我用手指轻轻一拨，“啪”的一声，水泥块掉在地上，四分五裂，扬起一丝灰尘。

太阳好温暖。我站在五年级的教室门口，有点迷糊。竹棚的毛竹交错着，影子把我身体割裂得支离破碎。我朝里面看了看，突然，一阵“冬个里个呛——呛——”从教室外面传来，我伸长脖子透过教室的窗户，看见操场东侧的戏台挤满了人。戏台正在演越剧《碧玉簪》，把我的心叫得痒痒的。

数学老师正在教我们做算术题，而我们哪里能听得进去呢？老师无奈，“谁做出算术题谁就去看戏。”班长第一个做出了算术题，还有学习委员。轮到我的时候，我的心又开始飞了，飞到了昨天晚上。我倚靠在一间教室的门口看着在化妆的年轻演员，简直被迷住了，比那个女老师还漂亮。“赶快做，想什么呢？”数学老师用棍子狠狠地敲了我一下脑袋，我最讨厌这个数学老师，似乎自己从一年级开始就不断地遭到他的挨打。

时隔二十年后，我见到这位数学老师在自留地里给青菜浇水。我叫了一声，老师还是以前那个样子，穿着一件褪了色的蓝布中山装，正用皮勺一勺一勺地给菜地泼水。他认出我，显得很高兴，问了问我在哪里工作，我说还在部队当兵，他连说“好好好”。

突然，我看见祖母正提着一篮鸡蛋站在五年级教室的西侧——这是语文老师陈永田和他老婆戴老师的宿舍。祖母是恳请陈老师在我完成五年制义务教育之后让我重读一年。但重读了一年五年级后，我依然没有考上当时沿江区最好的中学沿江中学，而是去了乡中学。不过，重读的一年里,反倒使我和那个定了娃娃亲的女孩子坐在了一个班。为这件事情，我恨死了母亲，也恨死了这个胖乎乎一点都不好看的女同学。好在女同学母亲有一天夜里来到我家，我在楼上听得一清二楚，“老卓嫂，我看小孩子的亲事就算了吧！”我高兴得手舞足蹈，之后，我反而觉得这个胖胖的女同学挺好看的。如今，这个当年定了娃娃亲的女同学在县城也当起了老师。

当我在这个村子里消失后，再也没有来看过学校，也没有站在戏台前看过一场戏。只是今天，时隔三十年后我又回到了你的身边，一年一度逐渐颓废的轮回中，回到你最初充满幻想和活力的孕育之中。倘若有第二次，真的可以重来，我还挎着母亲为我缝制的布书包，一脚跨进你的怀抱，像那茁壮成长的麦苗、水稻，一到收割的季节，全是你如月季一般的笑脸！

2017 年 1 月　海门

橘树花开

去年，也是这个时候，一个橘花开放的季节，院子里的橘花竞相绽放，一朵朵，一簇簇，满眼都是如雪一般的橘花，鼻息之间，一丝滑爽的清香。

母亲坐在道地上，和父亲一起在整理那些枯橘子树，说是当柴火烧。我刚从杭州出差回来，趁“五一”小长假，回了趟林家塘。和母亲闲聊中，说起自己的工作和此次出差的事情，母亲抬头看了看我，似是期盼地念叨了一句：“都说上有天堂，下有苏杭，西湖嘎好，什么时候能带我和你爸去一次杭州西湖就好了。”

我连说“好好好”，可不曾想，现在又是橘花开的时候，恍然间时间过去了一年，当初给母亲的承诺却没有兑现。

去市局上班前一晚上，我又回了一次老家。告诉母亲，自己调到市局上班了。听罢，母亲高兴得合不拢嘴，我以为母亲会对我工作的调动感到荣耀，不曾想，母亲没有问我工作上的事情，只是乐呵呵地对邻居说，我虎以后回海游时，就可以顺道经常回林家塘了。并叮嘱我每个礼拜五下班回家吃了饭再回海游，还告诉我，家里的钥匙放在门口石槽里面。如果门关着，那是我在给村长做小工，你自己开门进去。工作上的事情，只字未提。

那天晚上，母亲为我换了干净的床单和被套。母亲躺在另一张床上，我的床紧挨着母亲。我和母亲聊了很长时间，一直聊到十点多。什么都聊，村里杂七杂八的事情，父亲的事情，还问起我岳父的身体情况。那一晚，我就像小时候依偎在母亲的怀抱里一样，睡得很安稳、很踏实。

第二天一早，我就听见母亲窸窣着起了床。轻手轻脚地下了楼，我知道母亲要为我做早饭。昨晚上，我告诉母亲出发的时间，她是生怕误了时间。不一会儿就听见灶间“噼里啪啦”柴火燃烧的声响。那是我熟悉的声音，母亲一定坐在灶前烧火，火光中是否又增添了几道皱纹和几许白发？想到这，眼眶不由得一阵发酸。

你嘎早起来干吗，再睡一会儿，时间还早呢。母亲一看我下楼，责怪道。

安顿我吃了早饭，母亲拿起竹篮钻进老屋楼上。老屋是一间二层石头瓦房，造了新房子后，这间老屋就成了堆放杂物的储物间。但在这里，我度过了难忘而温馨的童年。

不一会儿，母亲提着满满一篮子的乌柚，对我说，这些乌柚前几天刚买的，好吃得很，给你们同事尝尝。突然间，我想起十几年前，那时候还在部队当兵，归队前一个晚上，母亲不知从哪里拿来的乌柚，给我装了满满的一袋子，硬要叫我带到部队给部队的首长、战友尝尝。

早年，家里还有几亩水田的时候，父亲和母亲既要料理橘园又要管理水稻，有时候实在忙不过来，就拼了自己的老命，起早贪黑去干农活。前几年，水田统一被承包挖成了养殖塘后，母亲就和父亲一起管理着百来株橘子。每年金秋时节，当橘子快要红的时候，母亲就会打来电话，叫我带囡囡一起来吃橘子。这些橘园分布在四个地方，橘子最多的一处在蟹山后，要绕过那条弯弯的小河，过了石桥就到了。

记得小时候，我最喜欢的事情就是和母亲一起去摘橘子。我坐在父亲的手拉车上，母亲跟在后面，一边走一边不停地和别人打招呼。当听到夸赞我的时候，母亲就爽朗地笑了起来。说是去摘橘子，我只是看见橘子嘴馋而已。母亲和父亲在摘橘子，我就变着法儿吃橘子，像只小猴子，在橘园里东蹿西跳，实在吃不下了就躺在橘树底下睡觉。

我也依然记得，夏天和母亲一起去砍柴的情景。母亲拉着手拉车，我背着两个饭团，照例坐在手拉车上。母亲戴着草帽，穿着一件花衬衫，背影在我的面前晃来晃去，很是好看。坑坑洼洼的泥石路，母亲时不时叮嘱我手抓牢车栏。由于我们家是从外地迁移过来的，自然没有分到村里的自留山，没有自留山也就没有柴火可斫。那时候，横渡来的松树柴会在集市上卖，但为了省几个钱，有时候母亲会带我走好长一段路，或者沿路去割路边的茅草，或者在没人要的坎地斫一些柴。母亲不让我斫，为了不让我晒着，就在手拉车上铺上茅草，叫我坐在手拉车下面。我就坐着看母亲弯着腰在斫柴，一刀一刀地砍，有粗壮的树枝，母亲要用全身力气才能砍断。母亲歇的时候，会给我摘一朵野花，也会教我怎么搓绳和捆柴。

那时候我才 7 岁光景，而母亲也不到 30 岁。可现如今，母亲已年近古稀，逐渐老去。老去的母亲还没有歇下来，依然操持着这个家，依然惦记着我们。

2016 年 4 月 海门

消失的橘园

眼前消失的不仅仅是橘园，连童年的快乐也在我的记忆里不见了……

——题记

似乎一夜之间，林家塘、蟹山塘大片大片的橘园，一眨眼的工夫，就在我的视线里消失得干干净净。土地被剥了皮一般，什么都没有了。几年前，狗市塘也是这样突然间就消失掉的。

土地一次次被人包办，和庄稼、植物强迫结婚，强迫被离婚，又一次次痛苦地接受伤筋动骨般的重新排序。曾经的橘园，又一次被强迫离婚，取而代之的是一条条被纵横交错水泥路分割的待播种的土地，被风干了的、白晃晃的泥土发出刺眼的光。

于是，林家塘没有了左翼的护卫，赤身裸体地被暴露在风底下。从林家塘里和前寺山豁口刮过来的风，从龙坑村、丁山脚村赶来的风都要从这个豁口挤过去。汇集起来的风呼呼地朝林家塘跑过来，肆无忌惮、夹带着一阵阵蔑视的哨声，吹得坟头尚未返青的茅草窸窸窣窣作响。然后穿过空旷的土地、穿过我们家的菜园和道地，梨树上仅剩的几片叶子也被风刮到天空中去了，几个翻滚之后，落在马路西侧哲良叔家的窗台上。

我爬上山的豁口，翻过前寺山，只容得下一人行走的山路长满茅草，一座座坟墓直愣愣地对着我。翻过豁口，眼前没有了路，却是一块块菜地挡住了去路。这条路已经很久没有人来走了，孤独地横躺着，任凭茅草覆盖、荆棘纵横。我回头看看身后的这片白晃晃的土地，突然间变得陌生起来。是我不习惯了吗？那不习惯的又是什么呢？你看，山的豁口直直地对着我家老屋，毫无遮拦，这样一来，风就直接吹到了我家的院子里。

我不喜欢风发出的惊悚的声音，尤其是从林家塘坟场里吹过来的风，那是多么可怕。菜园无法阻隔，几株孤零零的橘树又如何挡得住风的侵袭？风一旦刮开了院门，就会一个劲地想推倒我们的房屋。

风在窗外怒吼着，昏暗的煤油灯照映下，是祖父和父亲夜里起来的身影，是他们支起粗长的木头来撑着房梁的身影。祖母和母亲不停地用洗脚盆、脸盆在接雨，雨水“叮叮咚咚”敲击着洗脚盆、脸盆，水花四溅。每年夏季到中秋前后，台风都要从东海窜出来，那不是一般的风了，也不是从豁口汇集起来的风，那是龙王在发怒。发怒起来的龙王口水四溅，把树木连根拔起，村子也成为汪洋一片。

很多年前，像那样的夜晚，常使幼小的我有一种隐隐约约的担忧和害怕，总是害怕房子被吹倒，窗户或者门被吹开。狂风带着急雨打在毫无遮拦的木门上，再沿着缝隙渗漏进来，房子里到处都是湿漉漉的。

不知道什么时候开始，或者在我小学毕业的十三四岁光景，新塘村里唯一的一家企业——制糖厂突然间就关了门。于是，村民们也不再种植甘蔗，而是大范围改种柑橘。是不种甘蔗导致糖厂关门呢，还是糖厂倒闭使甘蔗消失，不得而知。没事做了的糖厂厂长老易整天在三沙洋街晃荡着，每天在供销社闲谈，回来带些海鲜老酒。大家都羡慕老易，可日子长了，白白胖胖的老易越来越觉得无聊，只有那支老高的烟囱还站立着，傲视着这个村子和这片橘园。

没出几年，林家塘周围也都被橘树连成了一片，密密麻麻，烟囱也被推倒，从此宣告一个时代的结束。彻底死了心的老易看着这些像波浪一样蔓延开来的橘园，把糖厂大门一关，回了县城。

老易回去了，橘园也肆无忌惮地扩张着。每年的三四月份，梅雨开始在林家塘肆意浸润的时候，橘树便开满了洁白的小花，一眼望去，成了香雪海，散发出阵阵清香。刚种植的橘树树冠太小，而花太多，橘树如何承受这样的香气弥漫呢。当橘子花瓣刚刚绽开的时候，橘园里到处是大人掐橘花的身影。等过了三年，小橘树茁壮成长，每当秋天，天朗气清，红红的橘子挂满枝头，宛若一盏盏小灯笼，橘园里忙碌就此开始了。

兀自卧着的蟹山把橘园分为蟹山塘和蟹山后。南面是蟹山塘，那是双墩等村的橘园，一直蔓延到海塘坝。北面的蟹山后是新塘、林家塘、河里村的橘园，再朝北望，就是我的村子林家塘。

远远看去，房子零零散散地布在橘园中央，我常常踮起脚仰起头，目光穿过橘园，看着家里的炊烟升起，我就知道祖母在做饭了。横亘在村子和蟹山后中间的是一条清澈的小河，两侧长满芦苇和水草，这是林家塘的母亲河——下杈。下杈以小桥头为中心呈“Y”形被分为三条支流，上头一条连着海水，被一个闸门截住了，一条拐了个弯流过河里村，一条流向林家塘，滋润着这里成片的橘园。

蟹山因像一只趴着的螃蟹而得名。我曾好几次爬上过蟹山，眺望这片像海一样的橘园。事实上，如若从远处看蟹山，我看到的更像是一瓣橘子的侧面。

橘子采摘的时候，我们随着大人来到橘园，可装模作样摘几颗之后，就变着花样吃橘子。橘子不摘下来吃，也不用手剥，只用嘴巴，看谁用嘴巴吃得最快，还要把橘子皮留在橘树上。橘子皮脆脆的，和橘肉只有橘络相连着。用牙齿先咬开一个破口，借橘树硬硬的枝条，横着扯开一块橘皮，耳侧则有一股“吡吡”的分离声。扯开了第一块橘皮后，第二块第三块会轻松许多。慢慢地露出橘肉来，红红的多么诱人，扯一块橘皮吃一口橘肉，剩下最后橘皮络住橘肉，就用不着扯橘皮了，直接吃掉橘肉就算吃完一个橘子。比赛的时候，也会出些笑话来，比如橘树枝比人低，我们就要半蹲着，双手背着，仰着头啃橘子，头不停地变换着方向，像一条被咬钩的鱼，会晕乎乎的摔个大马趴——这分明是橘子在戏弄我们玩呢！吃得心满意足之后，一撒腿，我们就跑到对面的蟹山上。蟹山只有几十米高，那里到处都是熟透发红的野果，还有金黄的黄栀花果。

有一种椭圆形状、浑身长满芒刺的野果“毛锥”（金樱子），红红的被芒刺包围着，但好吃的野果难不倒我们，只要在草坦上用脚底把毛锥来回踅一下，芒刺就被弄得干干净净，吃起来有着甘蔗和蜂蜜的甜味。当然，山栀乌（野蓝莓）是最好吃的，小小的果实，紫黑紫黑的，隐在灌木丛中，满眼都是。兴奋异常的我们常常来不及摘，来不及吃。一大把一大把往嘴里塞着吃，果汁“吱”的一声从嘴巴中间射到口腔里，痒痒的，酸甜的，舌头早已被汁液染成了紫黑色，还有嘴唇，满嘴都沾满了山栀乌汁液。吃饱了、玩够了，我们咬着狼萁，躺在岩皮头看天上的白云，看天上呼啸而过的战斗机。

战斗机就在橘园上空穿插着，有时候一架，有时候三架甚至更多，在蓝天下银光闪闪。我就幻想着飞机能停下来，降落在这片橘园上，我就可以爬上去看一看，那该多幸福。后来，我在空军部队服役，真的经常可以坐进战斗机的座舱看个究竟。我不会忘记多摘些黄栀花球，要带到学校去，上美术课用得上。那时候的农村，虽然有那种筷子般粗的小蜡笔，但在相当长时间里，我更喜欢用黄栀花球涂颜色画画，一道道留在画本上的淡黄色和小小颗粒的香味足可以使人神清气爽。不过，在某个课间十分钟，我偷偷地将黄栀花球塞进那个长辫子、穿着花格子衣服的女同学课桌里。上课了，我就斜视着那个女同学，看着她在课桌里发现了用纸包的黄栀花球，我才心满意足地开始认真地听课。

那时候的我们都是疯孩子，快乐的事情我们变着法子去做。当然除了吃橘子爬山，偷偷将黄栀花球送给女同学，最高兴期盼的还是去卖橘子,这样也就可以向大人要几角钱。拖拉机早已停在橘园中央的小桥头边，大家都想卖个好价钱，为一分钱而讨价还价声、喊叫声混杂一片，橘园顿时异常热闹起来。

父亲摘满几个箩筐，就用手拉车拉过小桥头，我和母亲在手拉车两侧推着。从橘园到小桥头的路坑坑洼洼，窄窄的，父亲准确地把手拉车的轮子卡在碾压出来的车辙里。我也曾试图将手拉车的轮子拉进车辙，但拉过一段路之后，车轮就会逃出来，“嘭嘭嘭”地在石头上颠簸。

成色不好的橘子会被橘贩子一个个地挑出来，扔在空箩筐里。父亲就会和贩子计较，趁不注意，把挑出来的橘子扔回去几个。橘贩子发现后也只是用手指点点父亲，并不生气，大家大笑着了之。不过也不要紧，这些挑出来、长相不好看的“大炮橘”、“日照橘”也有人收购，村子里会有专门收罐头橘的人，这些橘子会被拉到罐头厂做橘子罐头。摘完橘子往往需要好几天，有时候价格太低，母亲就会把橘子暂时屯在老屋里，等待价格再抬高一点。但橘子产量总是隔年,产量高的时光价格自然就低，母亲往往在希望中失望，最后还是熬不住时间，只得低价卖出。

美好的童年时光一去不复返，但快乐的记忆犹存心头。而如今，橘园没有了，但愿我的记忆我的快乐不会随之消失。那些和橘园离了婚的土地，它的命运会以怎样的姿势被重新安排呢？又有谁会和它们做一次婚姻交易呢？

2017 年 1 月 海门

怀念一条河

河也有命运，就和人一样。

当写完近六千字的《有一条叫三沙洋的街》时，我的思绪开始越过那片柑橘园，跌入故乡的那条小河。就这样一条流淌在乡野的小河，不知为什么，我时常忆起它来。

在三十多年前，这是一条怎样的河，碧绿清澈，水草丰茂，鱼虾潜戏，鸭鹅相逐。每到春天，河水开始涨了，一排柳树冒出了一层层的绿色，岸边的小草也偷偷地从土里钻出来。田野上那无限明媚的春色，把小河打扮得更加妖娆。这里是放牛班的春天，一早吃过早饭，小伙伴就相约把牛牵到河边。我们就在河边坐着、躺着，扒开芦苇丛看蛤蟆放籽，一团团布满了整个河边。蛤蟆籽外面是一层透明的膜，滑滑的，像滑嫩的果冻，这些小生命在温暖的河水中一天天长大。在接下来的日子里，我们每天都会到河边观察这些小生命。终于有一天，蛤蟆籽有了萌动，开始长出了圆圆的小球。渐渐地，小球上有了眼睛，有了嘴巴，再后来，尾巴扇动着母膜。"嘚"的一声，小蝌蚪挣脱了，我们和蝌蚪一样欢乐。布谷鸟、喜鹊，在枝头蹦跳，唱出清脆婉转的歌。

但我还是喜欢夏天，喜欢下雨。下雨的时候，披着一件蓑衣，戴着斗笠，扛着十几个布罾，光着脚，踩着泥泞的土路到小河边捕虾。那是用旧蚊帐做的捕虾工具，制作方法很简单，剪一块大约六十厘米见方的旧蚊帐，用两片薄竹片对角撑住蚊帐四个角，竹片交叉处用一段长长的尼龙绳系紧，另一端系在木棍上即可用了。捕虾要找个没有水草的地方，小石桥头是最好的地方，在蚊帐中放一些糠饵料，把布罾一个个放入河中，等待小虾不请自来。

四周静悄悄的，雨雾把周围的一切都笼罩得朦朦胧胧，像披了一层纱。我蹲在河边，雨水淋在蓑衣上，也许喜欢雨就是从那时候开始的。过了十分钟左右，我一个个依次拉起，布罾内全是活蹦乱跳的小虾，这种兴奋不亚于河中围鱼。不消半日时辰，就会装满一个拗斗[①]。

到了盛夏，最过瘾的运动开始了。大片的甘蔗林挡住了大人的视线，放牛是我们最理直气壮的理由。我们把牛绳盘在牛角上，不要担心牛会跑掉。看着牛走远，只要一声吆喝，牛就会乖乖地调过头。小伙伴一个个跳进河里，尽情地在河里玩耍。打水仗必不可少，只消几秒钟，大家就被分出敌我双方。彼此对立站在河中，用手使劲地将河水打到对方身上。一波一波的水浪，如同凭空下起瓢泼大雨，哗啦啦地淋在我们湿漉漉的头上。有时抵不过伙伴们铆足劲推来的雨淋，只得一个猛子，扎到水底，逃离战场。

在小河里嬉戏得有点累了，就爬上岸来，把裤衩挂在树枝上。一条条裤衩迎风飘扬，我们光着身子钻进甘蔗林，也不顾甘蔗叶齿划过皮肤的割痛——这里简直就是甜蜜世界，谁还顾得了这些痛呢。自从种上甘蔗后，我就眼巴巴地看着甘蔗一点点地长高。终于有一天，甘蔗高得挡住了马路，遮住了大人的视线，我们才肆无忌惮地把这片天地变成自己的乐园。“啪”的一声，是亦兴第一个扳断甘蔗的声音，紧接着，一个接一个“啪啪”扳甘蔗的声音，在这寂静的午后显得尤其空远。但这声音显然没有越过马路，飘进大人的耳朵里。

我们躲在里面，尽情享受着快乐的时光，直吃到胀起肚子，才穿上晒干了的裤衩恋恋不舍地回到家里。有的时候，我们也安静地躺在岸边，用草帽盖住头，听着知了的叫声。但总有这么一两个不安分的家伙，不愿聆听知了的清唱，顽皮地爬上柳树，折些柳枝，编成各式各样的柳环，戴在头上，模仿电影，骑在柳树间，折一截树枝或干脆用手指当手枪，瞄准对方就是“啪啪”的几枪，开心地玩起枪战。

小河总是为我们预备着许多快乐的东西。围鱼就是我们玩得最酣最刺激的事情。小河不宽也不深，但河底全是淤泥，踩着河水还不及大腿根。首先要在河中央围起两三米长的圈——这可是一件非常大的工程，如果稍不注意就会前功尽弃。这样的工程往往需要四五个人从每一侧同时来围，先用稍硬一点的泥打基础，等泥圈露出了水面，我们就开始用脸盆从里往外戽水，直到把里面的水剩下一半，再把泥圈拍实，找几块木板支撑着内壁，免得水压推倒泥圈。

接下去就是激动人心的时刻了。我们从四周手脚并用，不停地向中央的围圈里赶鱼，声响越大越好，惊慌失措的鱼儿蹿出水面，想不到的是却落入了早已为它们准备好的鱼圈里。随着一条条亮晶晶的鱼儿跃进，我们个个兴奋地大叫着，越叫越使那些昏了头的鱼儿更加不知所措，圈内的鱼越来越多。有迫不及待的，早已一个跳跃，像浪里白条一般，跳进了泥圈之内，鱼儿“啪啪”地相撞着，可怜的鱼儿就这样被我们一条条收入网兜里。

当然，除了这种甚为刺激的抓鱼方法，捉鱼剩也是我乐此不疲的。我们称在捕过鱼之后的鱼塘里抓鱼为捉鱼剩，其他的比如捉橘剩、捉番薯剩、捉稻剩……之前父亲也教过我如何用[illegible]抓鱼，当我长到比箌高出半身的时候，可能在我八九岁的样子，父亲就开始带我下河捉鱼剩。每年初冬，小河的水被放干，父亲肩头扛着鳗拉，背着鱼篓，我拿着箌赤脚跟在父亲的后面。罶是江南地区常见的抓鱼工具，竹制品，用竹条编制成桶状，罶头小下边大，呈喇叭形，每根竹条间距在一指宽左右。上头为了方便把握，往往用棕榈绳缠绕。在水里用罶抓鱼，是有目标的，选择鱼出没多的地方。罶里有鱼时，鱼会把罶壁撞得“噼里啪啦”地响，这时，手可以进入罶顶部的小圆孔，去把鱼摸起来。

你会看到，河边早已挤满了人，有的拿着鳗拉，也有的拿着罶。尽管是冬天，大家把裤子卷得高高的，有的干脆脱掉长裤，只穿着一条短裤。大家都在等承包人的号令，但他们怎能轻易放弃那些漏网之鱼呢，深深的淤泥之中，总是有漏掉的。

父亲不停地叫唤着，着急的人群愈加躁动，大家都想占据有利位置。不过谁也吃不准淤泥底下到底有多少漏掉的鱼。父亲示意我用罶去抓，一遍遍给我示范用罶抓鱼的要点。他是要用这把长长的鳗拉，去勾那些藏在河底淤泥中浑身滑溜溜、无比鲜美的鳗鱼。这种专门勾鳗鱼的鳗拉是用铁打制的，有点像佘太君的龙头拐杖，呈变形的“7”字形，弯头部是两三厘米的空隙，如果被鳗拉钩住，鳗鱼就会被紧紧地卡住而不能动弹，只得乖乖引君入篓了。“好了没有！人冻死了。”在岸上的人显然不耐烦了。

“好了！”我随着父亲跃入河塘里，整个河塘顿时被围得黑压压的一片，这些捉鱼剩的迅速投入摸鱼的大潮。谁也不知道哪儿有鱼，只是胡乱地用手摸，用脚探，身上、脸上全是溅起的泥浆，个个成了大花脸。我只有眼巴巴地看着这些在泥潭中慌乱的人们，拿着罶而无从下手。父亲握着鳗拉像个地雷探测仪，在快速地有节奏地一下一下勾鳗鱼，藏在淤泥之中的河鳗注定在劫难逃，滑溜溜的身子也无法逃脱被勾住的命运。一条条肥壮的鳗被父亲装入鱼篓，我也开始用罶到处抓鱼，也居然能抓到一些小鲫鱼，这也足以使我兴奋了。

古人云：“近水知鱼性，近山识鸟音。”我的一个叫亦兴的小伙伴，是个捕黄鳝的高手，促使我下决心要跟他学钓黄鳝是有一次他钓了十多斤黄鳝，卖了十多元。钓黄鳝的钩是用细铁丝弯成的，穿上蚯蚓就可以钓黄鳝了。小时候，我经常背着蟹篓，和亦兴一起到小河边去钓黄鳝。钓黄鳝先要找到黄鳝洞，用手去摸，母鳝鱼在产籽时，洞附近的水面上有许多的小泡泡。确定是黄鳝洞后，左手持钩探入洞口，右手在水面弹一下，发出水声，至今也不知道这是什么用意。黄鳝咬钩后，就慢慢地把钩往外拉，但不能用力过猛，同时，右手做好掐黄鳝的准备。待拉出黄鳝近一半身子，死死地掐住黄鳝的上段部分，放进鱼篓。

记忆中总是离不开河中的鱼虾，还有一种抓鱼的方法使我乐此不疲，这样的记忆是如此强烈，在我小学的几年时间里，我在黄昏后背着鱼篓独自沿着小河边，鱼篓里装满放钓的鱼钩。那是一种专门插入水中隔夜钓鱼的工具，一根二十厘米长的小木棍，上端是系着钓钩的细尼龙绳，为了便于轻松插入河底，另一端削得尖尖的。夕阳斜斜地洒在水面，落下一片金黄。我挽起裤管，涉水扒开茂密的芦苇丛，把鱼钓一支支插入芦苇丛中，然后在插鱼钓地方的芦苇上打个结做个记号。第二天一大早，天往往还没亮，就得起床，我要赶在上学前，全部收回插在河中的鱼钩。这样的事情常常使我兴奋不已，因为每一个鱼钩都让我浮想联翩。手顺着做了记号的芦苇往下一摸，就会摸到插入河泥中的木棍，手指就会感觉到尼龙线的松紧——如果线拉得紧紧地，八九不离十是鱼儿咬钩了。这种兴奋会一直伴随着我，我慢慢地卷起尼龙线，鱼也不得不被我拉出水面，有时候是黑鱼，有时候是鳗鱼，也有黄鳝，如果咬着水蛇，我便浑身起了鸡皮疙瘩，连鱼钩也不要了，一扔了之。运气好的时候，一个早晨，往往会装满鱼篓。但仔细算来，如此好景实在不长。不久，鱼塘就被一个人承包了去，我被警告这条小河再也不能放钓了。但有时候我还是会趁夜色偷偷地把钓钩插入河中，这个时候河边往往只有我自己了。

偶尔会遇到癞头小乃牵着水牛回家，他根本不会关注我这个小毛孩。

多少年后，每次回到林家塘，我都要去看看这条小河，心里总是激动的样子。但当我躬着身，钻过柑橘园，站在河边，河水依然清澈，水草依然丰茂，但我看不见相逐的鸭鹅，也看不见游泳打水仗的热闹场面，一个人也没有。

谁还会来呢？弟弟们都在为生活奔波，昔日的小伙伴也步入当年父辈的年纪，承受着越来越重的生活压力，谁会像我一样有这样的闲心，来到河边呢？

是呀，一代人又在渐渐地老去，新一代人也在准备代替着逐渐老去的我们，可是，他们都被父母禁止去河边玩耍，或是他们已经不屑这条小河了，有的是好玩的游戏，好看的动画片，因为，这条小河对于他们来说没有任何吸引力了。

仅仅过去三十多年，却一下子都消失在了这条小河中了，一点都没留下来，连一圈波纹也不曾荡漾开。

2016 年 12 月 海门

---

① 拗斗：指一种在水缸里或水井里舀水的木制用具，江南一带有。是用十多块木板，以竹钉作排销，箍成圆桶形，其中一块斗板连着手柄，另一块斗板连着倒水的嘴，器形上口大，底部小。

一株橘树的光阴

十月，是橘树最灿烂最辉煌的时候。

这时候的橘树很自信，它断定自己也很得意，一颗颗红得发亮的橘子挂在枝头。

也是从那个时候起，橘树就睡不着觉了，也许在半夜开始，橘树就摆动着树枝，悄悄地刺破尚在黑暗中徘徊的天穹，不用试探，也毋须叫醒。

橘树知道，时间开始走最后的程序，它不能再无限地扩张，必须在它最辉煌最灿烂的十月，让这些甜美的橘子离开它。它明白，自己在这个世界上，造就这些橘子是有价值的。橘子的颜色可以把它全身的绿色烘托得更美，因为这场生命的离去，或者消亡，都是它无限的延伸。

这时候，它看了看远处高耸的烟囱，一缕烟也没有，自从它站在这块土地以来,就没有看见过烟囱冒出烟来。它不知道为什么就立在了这里，把前世的作物赶走。

橘树忽然想起，想起小时候的某个迁移的片段：它被一个小男孩扶着，放进一个坑里，没有跳进去，只是被小男孩轻轻地安放着，或许稍微转了个方向，好让它的主枝对着太阳升起的地方。它偶然还会感受到，地底下有东西在蠕动，触及着它的脚丫。于是，橘树常常自责，时不时在黑夜中叹息，会抖落叶子上的露珠。或者在梦中遇见那个烟囱，烟囱还是不停地责备。

它突然感到自己已经很厌烦这块土地，自己的脚被深深地埋在土地里，又潮又湿。偶尔从林家塘飞来几只鸟，大多时候是麻雀。麻雀不嫌弃它，于是，橘子挂起来的时候，这些麻雀就停歇在橘树上。十几年来，它没有走出这块土地，从来没有离开过，哪怕走到那个石桥头，也没有！但好歹自己头顶着一片蓝天，也有立锥之地。

它只能在梦中出走。

天还没有大亮，露珠布满了它的叶子——橘树开始做梦。一到十月，它就会经常性地去做梦。不过这次它似乎感受到了恐惧和不安，它准备拔出埋在泥土里的脚时，一抖身子，树叶“哗啦啦”地飞落一地，就像一只只蝴蝶，树枝也渐渐地扭曲、枯萎！一把锄头被一个粗壮的手挥舞着，它似乎开始麻木——并没有感到疼痛，它觉得自己一点气力也没有，或许开始死亡了。

于是，橘树想起春天的时候，把橘花开得遮天蔽日，整个村子都弥漫着幽幽的花香。它多么希望有人拿起画笔来描绘它，哪怕是对着它随便画几笔，就用白色颜料抖落在纸上，它也是乐意的。

但梦终归是梦，没有人拿着画笔去画它。有时候它真想自己来画自己，然后就挫在泥土里。

不过现在，它用不着担心有人果真会拿着锄头这样对待它。接下去的日子里，那些疼痛的采摘并没有带给它不快，当然，它每年都要接受这样的考验——自从那支烟囱没有冒烟开始，它就要面对。

橘树伸了个腰身，叶子也就随着抖动起来。在它的记忆中，叶子永远都是绿色的，一片片对未来充满着美丽的憧憬，哪怕是在白雪皑皑的冬天，叶子也是绿色的，只是被白雪覆盖着，它喜欢这样的覆盖。

橘树始终认为自己对人类的忠贞矢志不渝，也是对人类有感情的，它不需要人对它许诺什么。一直以来，它都以一棵果树的标准姿势站立在那里，泥土、青草、蒲公英、蚯蚓，或者它身边的芥菜、小白菜，以及展翅飞翔在枝丫之间的蜂蝶，它都能感觉到。是的，那是一种幸福，它觉得自己长这般大了，从来没有这样满足过，对过去经历的风霜雪雨，都一一淡然着，它宁愿把这些当作是一种必须的经过，每棵树都逃脱不了。

橘树也乐意把枝丫向天空伸展，甚至不止一次地幻想着，自己在使劲伸展的时候，能否触碰到天空的尽头，然后可以俯瞰天底下所有的事情。最终，橘树把思想收回来，缩在叶子中央。无意之中，它看见路边的那株楝树，结着青青的细小的果实，长得却高高的，就开始学会了人类的嫉妒和欲望。橘树心里清楚，它和楝树一样靠阳光的宽度来计算生命，橘树觉得，楝树的生命宽度应该比自己窄，同样楝树的果实也会变黄，但黄了之后彼此的驿站会不一样。于是，橘树又会可怜起楝树来，看见楝树细小的黄色果实掉落一地，或是被麻雀啄食，就会宽容。

但有一点，橘树不能宽容。

每年的春天，长满橘花的时候，你看看，蟹山塘、蟹山后以及林家塘，大片大片的橘树开放着朵朵小白花，就是一个香雪海！它开始感到一双手在花间游动，那是一双女人的手，犹如一条蛇，不断地吞噬着香气，这些被摘掉扔在地上的橘花，像一个个逗号，一个接一个，永远没有句号，从女人的手间倾泻而出。

我曾经在一部电影里见过这样的镜头，一位仙女手持花瓶，向人间倾倒五颜六色的花朵。但，这有什么区别吗？

橘树一声不吭，既然在这个地方站立，它就不能拒绝流逝的这些花，但它也搞不明白，这是为了什么？于是，它想到了人的傲慢和自以为是。

如果这些花能抓住田野中消失的时光，或是把这块土地当作自己坚守的理由，或许也能感受到，橘树站定在一个地方，就不需要拿阳光来计算生命的宽度。

2017 年 4 月 海门

林家塘的鸟

那时候，我住着低矮的茅草房，林家塘的鸟也很多。

乌鸦、斑鸠、鸽子、鹧鸪、麻雀、猫头鹰、喜鹊、锦鸡……凡是能想得出来的鸟，林家塘都有。它们占据村子里每一个可停驻的地方，傲视着这个自然村，树木、屋顶、石板仓，甚至老爷殿、茅坑……

我那时候就觉得，没有什么生物比鸟儿更俊俏的。它们在枝头跳跃，浅绿的、灰色的羽毛，有曳着长长的尾巴，有翘着尖尖的长喙，有胸襟上带着一块照眼的颜色，有飞起来的时候才闪露一下斑斓的花彩。

当春天来到林家塘，前寺山开满柴爿花，这些鸟儿全都飞了回来。似乎很长时间不见了的老朋友，叽叽喳喳的，你方唱罢我登场，好不热闹！

燕子是最早飞到林家塘的，它认得回来的路，我不认得是否是去年的旧燕，但这些生命知道它们的主人。回来的第一天，它们就开始忙碌，忙着要把巢筑在主人的屋檐下。我着实喜爱燕子，痴痴地望着房梁上成双成对的燕子，衔泥衔草，飞进飞出，相互耳鬓厮磨着，充满了丝丝温情，让我的心中顿生羡慕。祖母坐在堂前，指着屋里屋外的燕子教我童谣，至今依然记得几句：

燕啊燕，飞过天；天门关，飞过弯；弯头白，飞过麦；麦头摇，飞过桥；桥上打花鼓，桥下娶新妇……

去年的暑假，小女在叶阿金先生的工作室跟他学画画，我也收集了一张任伯年燕子梅花图让小女临。图片上的它有着一样的黑色羽毛，一样的剪状的双尾，一丛梅花，鲜艳而不媚俗，正好和燕子的黑白相宜。小女按照叶先生的方法，只是几笔，不一会儿就画出一只玲珑的燕子来。

但乌鸦最讨厌，声音不好听，样子也使人厌恶。在林家塘，乌鸦有一个更为不好听的别称“喇乌”。“喇乌”常常被人视为不吉利的象征，谁家房前屋后要是有乌鸦停栖,就会立即遭到驱赶。就是这些被人嫌的“喇乌”，在古代的中国和日本，却被认为是栖息在太阳上火的精灵，是拥有神力的上天使者。而在古诗词中，“喇乌”也赋予更多的意境。“枯藤老树昏鸦，小桥流水人家”，“日出照东城，春乌鸦鸦雏和鸣”，这些耳熟能详的经典名句，让人丝毫没感觉到乌鸦的丑陋。许多年后，我在上海博物馆参观日本醍醐寺特展，有一组屏风，画的就是黑压压的乌鸦。它们或展翅飞翔，或栖息枝头，或觅食于田间，皆形态生动，闲适怡然，视觉上非常震撼，这倒是我第一次看到乌鸦入画的作品。

当然，一进入三月天，大人开始准备播种，蒙蒙的细如毫毛的雨把整个林家塘全罩住的时候，村子里的布谷鸟就开始婉转地啼叫了。尤其尚在睡梦中的清晨，雨丝轻轻地悄然无声地飘着，“布谷”声音穿过雨幕，幽远而沉稳。

于是，路上的行人也渐渐地多了起来，穿着蓑衣戴着斗笠的农人牵着耕牛，扛着犁。路边柳树抽芽，一条条柳条垂下来，叶子嫩嫩的，刚长出两片来。也许会听到，叶子彼此分开的声音，或许就“啪”的一声叹息，或许是欲罢不能的分离。总之，在这布谷鸟的叫声中，丝丝细雨把柳树的叶子割裂开来了。小沟的水也涨得满满的，你如果有兴趣，当然我是充满兴趣的，拿一个网兜，或者干脆挽起裤腿，用泥土截住一段小沟，用手舀完沟水，里面的泥鳅、小鲫鱼就随你抓了。

当山野中那柔软的绿被阳光拭去，光线晶莹剔透穿过山冈，逮锦鸡最好的季节到了。“烟林叶尽声如扫，山鸟日高啼已空。”每年的秋天，前寺山树木叶子落尽，茅草丛生。山脚下砖窑场边上有一块毛豆地，是什么东西吸引着长羽尾锦鸡，却偏偏在毛豆地里产蛋，“咕咕”的声音，是等候是欢乐。我弓着腰慢慢地靠近，尽量减少毛豆拂过身子的声音，右手握住竹草帽的帽檐。锦鸡还是被惊着了，“扑扑”地刚要飞起，我随即一扬手，使劲地朝锦鸡甩出竹草帽。草帽借着我的力量，犹如一只大鹏张开翅膀，锦鸡就会哆哆嗦嗦地伏在原地一动也不敢动，只得乖乖地被我捉住。

锦鸡胆小是出了名的，村里的小伙伴每每借着一顶竹凉帽，就能逮住一只。相比锦鸡，麻雀也是最常见也最善良最容易受人欺骗的鸟，平庸而善良。浑身灰色，没有一点吸引人的地方。弱小的身子常常会遭到人类的攻击。有时候我就想，芸芸众生的普通人不就像麻雀一样吗？在晒谷场战战兢兢地吃几颗稻谷，在严寒的冬天里，跳跃于旷野去觅食，那身紧收的褐色羽毛，几乎可以被遗忘。只是在它们内心深处，一定有着温暖和坚韧，或许还有一点挣扎。

在林家塘，有一段关于麻雀的童谣，用当地话讲出来实在是好听：

雀啊雀，走路笃笃响；丝线买一两，鞋面要一丈，做双花头鞋望姊丈。姊丈没在家，上山摘毛楂。毛楂刺，戳脚丫。……换蜡烛，蜡烛不亮，换炮仗；炮仗不响，换白鲞；白鲞发炖汤，换镜框……

我曾自言自语着这一段童谣，躲在门后或窗户后面，手里拽着一根细绳，双眼盯着那个米筛，几只麻雀尾随着，往米筛这边跳了过来。太阳从头顶直射下来，米筛的影子变成了一团椭圆，覆盖在散落的稻谷上面。麻雀一跳一跳的，它们如此盲从、轻信，根本不知道这是一个陷阱，有去无回的生死劫。不到半个小时，我就拉倒了四次米筛，几只拼命挣扎的麻雀扑腾着翅膀，居然把米筛震开了一个口子，惊慌失措地飞走了。

我不知道逃走的麻雀还会不会飞回来，我并不认识它，一样的朴素，一样的可怜。只是当我们将它们的小孩子从鸟窝里偷走，这些麻雀才会飞来，停在门前的树上，或站在父亲的手拉车车把上，朝我们这边不停地叫唤。如果仔细听，还能听见一种撕心裂肺的痛。脑袋随着这一声声的叫声不停地晃荡着。没有“高迎”[①]的小麻雀实在是太可爱，绒毛刚刚把身子包裹住，手托着就是一个肉团，嘴角还嫩黄嫩黄的，张开翅膀想飞走，可扑腾了几下又无可奈何地跌倒在手掌心，只是叫声更加焦急和无奈的恐慌。

大约在我十来岁光景，菜园东侧有几株高高的楝树，经常有喜鹊飞到这里垒巢。

一到春天，楝树开满了一朵朵细小的淡紫色的花蕊，远远的有一股芳香。楝树会结一种果子，等成熟的时候，果子就会掉落下来，这可是弹弓的上好子弹。但我不允许小伙伴把弹弓对准喜鹊，从小我就跟祖母学会一个谜语，“老师头，本领高，不带斧头不带刀，起间小屋半天高。”这个“老师头”说的就是喜鹊，但后来我想了想，会垒窝的不单单是喜鹊，所有的鸟应该都会垒吧。可小时候，祖母教我这个谜语的时候，是告诉过我的，就是对面楝树上叽叽喳喳的喜鹊。

后来，不知道什么时候，这几棵楝树不见了，也许在我到县城求学的某一天，当我从百十里之外的县城背着一只尿素袋回家的时候，菜园东侧空荡荡的。我猜想楝树一定是被父亲锯成一段一段，然后用斧头劈开，摞放在灶间成了母亲烧火用的柴了。我为此在心里不舒服了好几天，还做了一个奇怪的梦。我梦见自己蹲在楝树上，不停地把母亲起火用的稻草衔来做窝。可当我再次想飞下来衔稻草的时候，楝树突然被砍倒，自己整个人都酸了起来，那是从高处掉下来的酸。这种酸痛的感觉在几年以后，我离开林家塘的时候，在军营里一次梦魇中也曾经发生过，我想追回那棵楝树，也似乎在追寻远去的故乡。

后来，喜鹊移居到门前的一棵梨树上，也许喜鹊是明白父亲不会再去砍这棵梨树的。事实也证明，喜鹊的猜想是正确的。梨花开满枝头的时候，喜鹊就早早地又准备着它的安居计划。不用说，喜鹊用它与生俱来的技术，把窝搭在梨树上是有阴谋的。

一个东风作恶的早晨，梨花花瓣散落一地，随着浮尘又被高高地刮起来，只有枣子般大的青青梨子却一颗颗吹落。喜鹊最大的喜悦也是最乐意看到的，突然发现地上全是那些梨子，尽管没有成熟，这不妨碍它可以畅快地啄食这些果子。

多少年之后，我回到林家塘，穿过弯弯曲曲的村道，路两旁绿树成荫，覆盖了整条马路。

我走得很慢，侧耳倾听，除了风的呼吸，还有我踩着路面发出的沙沙声音，什么也没有。我仰起头，眼睛看不见一只喜鹊，一只麻雀，也没有了鸟的欢叫。

2017 年 3 月　海门

---

① 高迎：音，三门方言。小鸟羽翼渐丰。

捡牛粪

“你捡过牛粪吗？”现在如果去问一个稍大一点的孩子，不管农村还是城里，你保准会得到一个惊愕无比的眼神。不过在我的童年，又有哪个孩子没有捡过牛粪呢？

我要说的就是这样的事情，虽然已经过去30多年了，但至今难忘。那是一个农村孩子为了能买一本小人书，能买根冰棍，在那个夏天，去捡看似肮脏却使我趋之若鹜的牛粪。

在太阳刚刚升起的早晨，雾气尚未消散，乡村的石子路已经有了牛出门的身影，路边成片的甘蔗林，一眼望不到边。

我挑着簸箕，手拿着一把废饭锹，沿着通往小湾渡头的马路去捡牛粪，以便赶在下个月黄岩人上门收购前晒干。

那年，我上小学二年级，九岁，人精瘦精瘦的。有一次在三沙洋供销社看见一本本充满诱人图画的小人书，还有一本新华字典，隔着玻璃就像有千双手在挠我的心。奶奶说，小佬人看什么小人书，好好读书，不要野了！由于没得到大人的钱，只得隔三岔五到供销社眼巴巴地瞅着。小人书一直吸引着我的目光，拥有几本小人书成了我整个暑假最渴望最迫切的心愿。

既然向大人要不到钱，只有自己想办法了。我打算捡牛粪，晒干了后卖给黄岩人，等筹齐了钱就去买小人书，还有那本新华字典，我实在太想拥有这样的小人书了。

村子的公路是放牛的必经之路，两边是一片片甘蔗林，路边牛粪却很少。就算有，也都是黄牛粪——又硬又小的一小坨而已，不过这样的牛粪倒是很容易晒干。

我独自一人沿着村路捡了好长时间，才捡到半簸箕的牛粪。太阳发着刺眼的亮光，前寺山岩头反射着明晃晃的白光，甘蔗林散发出诱人的甜味来。我又渴又热，一顶草帽怎能抵挡得了阵阵热浪。

我望了望蟹山塘的小路，那是一条穿过橘园的土路，尽头连着海塘坝。那可是放牛的好地方，成片的水草、革命草。大人说，蟹山上经常有山魈白日鬼出没。我还听说，一群穿着艳丽衣服的女人突然消失在山中。一想到被大人说得神乎其神的故事，我心里就发毛，有时即便远远地看着蟹山就害怕。

为了能捡到更多的牛粪，得到那本小人书和新华字典，我还是硬着头皮。果然，土路边、草丛里，牛粪明显比村路上多。这些恶心肮脏的牛粪，在我的眼里简直就是一堆堆金光闪闪的宝石，是那么使人兴奋，让我扑上去，用铁锹铲入簸箕。

夏季的午后四周静得可怕，只有“嗦洁铃”[①]在叫着。橘园被风一吹，发出一阵阵“哗哗”的声音，闷热的气浪包裹着这里的一切。

我深深地吸了口气，心里开始发起毛来。寂静的橘园中央只有我一个人，多么希望能出现一个打农药的村里人，或是放牛的小伙伴。突然一只受惊了的嗦洁铃“嚁”的一声长叫，振动着翅膀飞走了。我的心一下子被提到嗓子眼，“扑通扑通”跳个不停。想到那些长着红鼻子的山魈白日鬼，想到那些消失在山林中的红衣服女人，心里越是发毛。

于是，我拔腿就往海塘坝跑去。装着满满牛粪的簸箕随着小跑有节奏地左右摆动着。可是一不小心，我竟然一脚踩进了一个小水坑。水坑不过只有脸盆那般大小，没有水，只是烂泥。我感觉到自己的脚被什么东西吸住似的，拔了几下却怎么也脱离不了，吓得大哭起来。牛粪不知道什么时候也撒了一地，扁担一头勾着一只簸箕的套绳，一头掉在路边的小沟里。我好不容易把脚从淤泥里拔出来，一边哭一边将撒落一地的牛粪重新铲回簸箕，连脚上的泥也来不及洗就连哭带跑逃到海塘坝。

当我惊魂未定回到家，偷偷地洗干净身体，换了衣裤，再挑着牛粪爬到林家塘山上，把牛粪晒在岩头。

这个夏天，我再也没有去过蟹山塘那条路捡牛粪，也一直没有告诉大人。等暑假结束后，我整整捡到了十个尿素袋的干牛粪，卖给了黄岩人，如愿以偿地得到了那几本小人书，还有一本新华字典。

2014 年 7 月　三门

① 嗦洁铃：知了。

童年的乐园

脑海里时常浮现出这样的影像，那是我从小生活的农村，它是我人生的起点，也终将是最后的归宿。这些影像一直留在我内心深处，每每想起来，那些与土地、与附着在土地上的所有一切，都成了我难以割舍的情结。

农村的孩子自有自己的玩法。每天放学后，我跟在小伙伴屁股后面，不是去放钓、煨土豆、烤番薯，就是去河里摸鱼、钓黄鳝。到了暑假，我每天都泡在河里，不过瘾的时候，直接到大海里翻腾。

可是，我在这几个长我几岁的小伙伴面前显然还是个小猢狲、小鬼而已。到了傍晚，我们早早吃过晚饭，在约好的地方去打麻雀，而我只配拿着手电筒，由一个“眼子”准①的弹弓高手负责打鸟，被手电筒光“抓牢”的鸟往往无处可逃，弹弓高手顺着手电筒光瞄准，“嗦”的一声，鸟儿应声掉下。运气好的话，一个晚上我们就能打到好几十只鸟，但大多数都是麻雀。

有一年，村子里闹麻雀灾，漫天的麻雀，黑压压的一片来了一拨又一拨。由于麻雀多得成了灾害，不得已，村民就直接用浸透了农药的谷子毒鸟。经常能看见这样的奇特景象，那些自由自在飞着的麻雀，会时不时就像下炸弹似的“吧嗒吧嗒”往下掉。大人忙不过来，也鼓励我们去打麻雀，这下可把我们乐坏了，又增加几个弹弓。村子里的竹子林、树丛中都成了打麻雀的好地方，有的一丛竹子就有上百只麻雀在那儿憩着。我也由“手电筒手”升级为弹弓手。我还突发奇想，一次裹着四五粒石子，胡乱一放，四五粒石子像散弹一样一下子出去，“吧嗒吧嗒”几声，好几只麻雀中弹身亡。这样的极其过瘾场面没有维持多长时间，麻雀真的好像是被赶尽杀绝了。

在农村，总有一些人会坐享其成。每次我们满载而归的时候，准能看见老爷殿边的大石头上蹲着癞头小乃，看着我们一串串的麻雀，他吸了一口旱烟，笑眯眯看着我："老卓小猢狲，把麻雀给我，到我屋里烧麻雀吃。”这些回家没法处理的战利品，在癞头小乃家里成了美味佳肴。别看癞头小乃长得丑，还癞了头，可他心地善良，为人友善，对我们小孩子好，对吃也十分讲究。每年元宵节我们都乐意去他家“讨”糟羹吃。河边的那间茅草屋弥散出来的一股浓浓的香味，曾缠绕了我童年的生活，历久弥新。

我家菜园东边有一条小沟渠，迈过小水沟，是一大片甘蔗林，那是邻村农民的自留地。我常常避开父母的目光，在闷热的晌午和几个要好的小伙伴一头钻进甘蔗林，等待我们的是那些诱人、甜甜的甘蔗。

某个下午，父母亲去了蟹山塘，祖母忙着家务，祖父躺在懒椅上打着瞌睡。我自告奋勇地去放牛，其实我是醉翁之意不在酒。

我牵着水牛绕过村子，把牛放在离甘蔗林不远的一片草地上，独自一人溜进了甘蔗林。四周静悄悄的，看着眼前株株肥大的甘蔗，我像融进了甜蜜世界。正当我吃得起劲的档口，只听见甘蔗林外面大喝一声："哪个小猢狲在偷甘蔗？”吓得我丢下没吃完的甘蔗撒腿就跑，顾不得甘蔗叶的锋利，也顾不得水牛了，朝着前寺山跑去。那是通往海塘坝的土路，两边全是柑橘园，我想钻进橘园。我不顾一切一路狂奔。只听见追我的人一边追一边大骂："天诛绝灭，敢偷我甘蔗！"这样看似十分恶毒的话，在我们当地却很普遍，小孩子不听话了，大人生气了也会朝着骂一句"天诛绝灭"，其实就是解解气。毕竟人小灵活，那人最终还是没有追上我。等跑远了，我回头一看，那人正牵着我的水牛，糟了！真是跑得了和尚跑不了庙，我是在劫难逃了。

十分沮丧的我耷拉着脑袋回到家，那人坐在道地头，"吧嗒吧嗒"地抽着老烟，母亲端着水满口赔不是。我站在那人面前坦白了自己的错误。以后，有好长一段时间，我都被禁止外出。每天放学回家，做完作业只能去割猪草或帮母亲切猪草。但时间一长，由于忙于农事，母亲也逐渐疏忽了我。

我家邻居有个叫亦兴的小伙伴，是个能上山抓大蛇、下河捉鱼的好手，尤其是钓黄鳝自有一套绝招，他知道河边哪个洞是黄鳝洞，哪个洞是蛇洞。小时候，我就经常跟在他后面，慢慢地我也懂得了钓黄鳝的窍门。

找着黄鳝洞之后，把钓钩慢慢探进黄鳝洞，在靠近洞口的水中用左手弹出"啾啾"的声音，为的是吸引黄鳝出洞咬食。弹水声也是有讲究的，弹的时候要把手指放在水面下两三厘米左右地方，太靠水面弹出的声音就会很空，太深了，又太沉闷。我想黄鳝是喜欢"啾啾"的声音的，不然黄鳝怎么会一听到这"啾啾"的声音就出来咬钩呢？

黄鳝咬了钩手就会感觉到，这个时候关键是要沉住气，不能硬拉钓钩。要顺着黄鳝的脾气，黄鳝要往洞里拖，你也要松一点钓钩，然后再往外拉一点，这叫欲擒故纵。就在几回合松拉后，慢慢地把黄鳝拉出洞，但也不能像钓鱼一样使用爆发力，当把黄鳝拉出三分之一的时候，用中指扣住黄鳝，黄鳝就这样成了俘虏。运气好的话，一天就能钓十来斤的黄鳝。

整个暑假，我可能都会挂着饭团，挎着竹箩，戴着草帽，独自沿着河边钓黄鳝。烈日当空，周围一片寂静，知了鸣叫，在山那边还不时传来声声怪叫。我不知道会不会从河里跳出一只水鬼来，或者钓出一条美女蛇来。但是黄鳝的诱惑，使我就在太阳底下为自己储存着童年无尽的快乐。

有一天，我趁父母亲都出去，禁不住小伙伴的诱惑，瞒着祖母又跑到下杈游泳、围鱼。不知是谁想出了歪点子，决定煮青蛙肉吃。于是一场捉青蛙大赛就此拉开，大家排山倒海，在河里折腾得天翻地覆。我还真没吃过青蛙肉，只见过祖母在灶里炖了两只肥大的青蛙给祖父下酒的情景。我如法炮制，残忍地用镰刀杀死几只青蛙，掘地为灶，以牙罐当锅，就地拔些胡葱。

大家看着牙罐里青蛙肉随着青葱和沸腾的水翻滚，肥白的肉使我们连咽口水。“老卓儿，在干什么？”橘园里正在施肥的一位婶婶显然注意到了河边一群忙碌的小猢狲，或是闻到了青蛙肉的香味，隔着橘园喊了一声。话音刚落，亦兴不知道从哪儿跑出来，不问青红皂白，直接从裤裆里掏出那玩意儿，对准沸腾的牙罐，一阵清脆的“叮咚”，随后“扑哧”一声，一股白烟立即升腾在空旷的田野上空，随即消失得无影无踪，白嫩的青蛙肉也停止了翻腾，被一股黄色的液体浸泡着。

“你干什么……”我大叫一声，瞪着大大的眼睛望着亦兴，那瓣豁开的兔唇怎么看怎么不舒服。亦兴也不说话，转头就走。有一年春节回家探亲，远远地看见一个皮肤黝黑的妇女带着一个活蹦乱跳的小孩子从亦兴家走出来，母亲说那是亦兴的老婆，小孩子是他儿子。这几年亦兴在外地种西瓜赚了一些钱，讨了老婆，生了娃，盖了房子，过着安稳的日子。

这就是我的乐园，一段令我难忘的往事。转眼间，几十年过去了，我上学、从军、工作，那片水塘依然静静地流淌着，小时候的小伙伴逐渐疏远，但那个时代的快乐会永远留在我的心中。

2014 年 8 月　三门

① “眼子”准：瞄得准。

抛梁

在中国，只有在农村还可以看到更多的传统文化。不知道这是谁的论断。虽说得有点武断，但仔细想想，似乎也有道理。

而支撑着这些传统文化的，往往是那些看似平常却还深深地根植在农村的一些风俗。

江南是吴越文化的发源地。讲着吴侬软语的江南人在各自的地域内形成了众所不同的习俗，这些淳朴的民俗在漫长的吴越文化历史上打下了深沉的烙印，也演绎过一幕幕充满江南田园色彩的生活画面。

尽管有的已被历史所沉淀，但我们仍可以窥视江南农村的变迁轨迹以及那些土生土长的乡人心志,我想描绘的是一个被称为“抛梁”的习俗。

在长期耕作的农人看来，一辈子最大的事情是建新房，房子是留给晚辈的最佳遗产。为此，他们节衣缩食、不分昼夜地出没于田间地头。这几年，农村发生了天翻地覆的变化，拆老房造新房，有的还买了汽车，日子过得红红火火。这不，表姐今年在外地搞承包种西瓜，仅一年就挣了十几万，看着旧房子心里开始盘算开了——重建!

经过周密的安排和准备，造房开工了。

叫来能工巧匠，请来左邻右舍当帮工，放地基、浇筑地梁。没过几天，四周的砖墙砌好，墙上的边梁也架上了。这时，卖力的泥瓦工放下了灰刀，能干的木匠松开了斧头，传砖递木的小工也停下了手中的活计，热闹的场面一下子冷清了许多。别急，造房的高潮、最激动人心的时刻到了——要抛梁了！

随着一阵震天的爆竹声，中间系着红布的栋梁被几个壮汉架上了屋顶。只见屋栋头主持木作的大师傅稳稳当当地坐着，俨然是一个主持人。

这时，人们从四面八方涌来，孩子是最高兴的，到工地抢占了有利地形，仰着头，双眼直勾勾地盯着屋顶的木匠，此刻木匠已成为大家心中的明星，一举一动牵动着众人的眼球。

再看木匠师傅，口中念念有词，边念边从身边的栲篮里拿出糖果糕点、馒头朝下面的人群抛去。于是地面上俨然是一蜂窝了。本事大的在空中直接将食物接住，而最吃亏的要数那些上了年纪的老太太们，她们腿脚不灵便，就兜起系在腰间的拦腰去接，但也并非易事，她们干脆直接指挥木匠师傅往她的拦腰里抛，以求木匠开恩，当然这种“作弊”行为是非常有效的。

木匠师傅每抛一次，口中就说上几句吉利话，站在下面的人呢，有的抢到了状元糕却失去了三角馒头，有的得到了糖块却失去了水果。但有些鬼点子多的，是看木匠师傅的手势行事，因此得到的东西往往比别人多，自然他们也有失算的时候。因为木匠师傅对这方面是非常有经验的，也会摆噱头，指东到西就成了他们最惯用的战术了，上当的人朝木匠师傅善意地骂上几句，惹来一阵大笑。

还有一样东西是不得不抛的，那就是小榔头。造房抛梁有两种榔头，一种是大榔头，共两对，屋栋头一边挂一对；一种就是小榔头，是随食物一起往下抛。榔头是用木头削成长方六边形，用竹签作柄，用红颜料染红，造屋做榔头有何典故却无从考究，但是我想这和吉祥肯定是有关系的。

一般来说，用来抛梁的糕点大都是亲眷送来的，而抛梁场面与其说是热闹，不如说是图吉利，抛梁前放的爆竹，当地人称高升发达、子孙满堂的意思，甜美的糖果是对日后美满生活的向往。

抛梁体现了江南农民对未来的憧憬之情，它如同农民手中的镰刀一样，在收获一份实在的希望，不同的是，这不过是一种精神的寄托而已。

2004 年 9 月 三门

树会记住童年的糊头羹

一条被扔在村中间的石子路，像一条沟渠穿村而过，把村子分成对称的溜子。

站在林家塘山顶往下看，我的村庄就像一只展开翅膀的大鸟，静静地趴着。路两旁长满了一排排茁壮成长的树木，枝繁叶茂。而长在少年时期的那棵老榆树，也孤零零的，立在路边的墙角，还是那般歪歪扭扭，佝偻着，立了四十多年。

老榆树好像得了侏儒症，长不大了，却使人慢慢吞吞地记起了一些东西，虽依然遥远，可香甜已存心间。在下雨天，祖母抱着我，撑着雨伞，站在那棵老榆树下吃饭，似乎喜欢听雨的毛病就是从这个时候“患”上的。也许是树底下那块坐人的石头，会压住人的记忆。或者记忆滑过石头的表面，渗透进土地，不知了去向。但人本身还是会遗忘许多事情，当人把那些事情遗忘的时候，你去问谁呢？

那就去问问这棵老榆树。

就是这棵树，它应该会记住许多年前的那个年年都异常热闹的“十四夜”，一群小男孩提着兔灯，敲着铁盆，挨家挨户吃得肚子滚圆的时候，围着老榆树，把讨回来的糟羹[①]轮着倒在树根上。一年复一年，糟羹就这么顺着泥土、树根慢慢往下渗——如果你忘记了这地方曾经的少年时光，只要用铁锹翻开榆树根的泥土，用不了几锹，就能闻出堆积在树根周围的糟羹。或许一年年堆积起来的糟羹早已和树根凝结在了一起，渗透进土地的不单单是糟羹，连同淡淡的乡愁也一层层地弥漫着，那些无忧无虑的日子该是怎样的快乐就会一幕幕在你眼前重新开启。

元宵节是紧接着春节后的第一个传统节日。可在我那个村庄，却偏偏这般急性子地要提前一天过元宵，又固执地不叫做元宵节，非要就这么直截了当地叫“十四夜”。毫无保留，那般赤裸裸。更让人无法承受的是多少年的思念，把思念连同菜肴搅拌进这一种叫糟羹的东西。只不过在林家塘，它是以一种无比形象的行头出现——糊头羹。

似乎每个人都对这种东西趋之若鹜。村子里到了十四夜，时令刚刚过了立春，天日也长了许多。日头从东到西，拉着老榆树的影子越过墙头，贴着西边的土地。等和自己的影子重叠，老榆树转过头被拉回东边，慢慢地变长，越过窄窄的这条乡村石子路，把自己的枝丫一直伸到我的家门口。于是，母亲开始忙碌起来，准备好芥菜、豆腐、瘦肉末，当然，牡蛎、蛏子这两样东西是必不可少的。随着屋中飘出的一阵阵香味，糊头羹熟了。母亲为我们一个个盛上满满的一碗，祖父祖母，还有父亲、弟弟就围着炉子，是多少的温暖。吃好了母亲的糊头羹，我牵着弟弟们就要外出去讨别家的糊头羹,因为老榆树也一定在等这帮农村的“小猢狲”的到来，更期盼那一碗碗无比鲜美的糊头羹。

谁说不是呢？过了春节以后，当老榆树的枝头开始萌动的时候，蛏子肥美，牡蛎鲜嫩了。这种藏在海涂深深淤泥中的顶级鲜货、人间美味，已经勾起了海边人家的味蕾。大批的蛏子在淤泥中被挖出来，会立即被端上餐桌。至于牡蛎，十四夜一早，村子里妇女就结伴去海边，为给家里做一顿鲜美的糊头羹，一个背篓，一把牡蛎刀，看准退潮时间，这些把坚硬无比的壳依附在岩石上的家伙，被女人们一个个用小刀启开，装进盆里。

事实上，许多年来，我无法走到这个村子，走到这棵老榆树跟前，无法再握住时间的铁锹，也无法翻开泥土，寻找以前的鲜香。当看见了这棵老榆树，我知道就可以一步跨进自己的家门口。但我够不到门槛，那不是我少时的门槛，矮矮的门槛已经变得像一堵墙挡住了我。

我已经对不住我的村子了，因为我没有当了农民，把自己的生命依附在这片土地上。也因为吃了母亲的糊头羹，会再一次把这个村子抛在寒风里，抛在身后。当我站在黄土高坡上，在雪夜倾听旷远的狼吼，便会时常在梦中、在十四夜那晚遇见我的村子，孤零零地一个人回到村子，远远地望着，当看见屋子间间亮着，房门大开，我便放下了心。

我一直在找寻一个借口回来。二十七年前，当自己坐在锈迹斑斑的老式手扶拖拉机上，看着村子蹦蹦跳跳地远去的时候，自此一身戎衣豪情壮志，冷月边关，背着行囊辗转四方，地北天南。

我想自己还会回来，但我并不知道这个村子对于我的一生来说会有多大的意义，也不知道自己会是一种什么样的姿势回来。

2017 年 1 月　海门

① 糟羹：又叫糊头羹、山粉糊，三门有名的传统小吃，一般在元宵节吃（三门民间正月十四过元宵节）。糟羹有甜、咸两种。也有新媳妇过门后第一年元宵节做的糟羹称“新妇糟羹”。

牛圈上的夏天

整个夏天，我都会睡在牛圈屋顶的平台上。

在吃晚饭前，我牵着肚子吃得翻背的牛回家，父亲先要用艾草给牛圈前前后后、里里外外熏个遍，才让我把牛拴在牛圈里。

牛圈在道地的右侧，紧挨着马路，一棵高大的梨树遮住了整个牛圈。我睡在牛圈屋顶的时候常常会爬上这棵梨树，坐在上面，耷拉着双脚，俯瞰着大人，趁不注意伸手去摘梨子吃。

不过，有一次听邻居的小伙伴说，龙坑村有个轻相骨头[①]的小猢狲爬到杨梅树上偷吃，结果一脚踩空，摔了下来，把裤裆里的小鸡鸡给弄坏了。这还了得，从此我再也不敢上树了。

在闷热的夏天，家里没有电风扇，光靠蒲扇是不过瘾的。而躺在牛圈屋顶的水泥板上绝对是凉快的好去处。就一张草席，艾草烟把蚊子熏得四处逃逸，便可安稳一夜地睡到天亮。仰望星空，繁星点点，一丝丝凉风从四面八方毫无阻挡地吹过，轻拂着梨树的叶子，沙沙的声音伴着虫儿的浅唱低吟。

睡到半夜，突然从林家塘里传来一声鸟叫，“咕——”，声音短促而孤独，穿过那座老爷殿，沿着山腰，穿梭着传得很远很远。停了片刻，又是“咕——”的一声，四周一点声音也没有，死一般的沉寂，只是这次叫声伴着“扑哧”的一阵乱飞,两种交织在一起的声音把我的心搅得“扑通扑通”起来。

“咕——嗷嗷嗷”，又是一阵怪叫，我开始有点害怕起来，身上不由得起了一层鸡皮疙瘩，紧接着头皮发麻。我从没听过这样的鸟叫声，尤其在这样的夜晚。

我躺在牛圈上不敢动，鸟叫是从林家塘里的坟场上传来的。我于是想起小伙伴给我讲的鬼故事来，心里更加害怕。

这声音似乎要朝我这边飞过来。

雪白的坟墓在月光下毫无遮拦地晃荡着，新坟老坟，庄稼地一点也阻挡不了我的视线——在村子东边，是黑压压的庄稼地，发出这种怪声的鸟扑腾着翅膀会不会飞过这片庄稼地，然后落在梨树上？落在梨树上的鸟会紧盯着我，会一声接着一声地继续叫着，说不定会叫走我的魂——对，想起来了，我曾听祖母说过，这种鸟就叫“捉魂”。想想都可怕，它又要捉谁的魂呢？我又想起就在前几天，有一个年轻女子喝“甲胺磷”自杀，她的新坟就在林家塘里。要捉她的魂吗？她的魂在哪里？据说有一种把公鸡绑在竹竿上招魂的仪式，这“捉魂”难道为了不让她的魂被招走吗?

我再也躺不住了，但又不敢爬起来。这时，我多么希望父亲能从房子里出来上茅房，而平时要烧一锅猪食的母亲，今晚也不知为何不烧了。房子里老早是黑漆漆的一片，显然父母亲都已经睡着了，还有祖父祖母、二弟三弟也都睡了。

过了一阵子，我听见“啪”的一声拉电灯的声音，房子里灯亮了起来，紧接着传来祖父的一阵咳嗽声。我似乎看到了希望，但旋即灯灭了，月亮也被乌云吞没，四周又陷入一片黑暗。

我侧着耳朵，把自己蒙在被子里。这是母亲怕我着凉给我拿来的，幸亏有这条被子。一害怕我就会把自己整个身子埋进被子，只有这样才是最安全的。尤其这南方的夏天，打雷会从惊蛰一直“滚”到中秋，“轰隆隆”的像是巨大的炸弹，伴着耀眼的蓝色闪电，似乎要把整个村庄都毁灭掉。每当看到此景，我都来不及脱鞋，跳上母亲的花眠床，一脚蹬开被子，钻进之后再也不敢出来。

可眼下，我是再也不敢睡在牛圈屋顶了的，在这“咕——”再次响起的时候，我倏地坐了起来，踩着梯子“噔噔”地爬了下来。

老水牛躺在牛圈里，睁着大大的眼睛看着我，嘴巴不停地在咀嚼反刍，发出“呢呢”的声音。我咽了一下口水，双手抓住竹梯，傻在那里一动不动。水牛也应该听到了这个怪叫，它知道这叫“捉魂”的鸟吗？

道地上堆满了杂七杂八的东西，有谷箩、犁、水车，还有父亲的九龙网。我小心翼翼地摸着走到门口，向里推了推，还好门没上锁——这是母亲为我开着的，只是里面被一条凳子顶着，我用力一推，“吱”的一声，凳子摩擦着石板，门就被推开了。

房子里什么也看不见，我不敢开灯，蹑手蹑脚地走上楼梯，母亲听到脚步声，会不会以为我是“贼骨头”，给我当头一棒？我绕过谷仓，一群在偷吃的老鼠，听见有人来，“噔噔噔”地在我面前跑过，那气势犹如万马齐飞，我又吓了一跳。

我迅速找到母亲的花眠床，月光透过玻璃窗，斜斜的一道光亮落在地板上，母亲没有被惊醒。我悄悄地在母亲大红的花眠床倒头睡下。

2017 年 1 月　海门

洪水·筑坝·打夯

在外当兵、工作，弹指一挥间，离开故乡林家塘，居然27个年头了。如若加上在县城读书的三载时光，已足足有30年了。

这30年来，经历的大事小事也不算少，但能使自己记住、值得怀想的，大多是一些少时日常细碎的小事。当把自己安静下来的时候，记忆就会像小眼的渔网，拦截了早已随风而去的往事，连同那种苦中有乐一同被拾起。

我生于20世纪70年代初的农村，经历过“文化大革命”末期，在当时“五讲四美三热爱”的教育下，从小就要不怕吃苦、热爱劳动。劳动自然也成了“好孩子”最为重要的标准之一，不管在家里，还是在学堂，每个孩子都要参与其中。在我小学的时候，到了五年级，学校还给我们分一块自留地，那是用来种植小麦，为了毕业会餐能做馒头吃。

80年代的农村，家家都有包干到户的田地，多则七八亩，少则四五亩。父母自然忙不过来，大一点的小孩子就成了家里的半个正劳力。哪怕给父母递稻子，放种子，送“接力”这样简单的活，也算是帮大人出力。如果碰到村里要搞大工程，就更要包干到户，全村出动了。

比如那个年代独有的“移山填壑、战天斗地”修筑海塘坝便是一桩难忘的苦事，如今想起那早已远去的一幕幕场景，尤觉得农民的艰辛。

我想这样的经历，和我一样出身农村的孩子都“在劫难逃”的，容不得你因年纪小而偷工偷懒、讨价还价。

我所居住的三沙洋一带，原来都是滩涂。东海在这里拐了湾，形成了长约 10 公里的白带门，从地图上看就像一个巨大的网兜，人们为了得到更多的土地和粮食，在它的北边割裂出成片的土地，硬生生地把这片滩涂变成了良田，这里后来诞生出了许许多多的村庄，包括我的老家林家塘。

三沙洋就位于白带门的北岸，这片围垦出来的土地养活了千千万万的人们。广袤无垠的蟹山塘、新塘、狗市塘、永丰塘、外塘连成一片，经过时间的推移和演化，昔日的盐碱地变成了肥沃的良田，这里曾经是棉花主要产区，后来才被种上了小麦、黄豆、番薯、洋芋等农作物，而保护这些的是一条蜿蜒十几公里的海塘坝，从花桥红旗塘一直延绵到三角塘。

白带门虽然是内海，但这片围垦出来的土地一直以来都是洪水多发地，有时候台风加大潮，用泥块垒起来的海塘坝根本不堪一击，潮水犹如咆哮着的狮子冲进村子。于是，每年的台风季节，向洪潮宣战、保护这些向沧海要来的桑田，是三沙洋历史上浓墨重彩的一笔，也是我童年记忆中无法绕过的经历和关键词。因此，自从围垦拦海造田以后，这里的百姓就开始了筑高台、建堤坝的大运动。

小时候，我们经常要接受大人的避难教育，比如村子后面一座百来米的小山，足以成为避难所，再不行就躲到仙岩洞。一般家家都有一只大大的木桶，我想这样的木桶足以承载得了我们兄弟三人，不至于在洪灾到来的时候受到危险。我还曾经带着弟弟们悄悄地登上那座小山包，以便挑选最佳的逃难路径，当然，直到我离开林家塘，这样的逃难经历一次也没有过，现在想起来，多少有点遗憾了。我家原来是基督教会，一到做礼拜，从四面八方赶来的信徒就聚集在我家，我也常常听传道人和祖母讲《圣经》里诺亚方舟、聪明人要预备好灯之类的故事，以为冲进村子的洪水就是上帝要审判外邦人和世间末日的征兆。也有持不同意见的村民，说那是海龙王要惩罚人类对它带来切肤之痛的围垦。在我小的时候，地势低洼的三沙洋年年遭洪灾，一次次受到“上帝”和“龙王”的双重打击。洪水大的时候，其实也是我们最开心的时候，我们才不管这些，只要可以在道地里捉鱼，可以在村道、屋里划船，比什么都高兴，这种幸灾乐祸所带来的是我们无所顾忌地在洪水里折腾自己。

但对于大人来说，这简直就是灾难。洪水退去后，庄稼断收，房屋倒塌，一切都被泥浆裹了一遍。我曾经无数次在家里碰见来要饭的安徽人，一个褡裢，手里拿着一根棍子和碗，或是牵着一条会“捣狗米”（作揖）的小狗，或是拖儿带女，蓬头垢面衣衫褴褛，站在门口行乞。“行行好吧，我们家受了洪灾了！”一见到这些要饭的人，祖母都会叫我到米缸里舀一碗满满的米，外加一碗白米饭给他们。当我将米倒入他们行乞的袋子时，我怀疑他们是不是安徽人，也许就是隔壁村的，我的脑海里立即想到，海塘坝被洪水冲掉淹没了村庄，我们是否也要和他们一样外出要饭呢？

当然，要避免海塘坝被洪水冲掉，加固海塘就成了每年秋收后最重要的事情了。虽然筑海塘坝是政府提出的要求，但要完成这项声势浩大的工程，光靠政府是不行的。于是，征发民夫成了天经地义，每家每户按照总人口多少分地段。

那时我家有七口人，理所应当就是按照七口人的标准分到了筑坝的分量。虽然家里男人多，但实际上，祖父母都已经年近古稀，而且祖父还有老慢支，两个弟弟尚且年小，二弟才上小学三年级，我也只有十三四岁。

那天，父亲领到了海塘坝的地段，愁眉苦脸回到家，用一根绳子给祖父比画分到海塘坝的长度，看着我们三兄弟，双手一摊做无可奈何状。很自然，这样的重苦力活只能落到父母两个人的身上，不得已，祖母叫来了姑妈姑父、表姐表哥一起帮忙。祖母说，你也长大了，去帮帮父母，代代力。在农村，像我这个年龄就是大人，什么活都可以干了。插秧种田、挑水割猪草自然不在话下，就连背稻谷这样的重体力活，也要去尝试。我虽百般不情愿，最后还是咬咬牙跟着父母去了海塘坝。

第二天天还没亮，姑妈姑父、表姐早早地就来了，父亲在道地整理溜板、溜撑和簸箕，母亲也在准备中午的饭团。当我迎着朝阳，站在蟹山塘坝上向工地上望去，如蛇龙一般的海塘坝，红旗招展，人声鼎沸。拖拉机你来我往，成百的手拉车奔跑如梭，你追我赶。一条条溜板架在塘坝上，犹如一根根输血的管子，密密麻麻的人就像一群蚂蚁，布满了整个塘坝，好一个热火朝天的景象。

虽然塘坝只有三四米高的样子，但要想把泥块从坝底推送到有斜坡的坝上，还是需要许多人通力合作的。表姐负责用铁丝切出泥块，父亲负责把泥块放到溜板上，站在溜板第一个位置的往往是姑妈或母亲，她们要用溜撑使劲地将泥块推送给下个人，如此接龙。但越往后，溜板斜度就越大，撑起来就越费力，自然在后面的几个位置都是壮劳力才行，只能是表哥和姑丈了。好在溜板和泥块都十分光滑，泥块借着惯性，在溜板上“呲溜”着滑去。我只能在第二或第三的位置，用溜撑顺势推一下，其实也用不了多大的力气。

但没过两天，我实在累得有点受不了。手上磨泡，脸皮晒黑，腰酸腿疼，开始的新鲜感也荡然无存，再也不想去，就故意装睡不起来。可是公鸡还没叫三遍，一大早，母亲就已经点起煤油灯，窸窸窣窣地在灶间开始做早饭了，我不得不从睡梦中起来。吃过早饭，母亲把锅里的饭揉成一个个饭团，分别用饭蒸纱布包住，或许还会带一小包白糖，这就是我们一天的粮食。

但我开始对在坝顶打夯的人感兴趣，尤其是夯落下的“嘣嘣”声，那一声声真是震耳欲聋，惊天动地。一般的夯都是密度大的硬树桩做成，双面平整，四周均匀地别着四到六个铁环，以便系上络麻绳。也有铁做的夯，重量就远比木夯重得多，这样铁环就会多出几个。

打夯时，领夯人最为关键，不但要掌握起夯的节奏，还要协调和提醒同伴，同时还要喊出有力度的口号如“同志们加把劲儿哟”，或是“咱们打头阵哟”等等。当然，我对当时的夯词已经记不清楚了，在这里只是想增加点意境而已。其他打夯人会和着喊出粗犷的“嗨——哟”，并借着络麻绳将夯高高举起，在低稳的“哟”声里任由夯落地。不过，我倒觉得听夯声并非在于用词有多么恰当，关键是要有味道，能使人热血沸腾，如此，就达到了目的。

我对一种所谓打快夯的印象颇为深刻，这不是一般体力的人可以胜任的。不但打夯的速度要快，还要有持续的体力跟得上。随着节奏加快，只听得“哎嘿哎嘿”的吼声也随之加快。那吼声犹如千军万马奔腾而过，又恰似巨浪呼啸，响彻云霄。这个时候，大家都会放下手中的溜撑、担子，驻足观看。有几个活络的索性在一边和了起来。于是，“哎嘿哎嘿”的吼声连同夯落地的“嘣嘣”声，发出巨大的声响，排山倒海一般，让一旁观战的人们也为之震动、心颤。等到最高潮的时候，夯声、吼声戛然而止，大家一片叫好，随之重归劳动。当夕阳染红天边的时候，我们才得以收工，扛着工具拖着疲惫的身子回来。

现在，这种极其原始的筑坝已经不多见了，大多数人也难以有这样的经历。但对于我来讲，年少时期的筑坝犹如我后来的从军经历一样宝贵。三十年后，当我再次站在标准的海塘坝上，凝视远方，港脉交错，沃野千里，山峦叠嶂，昔日围垦的滩涂上建立起来的新农村，以及富裕起来的人，此情此景，欣喜之余，蓦然惆怅昔日已悄然淡去，叹沧桑岁月无痕，年少不再，不觉潸然泪下……

2017 年 4 月 海门

我的初中生活

春节后，大家期待已久的初中同学会在蛇蟠岛度假酒店举行。

时隔近 30 年，这么多同学一下子出现在我的面前，尽管早些日子，大家在微信群里发了自己的照片，但当面对面站着的时候，还是感慨岁月的无情——我们不再是那个年代的懵懂少年，青春已经逐渐离我们而去。

我的初中生活是在三岩中学所在地丁山脚度过的，三座成“7”字型的房子和一堵围墙，把学校圈成一个长方形。泥地的操场，长满了杂草，一到雨天不晴，就极度泥泞，只有中间一条石子小路。靠近围墙是一条小沟渠，成了农村鸡鸭嬉戏觅食的去处。夏天的时候，这条沟渠被鸡鸭搅得臭气熏天。大门左侧是学校的食堂和老师宿舍，对面左边是两间一层低矮瓦房，是初一的教室。右边是新造的两间四层楼房，一层是初二教室，二层是初三两个班级的教室，三、四层是教师的宿舍。

学校后面是一座只有 30 多米高的小山包，这就是丁山。山上全是一些松树和狼萁，春天到了的时候，也偶尔会开出几朵柴爿花和野花来，倒是那些裸露的岩石，成了我们晨读的好场地。但比起这座山，我更喜欢学校门口的那片荷塘。

我是读了两年的小学五年级到乡中学的，这样的经历，却成了我心中挥之不去的阴影。一直以来，我的学习成绩都处在中等偏上的水平，印象中数学从来没有考过满分，在“学好数理化，走遍天下都不怕”的至理名言鼓噪下，那些偏理科的同学自然成了我心中的羡慕对象。

羡慕归羡慕，但左脑不发达的我也只能干着急。在小学到初中，我的语文一直都很好，语文老师经常把我的作文当作范文在课堂上朗读。虽然我的语文英语不成问题，数理化要考出好成绩非得下苦功夫了。

我家在学校南边的林家塘，原为独立的行政村，后来划归新塘村，林家塘就成了依附新塘的自然村。每天一大早，我背着父亲给我的皮包，手提着装着饭盒的网兜，一个大一个小。大的是中午吃的米，小的装着菜蔬，有时候是黄豆，有时是菜干，要不就在小饭盒里加一片猪肉皮，好让汤汁里有点油星。

大多数时间里，黄豆和菜干一直伴随着我初中的生活。以至于正在长身体的我营养不良、骨瘦如柴，后来直接影响到我的自尊心。

为了改善伙食，我决定去放钓。为了能让父母亲同意我的做法，我的理由是放钓的鱼统统到集市上卖掉。于是，每天放学回家，先把作业丢下，乘着暮色，挽起裤脚涉到水中，把钓钩插进河底，再在边上的芦苇打个结弄个记号。那是一个让人上瘾的事情，你很难想象，第二天天还不亮，我就要去收插在河里的钓钩。有时候有二十多枚钓钩，收完这些钓钩往往要一个小时。而收获也是令人兴奋的。运气好的话，一个早晨，我就收获十几斤黑鱼、鳗鱼、黄鳝。这些鱼往往会有行贩来上门收购，自然卖来的钱也贴了家用。

“学而优则仕”，读书做官光宗耀祖依然是我们那代人的崇高理想，寒窗几年能换来一份体面稳定的工作，成为吃国家饭的工作人员是父母眼中最大的愿望——有工作就成了检验我们争不争气的唯一标准了。

到了初三，我才把魂拾捡回来。在农村，“魂没了”是形容一个人的不谙世事。临近毕业，我才意识到，自己浪费了两年时间。按照老师的要求，我成了住宿生，每天不再徒步往返十几里路，也免受夏热冬寒的苦楚。学校没有宿舍，我们这些路远的学生就被安顿在村民家中。一捆稻草当床垫，一张草席，席地而眠。条件艰苦，好在同学情投意合，和老乡相处得也好，俨然成了村民家中的一员。一次偶然的机会，碰见当年借住的老乡，说起往事，都不由得感慨万千。

多年以后，见到同辈人猛地蹿出来，心头不免一阵慌乱，自卑感在心底慢慢萌动，衍生出“再变而殉名利”、“妄欲以虚名动世”。

十几年前，我尚在军营，听贝多芬的《命运交响曲》似乎也难找到共鸣，也没有感到“命运在敲门”。前几日刚读完路遥的《平凡的世界》，更生些对人生的唏嘘。《平凡的世界》第三部的73页有一段孙少平和田晓霞的对话：

窑洞的好坏，这是农村中贫富的首要标志，它直接关系到一个人的尊严。……这里包含着哲学、心理学、人生观，也具有我能体会到的那种激动人心的诗情。当我的巴特农神庙建立起来的时候，我从遥远的地方也能感受到它的辉煌。

如果说孙少平为家里造孔好一点的窑洞成了他努力工作的动力，那么像我这样生于70年代来自农村的孩子，还是有些家庭担当的，知道身为农民父母的不容易，也慢慢懂得改变人生只有靠自己。

初中三年引以为豪的事情莫过于两件事，一件是在初二的时候我加入了共青团，成为全校为数不多的共青团员。到现在依然记得，在大楼一楼初二班的转角处，那张写有加入共青团名单的红纸，贴在雪白的墙壁上。在那个火热的五月显得异常耀眼，也在学校引起了小小的躁动。第二件事是参加沿江区中学生书法比赛，我代表三岩中学得了个二等奖，这是我书法比赛的第一个奖。这件事情通过我的同村人传到了我祖母的耳朵里，全家人就觉得我考上了状元似的。在很长一段时间里，我都沉浸在这样的幸福之中，这无疑增加我的自信心。

因为钢笔字写得好，当宣传委员就顺理成章了，负责班级里的黑板报。自此以后，出黑板报就成了我生命历程中展示自己不可或缺的平台，从初中到卫校，从地方到部队。转业后到地方工作，还是从事宣传、文字工作。可以说，我的一生已经离不开文字了。

初中正是处于青春期、对异性同学产生好感的时候。但那时候刚刚改革开放，各种思想还是比较禁锢，对男女之间的认识是朦朦胧胧，尤其在乡村学校，哪怕有爱慕之情也是藏在心底，表面上始终保持纯洁的同学友谊。如果说在心里没有喜欢过哪位女同学，那是在骗人。是的，我是喜欢过一位女同学的，不知道在什么时候，就暗地里喜欢上了。但我性格内向，不曾给她递过纸条，也不曾表达过爱恋之言，只是在心底有一丝不可言喻的爱慕之情。多少年之后，当初懵懂的情感成了我甜美的回忆。

初中毕业后，我到县城读卫校，从此以后，和大多数同学失去了联络。再后来，我参军来到部队，成为中国人民解放军空军中的一员。时隔十几年后，我转业后再次回到故乡。去年，我的个人书法展在台州书画院展出，同学们闻讯赶来，为我捧场祝贺，让我备受感动。

不知什么时候，三岩中学撤销合并，我的老师也被划入到其他学校。一次，我驱车回老家看望父母，经过母校，突然发现校园内堆满了杂物，一台挖掘机正在拆着学校的房子，尘土飞扬中，一堵堵墙被推翻。没过多久，等我第二次经过这里的时候，学校原来的模样消失得一干二净。又过了几个月，一幢养老院矗立在学校的旧址上。每次去看父母，经过这里的时候，看着曾经陪伴我三年的母校就这样在眼前消失掉，心里不免感伤。

时光的双手洗去了寒冷和嘈杂，岁月已穿透年轮和浮华。只是学校后面丁山上的松树依然苍翠，门前的那片荷塘，在每年的盛夏，照样开出一朵朵粉色的荷花……

2016 年 5 月 海门

老屋

曾经风光一时的“洋楼”在林家塘杵着有四十年了,杵了四十年的“洋楼”变成了名副其实的老屋。

十九岁那年，我刚刚卫校毕业，还很年轻，就出去当兵了。家里还是祖母掌权，一切大小事情都是祖母说了算。在我很小的时候，我们家完成了首次重大工程建设——拆茅草屋起石头房。后来，我当兵外出的第二年，祖母又决定推倒两间石头房“洋楼”，造了更气派更高的砖房，只保留了东侧的一间石头房。

我走后的十几年里，孤零零的石头房倚靠着砖房，经过风吹雨淋依然立在那里。石头房是在为砖房挡风遮雨。当然，太阳从下寺岗升起来，阳光经过橘树过滤后，大部分都照在石头房的身上，然后慢慢爬过屋顶的瓦片，才划过砖房。石头房每天都是这样做一遍:从太阳光升起的时候，它就把太阳的热量都收进来，要藏起来，藏在每一块石头里，每一片瓦片里，每一株细小的苔藓里。

是的，石头房顶上长满了墨绿色的苔藓，顺着瓦片的凹沟一溜子长着，这是它的头发吗？但我仔细地看了一下，苔藓都长在房顶的南边，越到屋脊就越稀疏，秃了顶一般。苔藓也不死，好几个月不下雨了也不死，只是有点蔫蔫的，变了颜色，只要有雨稍稍滋润一下，苔藓又重新活了。

可门却要把雨挡在外面，日子长了，门的油漆剥落得支离破碎，底部也朽掉了，像一排豁口了的门牙。门无遮无拦，下雨天的时候，风推着雨水，“呜呜呜”地叫着，直接打在门面上，就一天比一天破旧。

石头房知道，不能因为主人不再住了，就让自己冷却下来。每天一早，太阳光线投射过来的时候，这座老屋全身心地去接纳，等到了晚上，或是冬天，它就一点点地释放出来。后来，老屋成了收纳箱，什么东西都往里放，不用的或偶尔用的就散落在老屋里，楼上楼下到处都是。放楼上的大多是不用了的。比如那张花眠床，是母亲结婚时用的，和我的岁数一样老，已经过了四十六年，我就是在这张花眠床上来到这个世界。花眠床雕着花鸟，非常好看，只是做工不怎么精细。床两侧有一副对联，“红雨随心翻作浪，青山着意化为桥”，这是毛主席《送瘟神》里的两句，我不知道当时做花眠床的木匠为什么会选这样的内容刻在上面。花眠床内侧画着四大名著的故事，有黛玉葬花、吕布战三英等。如今，眠床里堆着饭蒸、蒸笼，还有母亲平时忙里偷闲编的草帽。只是，我觉得可惜，这么好的东西就放在石头房里，任由它慢慢老去。

父亲的补篾工具也东倒西歪地放在楼上，有速锥、锯子、凿子、篾刀、月刨、平刨等等，这些工具本来是放在一只篾箱子里面的。以前，父亲常常把篾箱挂在脚踏车后面去讨生活，最远到过宁海的青珠农场。我也经常坐在脚踏车后面，随父亲去讨生活。篾箱子是父亲自己做的，上面有花纹。我曾想把这只篾箱子占为已有，父亲没答应我的请求。不知道什么时候，篾箱子就不见了。我没有问过父亲篾箱子的去向，我也不想问，怕万一父亲把篾箱子给了别人，我就会恨他。现在，父亲早已歇了手艺，这些工具也凌乱地丢弃在楼板上，老了，没用了。除了刀和刨子锯子，父亲做扁担的时候还用得上，其他的工具都已经生锈了。有一次，我叫父亲做一把裁纸刀，父亲翻出一把稍微小点的刀，全身锈迹斑斑，父亲蹲在水井旁，把刀磨得白亮白亮的，做出来的竹刀也光亮光亮的。我就用这把裁纸刀裁纸写字，于是我的字出现在各大展厅、书画院、美术馆里，有时候也有奖金，但我没对父亲说，这是他的功劳，也没有用奖金买些东西给父亲。

自从住进新砖房，石头房就被遗弃掉了，像个孤儿，无家可归，依附在别人身上。二十年前，老屋里的土灶还立在前间靠窗子的地方。每年春节前，隔壁邻舍就聚集在老屋里捣麻糍，热气腾腾的麻糍和满脸通红的小孩子，还有旺旺的柴火，温热着老屋一阵子。后来，不知道什么原因，父亲把土灶移到了后间，东西一点点地堆积着，就把土灶挤在里面，也出不来了。但我记得灶台原本就是在后间这个位置的，什么时候移到前间去了？后来我才想起来，那是以前的事了，还住着茅草屋。每次放学回来，人还没进来，我就扯开嗓子，远打远叫了声"奶奶"，进了门就会看见祖母在灶台前为我准备"接力"了——一碗韭菜鸡蛋炒冷饭，或是咸菜鸡蛋年糕。不管炒冷饭或是年糕，我都最喜欢吃了。我现在给女儿也如法炮制，重复着那个时候的吃法，但女儿吃了一次就不愿意吃第二次，不像我，天天都喜欢吃。渐渐地，没有温度的老屋，没等我们老去，就先开始老了。窗户碎了几块玻璃，父亲就用废弃的三合板钉在窗户上代替玻璃，用黄砖一块块垒起抵住三合板。三合板蒙住了石头房的眼睛。老屋也不哭，哭了也看不见，它觉得自己老了，看了这个世界四十年。

不过，老屋二楼还有三扇窗户，除了前面的一扇玻璃窗还能看见外面，侧面的两扇木窗都是长年关着的。小的时候可不是这样子，我的床铺在窗户边上，常常把侧面的木窗拉起来，用木钩钩住。在天气好的时候，我早早地把木窗挂起来，阳光就会射进来覆盖在我的被子上，然后又故意装睡。母亲在楼下叫我去放牛，我也不搭理。见我不起来，母亲也不再催我，就和父亲下地了。等他们走后，我就爬起来，坐在窗户上，看窗外的下寺岗和甘蔗林。有时候有雾，白茫茫的，写作文千篇一律用“白茫茫的雾像一层薄纱，把整座山都包裹着”这句话。晚上是不敢打开木窗的，我害怕“捉魂”的叫声，那急促的叫声让我瘆得慌。

林家塘常常被台风侵袭，风叫得比“捉魂”还要可怕，直接从下寺岗的豁口冲过来，打在石头房的身上，雨借着风的力量，也“啪啪啪”乱叫。父亲感觉房子在摇晃，或者是怕风把房子吹倒，我在一旁紧张地看着父亲用一根粗壮的毛竹竿支撑在房子的横梁上，脑子里想着屋被风刮倒这些可怕的画面。后来，我也参加了“抗台”保卫战，为父亲抬木凳，拿稻草绳递给父亲。或是用一根短短的木棍顶住门，一头顶着门栓，一头顶在地上，风怎么推也推不开门，那时候我觉得自己已经长大了，干起活来也不比父亲差。

有一次，我从河北回家探望父母亲，只见老屋楼板下靠墙挂着水车。母亲说，外塘稻田被“种改养”了，全部都被承包给了别人养了青蟹，水车也就用不上了。母亲还说每年能得到村里每亩一千元的补贴。我家四亩水田就是四千元。用不上的水车就这样被束之高阁，吊了起来。水车侧面还留有一排字，那是外洋人舅公的遗墨，很有鲁公风采。我相信水车肯定会难过，我也难过——曾经和父亲一起去过外塘为水田车水，那时候我只觉得好玩，“咿咿呀呀”的响，水就从水车的嘴里流了出来，流进稻田，我赤着脚，就沿着田埂跟着水流跑，看水冒着白沫像蛇一样渗透进稻田。那时候我十二岁，别人家肯定认为我没出息。

老屋慢慢地被塞满了。我转业回到林家塘，从好几千公里以外的定兴托运回来的一个大木箱子，也放在石头房的角落里。木箱是我用了一包“红塔山”香烟从军需股要的。看着木箱子，我心里就难过，似乎刚刚离开林家塘，在外面晃荡了十三年，从衡阳到山西，再从山西到河北，终于把自己的军旅生涯画了个圆满的句号。十三年积累下来的东西，还有入伍时从家里带来舍不得扔的一件老式军装和几本医学书，都被我统统地装进那个大木箱。也许还有衡阳、永济、临汾、涿州、定兴带来的雨水、煤尘，或是阳光、黄土高坡的黄土、黄河的黄沙，还有我的脚印，反正走过的路一律都装进了这只木箱，完完整整地带回了林家塘。

每次回到林家塘，我都会猫着腰，钻进老屋，傻傻地站在那里，半天也不出来。打开木窗，看看窗外的风景，山还是那座山，只是土地被改变了原来的模样。或是没有目的地东找找西翻翻，或是打开大木箱子，看看里面的东西。我以为这样子就能回到从前的时光，能阻挡住那些记忆的流逝或消散。

我想堆积在老屋里的东西，都是伴随着父母亲一路走过来的，也是一路苦过来的。老屋，和我从北方带回来的木箱、父亲的工具、母亲结婚用的生了我的花眠床一起老掉，我不能把这些东西留在风里，只能留在老屋里面。

2017 年 12 月 海门

两个村子

我一直想把林家塘当成独立的一个村子，一个行政村，而不是像现在那样隶属于新塘村。尽管到目前林家塘积攒了四十户烟灶。这个念头二十几年前就在我内心萌发了，做梦都想。

那会儿我在山西当兵，我不敢找村长，更不敢跑到丁山脚的乡政府找乡长去游说，只是在给家里寄信的时候故意不写“新塘村”，而是直接写“三岩乡林家塘村”。

可实际上，林家塘和新塘的中间横亘着一条不宽不深、长满水草芦苇的沟渠。这条沟渠不知道是何年修成的。我猜测当初围垦时候为了能有一条河可以浇灌庄稼，只是河两岸被一座石板桥连接在一起，既厚又笨拙。林家塘的房子不管是砖瓦房、茅草房，或是牛圈茅厕，一律都沿着河边安了下来。河向东边拐了个弯，又朝南边分了个叉，绕了村子半个圆，把村子连同安插在村子周围的橘园紧紧地抱着。

这条河叫“下权”。

小的时候，我并不讨厌这条河，毕竟可以去河里抓鱼抓虾，或偷偷去游泳，或在发大水的时候，坐在石板桥上，用网兜兜鱼。河的尾巴在另外一个村子——河里村，流到了河里村小河就没力气了，在橘园中间形成了一块沼泽地，结束了再向前流动的勇气。更早的时候，流入河里村的小河又被划出一条细长的干支，经过小学门口，一直流到三沙洋街东边台门头，和另外一条河融合。沼泽长满“革命草”，我不知道为何叫“革命草”，草碧绿鲜嫩，只是猪喜欢吃。我挽起裤腿，提着竹篮，右手挥动着镰刀，拼命地割猪草——这是母亲给我的任务，放学后必须要做的一件事情。在母亲眼里，割猪草远比做作业重要。割满一竹篮的猪草，我顺便还要去下井头挑一担水回去。

我困在林家塘的十几年时间里，每年都要发大水，发了大水的“下杈”河就像一口盛满水却在继续加水的碗。水流向村子的马路，漫进我家的道地、门槛。也没有声音，只有遇见洼坑或小沟，才会发出“哗哗”的声音，但绝大多数的时候都是悄无声息的，比村里熟睡的人都安静，比我父亲还安静。我父亲听不见，只要两眼一闭，他什么都听不见，不过他即便睁开眼也是听不见。等母亲发现水流进房子里了，父亲才慌里慌张起来“哇哇”直叫着去堵水，用㧟斗向外舀水。

我又想起三沙洋街市日的时候，乡长戴着一顶草帽，弓着腰，车龙头挂着一只黑色公文包，骑着那辆簇新的“永久”牌脚踏车。那时候没有小汽车，脚踏车也是乡长自己买的，这是理所应当的事情，不像现在的乡长，出门坐公家的车才理所当然。乡长进村的时候，路边的牛没叫，狗也没叫，羊吃着草头也不抬，只是“永久”牌脚踏车车轮碾过石子路时发出“沙沙”的声音。乡长的脚踏车在我家门口停了下来。我有点慌张，胸膛里的心脏一阵子乱跳。我喘着粗气，支支吾吾向乡长打了声招呼，迅速跑回老屋，抓起父亲的一包没拆开的“古松”香烟，旋即返回来，递给乡长一支烟。

多少年后我仍然能想起这个细节来，是因为我从县城读书毕业，又回到了林家塘，没有工作。我心有不甘，但这对于一个农民后代来说，没有工作是再正常不过的事情了。家里有土地，旱地水地都有，有早分配好了的一间瓦房，当然还有各种农具，锄头草耙、犁耙水车、糠筛米筛、大箩斗匾……凡是别人家有的农具，父亲早已都配齐了。只要我想当农民，父亲就会手把手教我使用这些农具，教我播种。父亲是巴不得我当农民，这样就有一个为他分担的正劳力了。

乡长把“永久”牌脚踏车停在我家道地的时候，我身后的村子看不出有什么异样，一样的安安静静，狗也不叫羊也不看，就让乡长骑着自行车进了林家塘，进了我的家。已经是午后了，祖母去了教堂，母亲和父亲也都下地干活去了，要不然母亲肯定会叫乡长吃饭的。乡长穿着人造革黑色皮鞋，整个林家塘村没有一个人穿过皮鞋，除了修电器的方细撑有一双皮鞋，但没有乡长脚上的皮鞋厚实、光滑。皮鞋跟乡长从乡政府一路风尘仆仆到了林家塘，站在我面前，上面沾满了灰尘。乡长点着烟，长长地吸了一口，看了看我家道地，抬起头的时候，祖父在楼上不停地咳嗽。

这一年冬天，我在祖父咳嗽声中当兵去了。新塘村的村长在他家里摆了一桌酒席为我送行，说林家塘我是第一个去县城读书第一个出去当兵，说有没有出息就看我了。其实新塘村有出息的人都比我厉害，一个在市里当领导，两个同时考上大学的姐妹，还有两个画家。村长还送给我一本笔记本。我把笔记本带到了部队，这是我第一本记录当兵生活的日记本，到现在我仍旧保留着。那年冬天，我坐在祖青叔的拖拉机上，开过这座石板桥，穿过三沙洋街，看着林家塘和新塘村一蹦一跳地消失在我的目光里。等拖拉机拐进乡政府的石子路，我却莫名其妙地开始有点憎恨起这条小河来，觉得新塘村和林家塘村就应该分开，凭什么又要石板桥自作多情，把它们连在一起。

就这样，自己也和林家塘分开了，那时候，并不知道这个只有几十户人家的小村子对我来说有多大的意义，但有一点敢断定，我一定会回到这个村子。多少年后，我会经常给自己设计回来的情景：戴着军功章和大红花，被人簇拥着，乡亲们敲着锣打着鼓，炮仗“噼里啪啦”炸得全村充满硫黄味道。这是我唯一能给家里争气的机会，尽管我没有戴着军功章披着大红花，可实际上，我在部队荣立的几次军功，的确被乡干部和村干部敲着锣放着炮仗，送到了家里。我想父亲一定高兴，母亲和祖父祖母也是一样高兴，但他们没有跟我说，他们只是把奖状贴在雪白的墙壁上。

我在外面晃荡了几十年，从南方晃荡到北方，又从北方晃回到了南方，然后又从一个地方晃荡到另一个地方，似乎从没有停顿过。我会时常在独自一人的时候，在黑色的夜里，莫名其妙偷偷地哭泣。后来有一次看到一位哲学家说，一个没有在夜里哭过的人不足以谈人生。但我就整不明白，一个人，几十年过去，可能谁都有好有坏。于是，我有点可惜起自己来，为什么不愿意像那条小河、那座石板桥一样，把自己安顿在林家塘。

我离开了林家塘，还是为了能回到林家塘的。我一个城市一个城市摸索着走过去，一条路一条路跨过去。再后来，到了一个不断扩张、到处乌烟瘴气的城市，把农村吞噬了，把庙宇包围了。靠人为在维持秩序教人怎么走路，甚至远远看见“佛”字在红灯上方，却被禁止向左或往前，我就在心里暗自笑着。

现在，我把自己也当成一个城里人，穿着体面干净，也开着车。但我常常坐在出租屋的院子里，我是特地找了这座有院子的老房子，看着对面的山，怀想起林家塘来。“奶奶，我回来了……”我的前脚迈进了门槛，没等后脚跟上，又朝菜园子喊了一声“姨哎”！那时候，我挎着一竹篮猪草或是牵着老水牛，一进道地就喊。这是我常常重复做的一个梦，梦中就是我十五岁以前生活的林家塘。现在，我再次回来的时候，祖母早已不在了，和祖父一起被埋在山的那头，看着大海，看着四时更替。现在，父亲到了当年祖父的年纪，母亲代替了祖母的时光，我也代替了母亲的时光。

于是，我想起林家塘后山的小石坑和老爷殿，想起通往林家塘里的那段土路和那片坟场，想起小湾渡头的那艘小火轮，想起和新塘村连接在一起的那座石板桥，想起菜园里那棵长不高的歪梨树。我的头上开始有了第一根白头发，再后来长出了第二根，连眼角的皱纹也有了三道，女儿也说我老了。这时候，我就后悔自己不应该离开那座老房子，到处乱窜着，早早地变老了。我本来可以像父亲一样耕种着祖父留下来的土地，和父亲一样在那个院子里使自己老去，最后把生命结束掉，就地埋在山上。

我觉得自己还是太过于奢求，一切要求太高，认为自己是块好木料，当兵的时候觉得是个好兵，脱了军装还以为自己依旧是个兵，觉得自己也能干大事，结果就成了这个球样。前几日，一位老先生调侃我：你以前是空军老兵，现在呢？我竟语塞。我常常自诩自己是空军老兵，可林家塘的羊不稀罕你是什么，它们只管低头吃草，狗也不稀罕，不给你摇尾巴，还要瞪你几眼，再朝你吼叫几下。

我开始责怪起自己来，我现在的模样都是自己一手造成的。我若没有从那个村子里走出来，现在就会生活在那里，一刻都不会离开林家塘，也会到新塘村混个面熟。现在倒好，回不去了，新塘村的人也不认识我了。我开始怀疑自己，还能不能兑现当初的承诺。

即便我在林家塘待上一辈子，或者蹲在路边，看人来人往，也会学到很多知识，也会懂得人生的真谛，这里的每一颗沙石每一块泥土就已经包含了全部——这一点我有足够的自信心，也相信林家塘。那只低头吃草的羊会教育我温顺，而跟了我好几年的水牛，默默无闻，但毫无疑问，它是在对我言传身教，教我勤劳容忍。就连菜园子里的白菜，也在培育我做人的准则。直到现在，我从它们身上学到的还只有一点点。

但我现在不想惊扰林家塘——当我一脚踏上回林家塘的路，似乎就已经有了依赖，于是害怕起来，怕陷进往日的光阴而不能自拔。

只是村子石子路两边的树郁郁葱葱，遮天蔽日，抬头看不到天，石板桥还连接着林家塘和新塘村，车来车往……

2017 年 12 月 海门

辑三　猪年之味

端午杂记

端午节，也叫端阳。

传统的说法，认为端午节源于屈原。梁吴均《续齐谐记》：屈原五月五日投汨罗而死，楚人哀之，每至此日，竹筒贮米，投水祭之。但有人拿出《琴操》："介子推……遂抱木而烧死，文公令民五月五日不得发火"，断定五月五日节俗已见于春秋。

但不管源于谁，纪念谁，端午节的一些习俗早已成为大家约定俗成的传统。

端午节，不得不提到吃粽子划龙舟，除此之外，插艾草、戴香包、喝雄黄酒也是最为普遍的习俗。温岭名医赵立民《好事近》记载本地端午吃麦饼的习俗："端节又来临，炉灶香腾麦饼……"一次在石塘，主人家说中午简单点，就吃麦饼。可一拿上来，却是麦焦皮和一桌的菜蔬，才知道温岭的麦饼和临海的食饼筒、三门的麦焦只是称谓不同，其实是同一种食物。

有个朋友，专门研究本地乡土，收集整理了不少民间素材，也写了不少有关本地民俗的文章。有些传统节日，也是那些有文字情结的人写文章开始泛滥的时候——比如端午节。历数一些大作家，鲁迅、沈从文、汪曾祺等人，都写过有关端午的文章。这些文章中，无一例外不提到吃。

似乎写端午节如果离开吃，就会没有味道。台州才女王寒在《台州人过端午：吃麦赛过吃粽子》这篇文章中，劈头就说：端午到了，又可以名正言顺地吃了。有人说得极是，中国人过节，就是吃字当头……

今年端午那天，“台州诗人”微信公众平台推出一期“端午，为你写诗”，共29首诗作，还在《台州晚报》用了一个整版，刊登了“端午”同题诗，我细数了一下，这些诗中绝大多数都写到了吃。诗好坏暂且不说，总感觉有些不舒服的地方。端午如果只是以品味粽子、喝雄黄酒等为目的，那就失去其应有的风韵了。而实际上，端午节应该是底蕴很深的一个节日，与中秋节一样，是一个诗意盎然的民间传统节日，是不好以一个“吃”字就随便下笔，把端午全部概括了。

小满过了是端午。端午这两个字，我们不妨从字面上去理解，“端”为开头、初始之意。

《风土记》说：“仲夏端午。端者，初也。”这个“午”字也大有来头，许慎《说文解字》解释：五月，阴气午逆阳。冒地而出。《荆楚岁时记》记载，因仲夏登高，顺阳在上，五月正是仲夏，它的第一个午日正是登高顺阳天气好的日子，故称五月初五为“端阳节”。

孔庆东孔和尚把“午”解释成端端正正，说午饭就是正餐，午夜就是黑暗正浓的时候，正房夫人下岗，就叫“午休”，以此来解释“午”的佐证，简直是瞎说。但这些活在文字里的端午，时至今日，面对西方节日的疯狂“侵袭”，还有多少人仍对端午节这样的华夏传统节日有所期待呢？

最近，读了一些文化大咖的文章和书，包括孔庆东，很有意思，觉得切中了中国的一些要害。为什么现在的人、社会到处充斥着浮躁、不满情绪，由此出现对国家不满、侮辱国家领导人。说到底还是文化问题，看看我们周围的人，朋友圈业余时间在干什么，就知道答案了。我们会常常听到这样的声音，可能就是身边的朋友、同事或是陌生人，一说起美国等西方国家千好万好，一提到自己生活的中国咬牙切齿，怎么黑都不为过。但美国文化渗透自有一套，不得不对美国文化的毒害水平表示佩服，它利用好莱坞大片就征服了不同年代的很多年轻人，从而使这些人淡漠属于自己的民族文化，也影响到了他们的世界观。

就在端午节，我摘了几句屈子的诗句，写了一件扇面，落款为“丙申端阳书于习庐林家塘张林忠”，有人看得还挺仔细，发现我的落款不对。好心提醒说端阳的“阳”是不是写错了，应该是“端午”吧。我看了后不知道如何解释和回答，就干脆一笑了之。

关于端午，三门当地有这样的俗语[①]：

未吃端午粽，寒衣不可送。

吃了端午粽，寒衣远远送。

吃了端午粽，还需冻三冻。

端午夏至连，种年快活田。

端午端午水，五月十三磨刀雨。

但对我印象最深的还是小时候祖父用艾草熏蚊子的事情。那时候，家里养着一条水牛，在祖父的眼里，水牛可是个宝，光耕地就离不开它。我们兄弟几个要轮流去放牛，回来的时候还要给牛冲洗。进入仲夏，是艾草疯长的时候，祖父怕牛被蚊子叮咬，嘱我们放牛的时候带点艾草。祖父把那些晒得干干的艾草扎成的草把，点燃后，围着水牛来回挥舞，像孙悟空给唐僧画圈子，更像跳大神一般，随即，艾叶的袅袅香味飘满了整个小院。蚊子自然销声匿迹，我们也借了牛的光，坐在院子里乘凉也免了蚊子的侵扰。从那时开始，我知道艾草是可以驱虫杀菌防病的，而端午节插艾草的习俗我倒是后来才知道。

有的地方，端午节要在小孩子胳膊腕与脚腕上，拴一根细细花花的五彩绳，要从端午一直扎着它，直到五月十三日，找一墩马莲花，放到上面，就能驱虫赶蚊，惊吓草蛇，消灾避难，逢凶化吉。

对于吃粽子，对我来说没什么吸引力，倒是对包裹粽子的箬竹叶感兴趣。箬竹叶是植物箬竹的叶子，家乡人管它叫棕叶。棕叶叶片宽大，不像北方包粽用苇叶，又窄又细。家乡有种竹子编的凉帽，夹层部分就是用棕榈叶和箬竹的叶衬垫，既可遮阳也可防雨，小时候，我就经常戴着这种竹帽子放牛、干农活。这种极为普通的箬竹叶，在某年很长一段时间里，我曾效仿怀素和尚在干棕叶上写字，想体会一下他当年在芭蕉叶上写字的快感。

中国书法史上，怀素的草书一直是艺术界学术界津津乐道的事情，尤其是《自叙帖》，其笔法瘦劲，飞动自然，如骤雨旋风，随手万变。我还为此写了一首短诗《草书》，收在《中国书法（组诗）》中。可实际上，我以正统隶书在棕叶上创作完全达不到怀素的激情，也难以实现隶书那种庙堂之气势，而以简牍隶书却能把那种随性自由的状态发挥至极致。但时过境迁，这些棕叶作品一张也找不到了。

2016 年 6 月 海门

① 陈建华《风俗：又是一年端午粽香时》：五月初五端午节，为民间传统节日，本名端五，亦称端阳，乡间称“彤红”。端午节这天，各家门口插菖蒲及艾，俗称“蒲剑斩千妖，艾旗招百福”。有用菖蒲根削制成艾人孩，悬于床。此日午时，三门城乡有喝雄黄烧酒解百毒习俗，先将雄黄烧酒晒在太阳下，并掺放切细的菖蒲根，每人啜一口，或将雄黄酒涂抹在小孩的眉心、耳门、额角，亦有在大门上写“王”字，画大刀或宝剑，又有喷雄黄烧酒于屋角，以驱赶虫毒，谓可解毒，以驱虫避邪。此日，还习惯给小孩臂上系五色彩绳，使小孩长得又胖又壮，俗称系“端午壮”。还有女婿给岳家送黄鱼，父母要给新婚女儿家赠雏鸡。

散口米胖糖

三门是个被海鲜包裹着的小城。当然，除了那些闻名遐迩、足以使人趋之若鹜、垂涎三千尺的青蟹、望潮、弹胡、蛏子等海鲜之外，这里的小吃也赫赫有名。

今天要说的是一种在当地被叫作“米胖糖”的小吃。其实，与其说是小吃，倒不如说是零食更贴切些。

老家把零食赋予更加形象的称谓——散口。散，作零散之意，就是闲散时候消磨时光的食物。在我小的时候，农村孩子的“散口”大多是“米胖糖、炒豆、豆黄糕”老三样，其中最著名的当归米胖糖。这种零食，会让我在整个寒冷冬季都念念不忘，被那种甜蜜暖暖的味道牵引着。

米胖糖类似于超市卖的“沙琪玛”。但沙琪玛太腻牙，太甜，远不及米胖糖香脆好吃。制作米胖糖的原材料是爆米花，打爆米花是要用上好的晚稻米或糯米。而在电影院、歌厅等休闲娱乐场所，一筒爆米花就能度过一个美好的时光。但这种用玉米爆的爆米花，颗粒大，蒂有壳，不好吃，而且不是那种压力釜爆米花，味道已经完全变了。

做米胖糖一般都在春节前的大年二十几开始。现在除了农村还会在春节前自己动手做，城里要想吃米胖糖，只能到超市或菜市场、小巷口专门卖炒货的店去买了。当然，店里所卖的米胖糖种类就琳琅满目了，比如除了常见的大米米胖糖，还有芝麻糖、花生糖、小米糖等等。

记得小时候，春节前，村子里只要是起了“嘭嘭嘭”的爆米花声音，就开始热闹起来，我们小孩子知道过年就近了。

在我七八岁光景时，我曾随父亲一起穿梭在周边的几个村子，做起爆米花的营生。每到一个地方，父亲一放下爆米花机，四面八方的人就会聚拢来。在红红的火光和一阵阵“嘭嘭”的爆米花声中，充满温情的年味便弥漫了整个村子。

父亲一个个接过村民递过来的米，倒进压力釜，根据口味加少许糖精，然后拧紧，架在火炉上。我负责给父亲拉风箱和收钱，爆米花一升一毛钱，升是农村盛米的度量工具，米和升口平齐为一升，对递来被堆得满满的一升大米，父亲总是“呵呵”一笑。

我蹲在父亲旁边，双手使劲地拉风箱，父亲心疼我，就示意我在一边坐着。有调皮的小孩不知在哪里拿来番薯放进炉子烤，可炉火太旺，往往掌握不好时机，等扒拉出来的时候，番薯早已成了炭块。

米粒随着压力釜不停地转动，在里面发出“沙沙”的声响。这种声音是充满引诱的。铁炉里的火苗在风箱的鼓动下“哧啦、哧啦”跳跃着，也引得大家的目光集中在父亲和火苗上，这样的声响在我的眼里简直是天籁之音。

父亲时不时地停下转动的手，看看安装在手柄上的气压表的气压。当指针指到标准气压，父亲反方向一拨摇柄，铁罐“呼呼”地迅速转着，然后不慌不忙立起身子，拿起套管套在压力釜的开启阀门上的长柄，把麻袋套住铁罐的口。左脚踩着铁罐，使劲一扳，“嘭”的一声巨响，香脆的爆米花从铁罐里倾泻而出，空气中顿时弥漫着爆米花的香味。一天下来，父亲就成了个“非洲人”，全身没有一处是干净的，双手、脸上布满炭灰。一直要忙到晚上八九点钟才能收工。最幸福的就是帮父亲整理一天所赚来的钱，父亲从布袋里倒出沾满炭灰的毛钱，把钱以一元一叠放好，然后用橡皮筋捆扎住，放进抽屉里，多余的毛钱父亲就会给我们当压岁钱。

轮到自己家打爆米花的时候都已经是大年二十九了，亲眷叔伯们责怪着父亲，大家赶趟似的一个接着一个端着大米、提着柴爿，蜂拥在我家的道地上。而此时，我们家也成了打米胖糖的作坊了。一边是父亲为大家打爆米花，一边是祖母在灶间燃起了柴火，姑父则磨起了菜刀，他是今晚的主角——打糖师傅。随着一声声“嘭嘭”的声音，一股股弥散开的白气，白花花的爆米花被倒进大箩筐里—— 一场充满诱人的打米胖糖才真正开始!

只见把作[①]的祖父在锅里放上猪油，加上番薯糖，再放上姜汁——最关键的熬糖饮开始了。待糖饮发出“咕嘟咕嘟”冒泡的时候，祖父便会舀起一勺，手臂向上一扬，而后又慢慢将糖饮倾入锅中，“拐大旗了，歇火歇火！”坐在灶间的祖母便用火叉把灶内的余火拍灭。

“拐大旗”是指糖饮的稠度，若糖饮挂在勺子上形成三角形的样子，就达到了做糖的标准。家乡的语言智慧可真是令人陶醉。拐了大旗的糖饮，用热情的怀抱迎接祖父倒入锅里的爆米花。如果想增加点味道，可加些碎花生和干橘皮。祖父用大勺子不停地搅拌，脆香的爆米花和浓稠的糖饮相互缠绵，在锅内翻滚着，老屋顿时散发出一丝丝香味，悠远而弥久。

“来——了！”祖父一声长啸，把裹着糖饮的爆米花一股脑儿地倒入方型木质模具中，早已等候在案板前的姑父用木滚筒来回碾压，将糖压制成四方形，这就是压糖。

“糖饮怎么样？”祖父问。“正好，正好。”压得起劲的姑父回答充满着一阵轻快，又带一丝丝应和的口吻。

趁着糖还没冷却，姑父快速地用刀将糖块切成条，再切块，不要几分钟时间，就切好了满满的米胖糖。

“来，尝尝怎么样？！”母亲端着刚出炉的米胖糖一个个分过去。做好的米胖糖还带着余热，散发着诱人的米香和番薯糖特有的味道，馋得我是直流口水。

米胖糖会被母亲放进粗陶瓮里，用塑料布封好，搁在楼梯下。每年，除了大米米胖糖，家里还会做芝麻糖、小米糖、豆黄糕，每种只是一小袋，被母亲当宝贝放在谷仓里。

我知道，这些小袋装着的糖是用来招待客人用的，平时是不能随便吃的。当然这难不倒我，我和弟弟经常掀开谷仓挡板，解开系在塑料袋上的布绳，偷偷地拿几块，一次只能拿一两块。就像宋丹丹的小品一样，老在同一只羊薅羊毛，迟早会被发现——果然，有一天，母亲拿芝麻糖招待串门的客人，发现少了很多，当然，母亲并没有责怪我们。

现在想起来，一切都是那么的美好。

2016 年 9 月　台州

---

① 把作：负责某件事的人。

麻糍的香味

宋人吴曾《能改斋漫录》说，点心一词自唐以来就有，记载唐郑修为江淮留后，家人备夫人晨馔，夫人顾其弟曰：治妆未毕，我未及餐，尔且可点心。

在三门，麻糍是比较有名的点心，不但在朋友聚会、婚礼这样正式的场合上有，一些早餐店也会有麻糍。麻糍做法种类也繁多，比如鸡蛋麻糍、红糖麻糍、干烙麻糍等。不知道麻糍这样的点心在三门是在什么时候出现，我查了很多资料，也问了一些人，都没有得到答案。

但糍粑象征着一年风调雨顺、五谷丰登，寓意吉祥，这一点大家应该没有异议。当地一直流传着这样一首童谣："二十三送灶神，二十四掸蓬尘，二十五赶长工，二十六去赶集，二十七捣麻糍……"

长工毋须赶，但麻糍的滋味却一直挥之不去。说起麻糍，我最喜欢还是小时候祖母在柴灶里火叉上煨麻糍的味道。每天放学回家，祖母都会把一块香喷喷的红糖麻糍递过来，一口咬下去，那种甜甜的、滚烫的、糯糯的味道，巴不得一口吞下，却又舍不得很快吃完。当初是祖母送我上的学，然后送我去县城读书，再送我参军报国，每每想起麻糍的味道，就会让我无比怀念。直到现在，每回到家，我还会坐在灶前，煨一块麻糍。似乎祖母还在，就像我放学回家，一脚跨进门槛，祖母便笑着递过一块热烘烘、透着香甜的麻糍。

现在，父母依然守着那几间老房，祖母原来住的房间改成了灶间，母亲习惯用柴烧饭，还有那把不知用了多少年的火叉。母亲知道我喜欢麻糍，一到周五，母亲就早早打来电话，叫我从市里回来经过老家，吃完饭再回三门。

等我下班驱车从椒江赶回林家塘，母亲早已经准备好了晚饭。父亲自己捕的青蟹，网的虾，还有从菜园里摘来的豆角，小油菜摆了一桌。“你吃着，我给你煨麻糍。”说着母亲从水缸里拿起一块麻糍。麻糍是直接放在火叉上，架在炭火上烤，等到麻糍中间鼓起来，变成一个圆鼓鼓的大胖子，就熟了，这个时候就可以吃了。我虽已不惑，父母也渐老，可母亲还是把我当小孩看，我也宁愿自己仍然是那个挎着破布书包的小孩子，每天一回家，就有一块香喷喷的麻糍等着我。

可麻糍好吃，做麻糍就不是那么简单了。在农村，每年过年前，捣麻糍就成了一个非常重要的仪式，场面十分壮观。记得小时候，捣麻糍前的两三天，祖母选取上好的糯米，叫父亲挑来清冽的山水浸泡，直把糯米泡得饱满圆润。然后放入饭蒸里蒸了，用大火蒸上半个时辰。放在院子里的石臼，早已被清洗干净。

捣麻糍必须要两个人配合才行，一人捣，一人搽。捣一下，就用冷水搽一下。“我先抡几捣杵头，你等下。”庄稼汉说完就脱去厚厚的上衣，抡起捣杵头砸向石臼的糯米，“嘣嘣”作响，胳膊上的肌肉有节奏地一鼓一鼓。糯米在冬日中升腾着热气，把糯米翻个身，直到糯米团不见米粒状，成了弹性很强的黏稠性的团状，于是摊在光滑发亮的四方形木床上，木床上铺了一层松花。

松花粉是去年就采摘好了的。每年清明前后，前寺山的松树就挂满了淡黄的松花，母亲就会带着我去采集松花。裹上松花粉的麻糍，嫩黄嫩黄的，软而不粘，吃起来就带着松花的味道，又不腻口。父亲会把麻糍用擀面杖压成一厘米厚的麻糍床，然后切成长条状，再折三叠整齐地码放在豆笾上。

捣麻糍也会在冬至。在三门，冬至当日要祭冬，祭冬还是一项国家级非物质文化遗产，场面非常隆重。而在一般人家，冬至最大的事情就是捣麻糍。为此，我还写过一首《冬天的捣杵头》：

又是一年了。嗨嘬嗨嘬的捣杵头声 / 又开始响起。曾经多么令人向往的捣杵头声 / 又开始向往。向往的激动 / 捣碎冬天的早晨 / 捣醒勤奋的疲倦 / 捣死困在冬天里的哀怨 握捣杵头的人，依然嗨嘬嗨嘬 / 抹一把汗，脱掉衣服 / 继续捣 / 糯米在石槽里翻滚 / 赤身裸体 / 被人抚摸 / 继续……直到，捣出这大片温暖的阳光为止 / 就连那些灶里的柴禾 / 和火苗 / 也遍体鳞伤了 / 地上，全是死去的松树的精灵，以及 / 碎了这个早晨的光

在农村，麻糍不但是主要的食物，还是走亲戚、嫁娶、上梁、进住等事头必备的礼品和“回头货”[①]。而早先的一般人家，麻糍是要吃到明年夏天的。等热麻糍晾干了、凉了，就可以放在水缸里，用冷水泡就行了，可以保存很久。

从记忆起，家里就教育我们，做人要与人为善，与邻为朋。每当过年，我们家就成了乡亲们集中加工年货的场所，做米胖糖，做年糕，捣麻糍……一样接着一样。

时光流逝，祖父祖母都不在了，祖父走了已经快三十年了，祖母也整整十三年，但捣麻糍的风俗依然在延续着，我们家每年也依然会有一批批来捣麻糍的乡亲……

2016 年 9 月 海门

---

① 回头货：走亲戚回赠的礼物。

穿过童年的甜蜜

回忆是有毒的。

随着年龄的增大，人就会不停地回忆起往日来。喜欢怀念过去所经历的人和事，把以前的点点滴滴重新在思绪中过滤一遍。似乎只有这样，人生就会翻倍地变长,挽留慢慢流逝的岁月。这种挽留无疑带有一些无奈，但对于我来说，岁月的无奈之下，却有一股甜蜜的味道。

哪怕蒙上眼睛，凭借嗅觉，我都能回到故乡——我完全可以确定，这种味道在空气中散发，布满整个新塘村，整条三沙洋街，并漫过小石桥，将林家塘也紧紧地包裹住,连我的头发、衣裳都沾满了一层甜而薄薄的纱。我只要伸出舌头，即能感受到一丝甜蜜来，稍稍用鼻子一吸，那么整个血管似乎也流淌着糖的分子了。

我知道，这股浸满林家塘上空的甜蜜来自糖厂。糖厂是三沙洋唯一的一个乡办企业，在那个计划经济时代，曾是轰轰烈烈生产着的大厂子，有着异常繁忙的场景，辉煌地在村子里安顿了很多年月。糖厂在三沙洋街的南面，两三米高的石头围墙把糖厂和新塘隔得开开的。糖厂唯一出口是两扇白铁大门，但往往只开出一扇门，供载糖蔗的拖拉机进出。记得糖厂大门对面的马路边有一口池塘，每当夏天时节，池塘里开满了荷花，青蛙、鱼虾嬉戏其中，偶尔也有小孩子在这里游泳。

老易是这家糖厂的厂长。

从小我对两个人佩服得五体投地，一个是在小湾渡头开小火轮的陈老大，一个就是老易。以前，还没有桥，要想过海都要坐小火轮，陈老大很神气，握着船舵，叼着根香烟，神定气闲。我常常爬上小火轮顶部，从后面偷偷地看陈老大开船。但相比之下，我对老易有点敬而远之，只是因为老易看上去很死板的样子，远没有陈老大随和。但在冬天到来的时候，我就日夜惦记着老易，和他那座糖厂。我不知道老易是哪里人，白白胖胖的，大人都说老易是村子里最有福相的人。据说有一次公社书记来到糖厂，站在梳着大背头的老易身边，别人就拿公社书记开玩笑，说老易才是公社书记的样。我也觉得老易是当官的，反正在我眼里就是这样子，要不然他为什么讲起话来不紧不慢，而又如此的洋气十足。

那时候，新塘村及周边几个村种植了大片的甘蔗，整个蟹山塘和林家塘都种着甘蔗，不过那种供应糖厂榨糖的甘蔗我们叫“糖蔗”。每年到了秋天，糖蔗长到一人多高的时候，我就和村子里的小伙伴钻进糖蔗地捉迷藏。说是捉迷藏，其实想躲在里面偷吃糖蔗。这片青纱帐般的糖蔗林对我们这些顽童来说，实在是有着太大的诱惑力。糖蔗皮很硬很锋利，其纤维很粗也很坚韧，吃起来很费劲，稍不注意糖蔗皮就会划破嘴角。贪吃的我就常常被糖蔗划破嘴角，好几天张不开嘴，吃不下饭。

最期盼的时候到了，等霜一层层落下，糖厂的大喇叭声音飘过村子上空，便吹响了全村斫糖蔗的号角。尽管寒风刺骨，可家家户户几乎倾巢而出，大人们在忙于斫糖蔗、捆糖蔗。要是碰上一个晴好天气，孩子们便欢天喜地地在糖蔗园里跑来跑去，敞开肚皮吃。等到没有了糖蔗，我们就会拿着菜刀，去斫留下来的糖蔗根吃，经过霜降的糖蔗根有更多的甜蜜。

糖蔗是要运到老易的糖厂榨糖的。石子路上也开始繁忙起来，人来人往，运糖蔗的拖拉机冒着黑烟轰鸣着一路高歌开进村糖厂。虽然自家有糖蔗，但我们这帮小孩子却偏偏要寻个刺激，将目标转向那一辆辆运糖蔗车上。我们专门在路面坑洼处或是在拐弯的地方“设伏”，只等运蔗车放慢车速时，瞅准时机，猛地捏住一根糖蔗使劲往外一抽。坐在拖拉机上的人也不恼怒，只是大喝一声而已。不过在开得飞快的拖拉机上抽糖蔗真不是一件容易的事情，多数的时候是失手，伏击了半天也抽不到一根糖蔗。有几个胆大手脚敏捷的，干脆使出铁道游击队扒火车的身手，一下子蹿上拖拉机，一手拉住铁栏，一手抽出糖蔗扔在路上，而跟着车跑的我们赶快捡起糖蔗就逃。

虽然这种行为并不光彩，但在农村，那些个可以爬树捅鸟窝下河捉鱼的调皮孩子，谁没干过几件坏事。如果没有了这些坏事，童年的时光还有多少值得回忆呢?

母亲不舍得把糖蔗全部卖给糖厂，她要留几捆，让父亲在菜园里挖个坑，铺上稻草，再把糖蔗埋藏起来。等过了冬天，春天来了，天气逐渐变暖的时候，母亲就取出一根糖蔗，砍成约二十厘米的一小节，分给我和弟弟们，所有的甜蜜便从那一小口一小口地咀嚼中起源，似乎整个世界的幸福就凝聚在这截糖蔗上了。

我是看过制糖的。榨汁是制糖的第一步，我就在某天天色快暗的时候，躲过老易的目光，偷偷地溜进糖厂的大门。大门右侧有一排房子，是老易办公和住的地方。我就想，这么多房子就老易一个人住，太奢侈了。我经常看见老易蹲在前面，端着搪瓷缸“呼哧呼哧”地刷牙，满嘴的泡沫，我便羡慕得不得了。五六台榨糖蔗汁的机器靠在东侧的围墙边一字排开，一旁堆满了小山似的糖蔗，机器轰鸣，拖拉机进进出出，榨糖蔗工人根本没空注意我，老易也不见了踪影。

但看着眼前这般繁忙的景象，我心里却开始紧张起来——一走进糖厂，就想起母亲讲过的偷蚕警示故事，但我哪里禁得住从糖厂飘出来的浓浓的、甜甜的糖香呢？这种浓香我相信谁也无法拒绝，它就像一条无形的丝线牵着我。我不得不冒着被老易骂的危险，潜入糖厂的熬糖间。

熬糖间靠近北边的围墙，四五个人围着围巾，拿着一把长长的勺子不停地在锅中搅拌着。白色蒸汽和浓浓的香甜笼罩着整个熬糖间，汁水在不断地搅拌过程中越煮越浓，“咕嘟咕嘟”地冒着泡，青绿色的汁水慢慢地变成了棕色。

我站在糖锅旁边，眼巴巴地看着锅中冒着泡翻滚着的糖浆，我是在等漏出锅外已经凝结住的糖块，熬糖师傅也不赶我走。趁他不注意，我用随身带着的小刀起开粘在锅台上的糖块，还热热的，我迅速地用手揉捏成糖团，逃离熬糖间。可是，老易肯定会站在糖厂门口，我的小伙伴就曾经被老易堵在了门口出不去，还搜出了一块糖团。我开始有点害怕起来，万一被老易抓住告诉母亲，我就倒霉透顶了。我急中生智，在围墙上抽出几块小石头，挖了一个碗口大小的洞，伸手进去把糖块放在洞中，出来后从围墙外把糖取走，之后是屡试不爽。

当然，糖厂还会分给我们每户一小袋的红糖，这也算是一点难得的福利了。对于这小袋红糖，大家都沾沾自喜，感觉这种工作人员才可以得到的待遇很值得炫耀一番。我与小弟常常是连手都来不及洗，就直接往自己嘴巴里塞的。

喜欢吃糖，除了这种颇为刺激的经历，也许还源于我从小体弱。那时候的农村小孩子一有头疼脑热，大人喜欢煎点中药，一喝就好。可是中药实在是苦得难以下咽，每次母亲把浓浓的中药端到我面前，我实在是对中药那种苦感到发怯，更受不了药喝下后在胃里翻腾时的味道。母亲就会给我一块红糖，喝一口中药吃一块红糖，哄着我把药喝下去。但中药的味道终究难受，有好几次，我咬着牙关实在不愿喝，母亲生气起来，就用筷子横塞着我的嘴巴，准备灌下去，我哭闹着一抬手将母亲端着的药碗打翻，泼了一地。

童年的苦在我的意识里一次次被甜蜜的糖淡化，而如今，糖厂早已不见了踪迹，取而代之的是一个菜市场，只剩下一段残缺的围墙依旧立在那里，虽还可以缅怀童年的一丝记忆，但我想对糖的最完美的印象——应该纯粹的、不带一丝杂味的甜。

2017 年 3 月 海门

被包住的乡愁

世间万物都为人所用，为人口福所生。芹菜、竹笋、香菇、米面、蛋丝、胡萝卜丝，这些极为普通的食物，分散着供人食用，在普通人家的餐桌上，轮番上阵。在人们筷子一合一张之间，这些最为常见的菜蔬也难以和美味搭上边。

可你知道吗？当它们一盘盘摆在桌子上，再经过筷子的作用，把它们集合放到一张圆圆的面皮里面，再被一双手卷起来，一口咬下去的时候，你的味蕾会感受到什么样的刺激？

这种和梁实秋先生在一篇《北京小吃》提到的春盘有点相似的东西，这种刺激会直接传到你的大脑中，让你的思绪会随着一种叫思乡的病，而无法抵御。

在我的老家称之为“麦焦”，台州有的地方叫“食饼筒”，比如临海。路桥则叫作“麦油煎”，温岭地带却叫“麦饼”。但我实在无法把“麦饼”和筒状的“麦焦”相提并论起来。不过，我倒觉得临海“食饼筒”的叫法更为贴切，更有文化的气味。至于麦焦的来历，有几种说法，莫衷一是。当然作为三门人，当地百姓最乐见的当属和抗倭英雄戚继光有关，就像名小吃糊头羹一样，也有着与此相同的传说。

在家乡，麦焦是极其普通和常见的小吃。这种小吃虽毫不起眼，但可以说是小吃界之集大成者，寓精彩而无奇，集中展示着人的聪明才智。也许世间的美食无不成于偶然，假若麦焦真的源于戚家军，当时这样急就的东西，再把世间如此粗野的菜蔬，经过这么轻轻一卷，立即就赋予麦焦以某种基因，传承着某种精神，而成为大家趋之若鹜的美食。

吃麦焦虽然是过日节产物，比如清明、端午、六月六、七月半、中秋、元宵。但在现在，只要想吃，人们随时可以把这种永不餍足的美食当作与家人、朋友感情交流的好东西。

今年，老家刚刚过了第二个日节——清明，在林家塘的几天时间里，我每天都在吃母亲做的麦焦，直到回椒江的当天早餐，我还在吃麦焦。我以一名麦焦爱好者的无比热情，把它切为两段，在不粘锅上烙成略黄，就着一碗白米粥，吃了两整张麦焦。

被包裹着的菜蔬——我觉得麦焦发挥着惯来的缄默与隐忍，所散发出来特有的美德，这似乎和台州人低调而不善表达的务实性格多少有些联系。而麦焦这种与生俱来的性格，却在讲究包装宣传的互联网时代显得那么与众不同，那么的孤独。

不知道谁讲的：孤独的人是可耻的，生命应该像鲜花一样盛开。这句话似乎就是针对麦焦来讲的，它就像孤独寂寞了很久的一个人，在乡村默默隐忍着，不做任何的宣言和修饰。

最近不知为何，我却把麦焦和东坡先生联系起来。不，不是联系，而是突然间一念之中想起了他来。当年苏东坡因“乌台”案而被贬到黄州当团练使，还带个副的。在看林语堂先生的《苏轼传》的时候，我突然想起来。当初就感觉苏轼就像“麦焦”一样那么孤独，那些呼风唤雨高朋满座的时代已经过去，这位子瞻老先生也必须忍受在外乡的孤独。那一年他在黄州，写了一篇《寒食帖》，把自己的所有乡愁都像麦焦一样，紧紧地包在这张宣纸中，写得那是多么的苍凉多情，把自己那种惆怅孤独都通过这一张不足一平尺的宣纸，统统地宣泄出来。

人总是这样，故乡的情结挥之不去，不管是得意还是遭遇失意，但心里的根还是在故乡。每个夜深人静的时候，一种思乡由此渗透出来的感觉油然而生，在那个时候你才会在内心明清起来。你也会发现，原来乡愁这东西，人是无法抵御的。我想，麦焦就如北方的饺子一样，让我无法释怀，把内心的乡愁包裹得严严实实，却包不住我可以泪流满面的思念，而后，身如浮萍飘忽不定。

这种身如浮萍漂泊的感觉来自外出当兵，一次次地转换部队，一个背包说走就走。当人没有根的时候，乡愁就会灌满整个身子，犹如一层看不见的网幕，让你无法逃离。以前在部队这么多年，游走四方，最想念的还是这个麦焦，我并不知道戚家军的心情，但我的心情一定是思念的叠加。每次探亲回到林家塘，母亲必定做上一回解解我的嘴馋。而这种被包裹着的食物所带来的美妙和思念，全倚仗一张薄如纸张、直径尺许的麦焦皮。如果说包麦焦是个相对简单的技术，而对于摊一张合格的麦焦皮就不那么容易了。

当然，对于农村妇女来说，摊一张厚薄均匀、边缘齐整又有韧性的麦焦皮并不是很难的事情，因为这是每个妇女最基本的技能，这个技能就像会做饭会洗衣服会种田一样应知应会。不过在摊麦焦皮时，平底锅的火力和起出麦焦皮时的火候就要恰到好处，这个还是需要一定经验的。母亲摊麦焦皮的手艺之好自不必说，又薄又匀又无洞眼，用祖母的话说，母亲摊的皮“滴刮啾圆”。

后来，转业回地方工作，便有机会经常吃麦焦了。每次一到吃麦焦的日节，母亲就早早给我打电话，但我往往错过欣赏母亲是如何摊麦焦皮的。为此，我趁去菜市场买菜的时候，特地在一个卖麦焦皮的小摊前看如何摊麦焦皮。最后我还强拉硬扯地把摊麦焦皮的过程与樵夫争担、折钗股、屋漏痕等同起来，虽有点牵强，但仔细想想还是有点道理的——逆入、平行、回收，这不是学书法时最常用的运笔方法吗？

我突然觉得，在流逝的岁月中，这种叫麦焦的美食，在这块土地上，对于这里的人，是有着不可动摇的基础。无论你多么风光、多有荣华，也无论你走过多少世间冷暖炎凉，我总是相信，麦焦带给我更为渴望美好的心，只有麦焦，才能把这思念、分别，把人间的温情卷起来，与漂泊一起咽下，除了这些我还要别的吗？

2017 年 4 月 北京

猪年之味

人好像对本命年特别在意。于是乎，凡是过本命年的人无论男女老少，里里外外一片红。衣服要穿红色的，袜子要穿红色的，有些人怕显眼，就把红色藏在里面——短裤一定要穿红色的，似乎只有这样，本命年才能平平安安，宏图得展了。

我属猪，查看一些生肖解析，你会发现猪在十二生肖里面是最有福气的，把属猪的看作是大富大贵、财运亨通，一生衣食无忧。我一直相信这是真的，也一直等待着这一天能降临到我的头上。可是，等自己走到第四个猪年时，依然不见什么财运。一个月除把大部分的收入付了贷款，所剩无几。倒是突然发现自己竟然已经过了四个猪年，回想起每个猪年的经历，个中滋味全然不同。

我的第一个猪年是1971年。我出生在林家塘，一个小村子。其实这一年我在世界上只有两个月，其余十个月时间在母亲温暖的“房子”里度过。听母亲说，在怀我的时候，母亲依然要干农活，幸亏我老实听话，一直待到“瓜熟蒂落”。那一天，母亲正在扬芝麻，突然肚子疼痛。奶奶从村里请来接生婆，一阵痛楚之后，我就这么来到了人间。家里人一看是男孩子，知道张家有后，都高兴得合不拢嘴。第一个猪年我一落地，给家里带来了幸福和希望。

第二个猪年是1983年。十二岁，在三岩中心小学读四年级。中国正在大范围实行“严打”，最使我感到恐惧的是街头巷尾谈论的“二王”。但家里的条件还算过得去，我过着无忧无虑的生活，每天嘻嘻哈哈。上树掏鸟蛋，下河摸鱼虾，夜里抓黄鳝。看民兵操练打靶、挖弹头、捡弹壳……到地里偷鲜黄豆、地瓜、甘蔗，到山凹里煨土豆吃，去村里的糖厂偷糖浆。并感到母亲给定的娃娃亲那个女孩子很别扭，和人家划分界限，最后人家的母亲亲自上门解除了娃娃亲之约。

第三个猪年是1995年。二十四岁，是中国人民解放军空军上士班长，这一年我在山西临汾号称“白虎团”（可不是京剧里“奇袭白虎团”的那个）的一个飞行训练团中度过。我是团卫生队的卫生班班长，下面有六个兵，三个女兵，三个男兵。最喜欢女兵叫我班长，男兵则叫我忠哥。我还第一次接受政治处宣传干事的采访，虽然没有上报纸，但足以让我激动好几天。当第一场大雪把黄土高坡覆盖得严严实实时，团参谋长找我谈话，叫我去政治处，我没有答应。这一年，参加军校考试失利，这是我第一次遭受严重打击，几乎使我一蹶不振。近年关，团里来了一批新兵，我和住在隔壁的作训参谋套近乎，要求去带新兵并获批准。这一年，我决定要留在部队。

第四个猪年是2007年。三十六岁，从部队转业回地方工作已经整整四年了。这四年来，我如履薄冰，努力工作，始终保持着一个军人雷厉风行的作风。这一年，我从办公室秘书调到政工科，做起了组织、宣传，负责党委线文字工作。虽然工作烦琐，但是我没有怨言。5月，在我被评为县十大优秀青年之后，我被单位戴了个小“冒号”。这一年的上半年，工作特别忙，除了写材料，还是写材料。还经常会收到报社的约稿，有时候还要为市局写材料。在建军80周年前夕，我的所谓事迹在《国家电网报》等报道，大大地满足了我的虚荣心。报社的小编小记们称我为老师，书法协会的老同志也叫我张老师，使我无地自容。我知道自己的字很一般，文章写得也不精彩，别人却这么抬举我，我只有努力，再努力。

有人说我是性情中人。也许，大凡和艺术有点沾边的都有这样的毛病。回首自己走过的四个本命年，个中滋味，酸甜苦辣只有自己能够体会得到。人生漫长，却也短暂。本命年也只是人生旅途中的一个驿站而已，许多事情还要去做，成功也好，失败也罢，最后都只是付之笑谈。

前段时间，我请朋友帮我刻了方印章“花落无声”。花落缤纷，看来是很伤感的事情，无声无痕，独自飘零，其实也不然，当花瓣撒满大地，在夕阳的抚慰下，你不觉得是多么的美丽、多么的温馨吗？“化作春泥更护花”，在来年的春天里，花儿更加多姿鲜艳。此时的大地就像一张洁白的宣纸，落英就是神奇的墨线，书写着充满幻想的人生。

2007 年 11 月 三门

永远的房子

我生于 20 世纪 70 年代初，三十多年的时间里，也是住过许多的房子。

七八岁光景，和祖父母、父母亲住在一起，那时二弟刚满四岁，三弟尚在襁褓。我们一家七口人就住在三间土坯混搭而成、低矮潮湿的茅草屋里。茅草屋犹如一个倔强的老人以迟暮的悲哀状态竖立着，这就是我诞生的家。每年一到春暖花开，蜜蜂就会在黄泥墙上筑巢穴，调皮的我会用一根细细的茅草或父亲的废弃的篾条去捅蜂巢，蜜蜂受了侵扰，就会顺着穴口爬出来，想不到洞口早已有一只青霉素瓶子在请君入瓮了，随即，蜜蜂乖乖地束手被俘。

父亲把茅草屋盖得又厚又实，为一家人遮风挡雨。每逢南风天或下雨，屋内的地面就会变得既潮湿又光滑，稍不小心就会摔上一跤。看见我摔跤，祖母把我拉起边说“主耶稣保佑我小羊日长夜大”，一边责怪我“轻相骨头”[①]。但遇到刮台风，情况就会更糟，在狂风暴雨中，房子似乎随时会被台风刮走。祖父会准备几根又粗又长的树木，台风来的时候，用木头抵住东西两侧的横梁，在摇晃的茅草房里，一家人围在一起，看着淅淅沥沥的漏雨，听着外边呼号的台风和着滴答的漏雨声交织在一起。可能很多生于 70 年代人与我都有相同的境遇吧，也许这就是在那个贫苦的年代所特有的生活滋味。

茅草屋分三间,母亲早已给我们兄弟三人分配好了。东侧一间属于我,二弟在中间，三弟是西房。父母亲并不知道他们三个儿子长大后，还会不会住在这茅草屋里。

东房被父亲用竹篾屏风隔开。说是屏风，其实就是一张簟，父亲用小毛竹加固了簟的两头，中间再夹一根对开的青竹，这样子就可以竖起来当屏风了。东房靠后是灶间兼吃饭的地方，每当我放学回家一脚踏进门槛，总能看见祖母的背影，闻到饭菜的香味。靠南是父母亲和我们兄弟三人的住所。西屋是祖父母住。可每天晚上我都会钻到祖母的被窝，熄灯之后，枕着祖母的臂弯，在黑暗里是祖母永远讲不完的故事和唱不完的圣经诗歌。至今我还会唱那时候学会的圣经诗歌。我也清晰地记得，祖父教我写毛笔字和走象棋的情景，那像刀口的捺画写得苍劲有力，“马走日，象走田，大炮隔子打”的口诀，那是我认识的第一个世界。

1986 年，我在三岩中学读初中三年级的时候，为了备考，我和三四个同学住在祖母一位基督教姊妹家。她给我们安置在楼上，楼板当床铺，草席下面铺着厚厚的干稻草。有位同学从家里带来了稻草垫子,松软松软，让我羡慕不已。每天晚上在昏黄的电灯下读书、背英语单词。楼下经常会有很多声音，那是隔壁邻舍，来借犁耙的，商量农事的，或是来发布一些小道消息，或是谁家的媳妇又喝农药自杀了，或是谁又犯了桃花癫了……我正读着艾·马洛的《苦儿流浪记》，却觉得雷米在寻找母亲是一段多么神奇而有意思的旅程，甚至想到长大了也可以独自一人到处流浪。

后来,我真的开始了人生的“流浪”,流浪的路线越来越远,越来越长。1987 年,我到县卫校读书。三年后,我第一次走出家乡三门。在部队十几年，直线加方块的军营生活，住集体宿舍，大通铺，没有了私人空间，战友训练后换下来的袜子，脚臭味杂着呼噜声弥漫在整个房间里。新兵的生活在八个月后结束，转年夏天，我被接兵军官带到了千里之外的晋南小镇，住进了另一个兵营，一个远离团部的气象观测站。一间窑洞式的砖房，和四个战友一人占据着窑洞的四个角落，每人一张桌子，一个床头柜。

1997年，我几易部队和一些变故后，来到了河北定兴空军机场，终于有了条件较好的双人间宿舍，最让我高兴的是还有一个书柜，我也有了读书写字的空间。记得那年我参加中国钢笔书法大赛，在十多万件作品中拿了二等奖，着实让我兴奋不已。

2002年，我从定兴部队转业回地方，在家休息一年后，几经坎坷，终于在第二年，接收单位"安置"了我，来到了一个叫小雄的供电所。小雄曾经是我儿时最向往的地方，姑妈就住在那青山环抱、绿水长流的小山村里。姑妈排行老三，从小和父亲极亲，由于父亲从小因药物失聪后，姑妈愈加惦念父亲。可能由于这个原因，我也从小对小姑妈有着极其深厚的感情。每年我都盼望着放寒暑假，这样我就可以去姑妈家和表姐表妹们玩耍。

去姑妈家要走上半个小时的路，在小湾渡头坐小火轮到浦坝，再走一个多小时的山路，绕过如一颗镶嵌在大山深处的绿宝石的石门水库，姑妈的小屋就会出现在我的面前。这个清澈的水库是我向往的地方。但后来水库经常会有人淹死，据说，就有人看见是浑身长着长毛的水鬼给拖下水，每当夏季傍晚，在水库边上的岩石，水鬼就会坐在上面，看着在水库洗澡的人们。有一次，我禁不住这碧水的诱惑，独自一人去水库边洗澡。不曾想，脚底下鹅卵石一滑，整个人就像滑雪一般直溜到底。所幸我还算镇定，按照父亲教我的方法，终于浮了上来。从此以后，我再也没去水库边洗过澡。

想不到二十年后，当我再一次来到这里的时候，全没了以前那种无忧的心境，郁闷着的心一直被没有体制内编制所笼罩，每天无滋无味地生活着。宽大狭长的单身宿舍使我本已无望的心，像跌进了无边的黑洞。

宿舍在二楼，朝南，在阳台上便可看到前面的变电所，这是我第一次接触变电所，看着一根根线路通向远方，心里却莫名地失落。透过后面的窗户，对面是龟山，一条通往坑林村的乡间石子小路，年轻的所长把这个村的抄表收费任务交给了我。

每天早晨，拖拉机、拖车、行人赶集的说话声音，以及鸡鸭的声音，牛的声音，连同乡村的雾气，都从那扇窗子外灌了进来。不管你乐不乐意，你的耳朵和思维都要随着这声音开始一天的劳碌。

在这里8个月后，我调到了局机关办公室任秘书，搞新闻宣传的老叶师傅临将退休，也顺便把这个任务交给了我，我又当了兼职通讯员。办公室主任赵国荣也是个退伍老兵，看我没房，就在单位原招待所西边为我腾出了一间10平方米左右大的宿舍。房子就如一个火柴盒，虽不大，这也是我在小城的第一所住宅，当时已经心满意足了。房子实在是太小了，只能容得下一张床，一张书桌。隔壁是同事父母亲住着，对门是公共厕所，大家洗菜、洗衣服、洗澡都在这里，有时候下水管道堵住了，水就会漫出，进出只能用黄砖垫着。夏天的时候，每当傍晚，常常可以看见我穿着短裤汗衫，手拿水管，像个消防员，给外墙不断地喷水冷却，这样能使房间内的温度稍稍降低，晚上才能睡个安稳觉。

这样的日子持续了将近两年时间，我把这个狭小的空间收拾得干干净净，井井有条，看书、写字。比起部队二人、四人一间来，这样的面积足够我自由活动了。后来，女儿慢慢长大，到了该上幼儿园的年龄了，妻也从沿赤调到了亭旁卫生院，于是我把单人床换成了大床，还在窗户边架起了锅灶，空间显得愈加局促了。生活虽然艰苦，但一家三口其乐融融，女儿在我们悉心照料下一天天地长大，我和妻子也踌躇满志地制定着家庭宏大的计划。

于是，妻子在2006年整个夏天都骑着电瓶车，带着女儿穿梭在县城的中介所。一天，妻兴冲冲地对我说，在中介看中了一套二手房，140 多平方米，才 3300 元一平方米。我一算要五十多万，就犹豫不决，妻说我有办法。房子在县城新区，这是小县城第一座规模较大的居民小区，是顶楼，西边，这样的位置倒也诱人。于是一狠心，战友资助几万，亲眷借一点，东拼西凑，终于筹齐了首付，把房子转到了自己的名下。

买了这套房子，掏空了我们所有积蓄，借了战友朋友十来万，还有每个月不菲的银行按揭，生活开始紧巴巴起来，也根本没有能力装修房子。眼看着女儿上小学了，和妻子商量，在女儿学校附近租了一间房子。房子只有一间，但还好，靠窗隔开了一间只有 2 平方米的空间当厨房，吃放、睡觉就在狭小的后间。后来，又搬到老酒厂宿舍，比起原先的房子，这里的条件好多了，虽然房子老旧，但总算有阳台、卫生间、厨房。

终于，在女儿上小学三年级的时候，我们开始装修房子，看着初具模样的格局，心里想总算安顿下来了。

安得广厦千万间，家家户户尽欢颜。三十多年，一路走来，房子，就是一个苦涩而甜蜜的回忆，时时刻刻感受到它的变迁。

2009 年 7 月 三门

① 轻相骨头：形容一个人静不下来、好动。

龙虾味道

前些年也不知从哪儿一夜之间突然冒出许多龙虾来，它们顽强的适应能力和惊人的繁殖能力使其迅速抢占了小河、小沟，一时间龙虾泛滥成灾。

它们一个个长着酷似螃蟹的坚硬外壳，举着威风凛凛的红色双螯，随时对付来犯之敌。幸亏大家胃口好，正愁没有下酒的菜，于是腥味极浓、壳多肉少的龙虾就成了人们盘中的佳肴。盛夏龙虾旺发季节，小村也顿时热闹起来，到处都是爽朗的笑声。邻村的小商贩们来了，骑着脚踏车，一路铃声。

这时的乡村是美丽的，是令人向往的。每当夜幕降临，华灯初放，村旁的小河边、水库旁、树荫下，可见一串串闪烁的“节日灯”。流行音乐和着轻柔的夜风，三五朋友，围坐于一方矮桌，点上一盘龙虾，配几碟小菜，喝几杯冰啤。明月高悬，流水在你旁边涓涓而过，在迷人的杯光月影与忘情的浅酌低吟中，你会在这美丽的乡村夜晚领略到一种超凡脱俗的情怀。

提起龙虾的做法，其实极其简单。先卸去虾脚，抽去肠，退去腮，然后入香油中滚透，加入啤酒、红椒、生姜，中火焖上五六分钟，再以葱花、麻油出锅，一盘香气扑鼻红彤彤的大龙虾就做成了。

吃龙虾固然美哉，而钓龙虾更是赏心抒怀。钓龙虾是一件十分轻松愉快的事儿，钓具也无须钓钩，也不需要高档钓竿，只需折一树枝或随便取一棍子之类的短杆即可，系一粗线，不用浮子。于粗线一端用一段小鱼儿或田螺肉做诱饵，你可拿个小凳子在小河边小坐，不一会儿工夫，龙虾便会闻腥而至。

水清澈的地方，你可见虾兵虾将们一溜溜地从四面八方抢道而来。瞅见目标，舞着大螯，一扯钓线，诱饵便会被大螯死死钳住。没吃上的一看急了，也就“呼啦啦”地上前想抢得残食，你抱着我，我抓住它，三五成群抱成一团。于是，一手缓缓地提起钓竿，一手将网兜慢慢伸入水底，就这样，龙虾们糊里糊涂地成了俘虏。

不过摘龙虾须得小心，稍有闪失，在你用手将它捏住扔入木桶时冷不防会被夹住，那是痛彻心扉的。都说龙虾行动迟缓、生性笨拙，确实不假，就像抱团而被钓的，有的却“知错再错”，即使逃逸还会上钩。

而那种暗红色的老龙虾却颇为狡猾，它不像其他龙虾那样一晃食物便迫不及待蜂拥而上。它先轻轻咬一下，经验不足的钓者这时都会提钩，而老龙虾也就会在被提到半空时松手来一个凌空跳水，“咚”的一声，姿势极其优美，孩童们便会在一旁嘲笑：真笨、真笨。于是请能者示教，让“老钓”过来赐你秘笈：钓龙虾时，必先在不知觉中轻轻地提起。与此同时，另一手迅速用网兜接住，切不可以慌。

龙虾有着极强的生命繁衍力，可不知何故，在水中长大的龙虾在被钓后是不能浸泡在水中的，否则就会莫名地死去，只需稍稍地淋洒一点水，它们便安然无恙。

2004 年 7 月　三门

蝙蝠

似乎约定俗成，每年仲秋、国庆过后这段时间，家里都会飞进一只蝙蝠来。不知道从哪年开始，在我不经意的时候，蝙蝠会冷不丁地“呼”的一声俯冲着从窗户飞进房间——或是从客厅，或是从餐厅长驱直入，我好生奇怪，它是凭什么飞进这窄窄的窗户门的。

它身披黑色外衣，展开的双翼在房间里斜飞、穿梭着——我倒不是担心它会碰到吊灯、墙壁或是梯子扶手之类的。这样子的飞行姿势却使我想起美国一部科幻电影大片《蝙蝠侠》，这种不讨人欢喜的东西，在导演丰富的想象力下，蝙蝠成了侠客，去拯救万民于苦难的英雄。高就高在导演改变了人们对事物的固有思维和看法，这样的反差往往会吸引人们的眼球，为自己赢得了高收入的票房。

开始我还没有觉察有蝙蝠飞进来，是女儿发现了，尖叫一声，看！蝙蝠！慌忙躲在我的身后，爸爸，快把它赶出去！

可能是在寻找伴侣？这只蝙蝠在房间里胡乱地侦探着每个角落，还根本不在乎存在的危险，竟然对拿着扫帚的我无动于衷——像我这样对着它横扫，说不定一瞬间就可以置它于死地。我这个多么可怕的敌人，它居然如此藐视我，依然在房间里飞来飞去。我怀疑它是迷路了，找不到回家的路，由半开着的窗户飞进来，又误入了我的“包围圈”。我相信房间里没有你的同伴，或是你的子女，你一定是走错了地方。这里除了一些家具，就是我两个书房，到处都是书和废纸。阁楼上的书房还弥漫着墨的味道，你不一定喜欢，况且你的同伴能躲在哪里呢？这里是六楼，不可能任由你游弋，你惊吓了我的孩子，你怎么能逃得出去呢？

我想起小时候，在老家的仲夏夜，天空中满是一群蝙蝠。它们的家就在屋檐下，只要拿着手电筒一照，就显现无遗。双眼瞪着像颗葡萄，空洞得吓人，我甚至怀疑它们是假装看不见。这些讨厌的东西姿势很是奇特，一只只倒挂着，你挤着我我挨着你，黑压压的一片。那时我觉得这样睡觉简直就是天才，可总担心它们会随时掉下来。

不过，最使我佩服的就是蝙蝠的飞行水平和那股壮志凌云的潇洒样子。那的确是飞行高手，面对黑暗，是那样的自信。在农村广阔天地，它展开宽大的翅膀，依靠一种超声波和敏锐的听觉，随时调整飞行方向。你不用担心它会撞到什么，这不是王牌飞行员的高超技术吗？

而现在这只小东西，我不得不对它实施进攻了！手拿着扫帚，迎头对着它飞行轨迹，像打高尔夫球一样，横扫而过。“呼”的一声，它分明是感觉到了一股危险的气流朝它袭来，来了个高难度的“眼镜蛇”动作，巧妙地躲开了我的第一轮攻击，转而朝书房飞去，然后一个迂回重新飞到刚才落脚的窗帘上。就这样，在这个战场上，蝙蝠和我几个回合下来，我没有打着它，都被它灵活地躲避了，却把我累得气喘吁吁。

其实我还是希望蝙蝠自己能飞出去，我把所有的窗户都打开，甚至连阁楼的门也打开了。如果晚上不把这小东西赶出去，会吓着人的——晚上起来上卫生间，或是到厨房倒水喝，突然窜出一只黑侠来，那不吓得半死？它总不会想住下来吧——任凭我如何挥舞手中的扫帚，它就是不肯出去，总是在躲过一劫后又飞到西边的窗帘上停留在那里。也许它感应不到敞开的窗户方向，也许忘记了进来的路。

面对这只蝙蝠，我束手无策了。但我总得想办法把它弄出去呀！我双手握住扫帚，重新调整位置和角度，期待它再次飞行。许久，停在窗帘上的蝙蝠并没有冒死飞行计划，对于这样充满危险的行动，它还是要掂量掂量。那还能行，我抖动窗帘迫使它离开暂且寄身的地方。

我们又开始上演了一场“屋里斗”的好戏。这只蝙蝠显然是久经沙场的飞行高手，居然一次次地躲避了我的进攻。我有点恼羞成怒了，每挥一下扫帚，全身都会起一次鸡皮疙瘩。

我屏住气，瞅准时机，再次迎头横扫，“啪”的一声，蝙蝠被我击个正着，重重地摔在地上，像一架被导弹击中的战斗机——栽在地上不能动弹。借着灯光，只见蝙蝠全身痉挛，发出“吱吱吱”的哀叫声，可怕凶狠的牙齿似乎要做最后反击的准备，仇视的双眼瞪着我——我有足够的理由相信这只蝙蝠是能看见我的，我的心被蝙蝠看得“咯噔”了一下。我用筷子夹起半死不活的蝙蝠，装进塑料袋，再打死结丢弃在垃圾桶里。

总算消灭了它，一家人安然入睡。第二天打扫卫生时，我发现窗帘下边的地板上有许多黑黑的东西，一看原来是蝙蝠屎。莫不是？——我带着疑惑轻轻地掀开窗帘——天哪！在窗帘的褶皱里分明还有一只蝙蝠，我脑子里“嗡”的一个激灵，跑回厨房看垃圾桶里的塑料袋，没错，昨晚被我消灭的蝙蝠还在袋子里，身体已经僵硬。这只尚在窗帘里躲着的蝙蝠难道真的是它的伴侣？

白天的蝙蝠没有丝毫自我防卫能力，我戴着胶手套，站在凳子上，轻而易举地抓到了这只蝙蝠，它任由我拿着，一动也不动，只是“吱吱”地叫了几声，那双空洞的眼睛瞪着我！

2015 年 10 月　三门

金秋十月桂花香

写完一幅字，已经是晚上十点多了，睡不着，来到楼下的院子里散散步。

我漫无目的到处走走，一阵浓浓的桂花香扑鼻而来，哦，院子里的两棵高大的桂树已经悄然盛开。

此时，院中无人，金黄色的小花开始星星点点钻出叶下，在绿油油的树冠上漫开，一丛丛，一簇簇的，完全没了白天的矜持和顾忌，你比我赛，恣意地开着，你没唱罢我也要登场。

秋天是你的也是我的，谁也不甘落后，虽不绚丽夺目却也烂漫非常。浓浓的香气随着微凉的秋风扩散开，倒是这附近的人家“近水楼台先闻香”了……仰望着大大的、开满桂花的树冠，就像躺在装点了数也数不清的细细小小繁星的穹弯下，那种感觉实在是奇妙极了。

天上的月亮很圆，淡淡的丝织云调皮地缠绕在周围。我闭上眼睛，心里不由得感到一丝幸福。想到这，自己都吃惊，幸福竟然如此简单？

于是，我想起了酒。

桂花，酒。世间两种芳香的尤物，它们的结合精妙绝伦。那嫦娥、吴刚应是常饮桂花酒的。桂花酒应属于多愁善感的怨男怨妇，应属于才情双绝的才子佳人。桂花酒不应在喜庆时痛饮，应是在秋高月明之夜，蘸着离愁别绪轻吟浅酌。那淡淡的芳香，谁说不是淡淡的忧郁和相思，谁说不是诗人最好的灵感。桂花，其实就是那芬芳的愁绪。

可是在我小时候，爷爷却喜欢喝一种叫“桂花陈”的桂花酒，爷爷不在的时候，我就会打开爷爷的床头柜，偷偷拧开盛酒的坛子喝上几口，那滋味至今难忘。

我喜欢桂花陈这个名字，还有它的味道，是英雄美人的另一种缠绵。只一口，花香炽烈，从舌尖直抵脏腑，似浓情弥散；而酒的甘冽亦随之而来，陶陶然，沉醉。

我想起在村子河边的一间小酒坊，十几口酒坛临街而放，有桂花、刺梨，均用上好米酒酿制而成。卖酒的小姑娘打一吊子桂花酒给我，还未启唇，馥郁便引得一街人赞叹。后来我去了县城读书，去了部队，竟然不知道这个小姑娘叫什么名字，现在想想，有些遗憾。那么好的酒，那么沉静的一江碧水，那么有致的木楼，那么清秀的小姑娘……

不知从哪儿飘来一阵悠悠的歌声：“只有桂花香暗飘过……”，好一个“暗飘过”，这是什么歌？谁唱的？我不知道。只是多年后的今天，斯人已去，桂花却依旧。

又想起白居易的一首词：“江南忆，最忆是杭州。山月寺中寻桂子，郡亭枕上看潮头，何日更重游？”还有谁会想起，千年的天竺寺里，秋月清朗，桂花飘香，一位才华横溢的诗人，徘徊月下，流连桂枝，时而举头望月，时而俯身看地，寻着觅着是否真有桂子从月中落下，藏在桂花影里。

诗人与歌者相距千年，却因这桂花将他们联系在一起。如果那方的世界里没有时间、空间的概念，他们就可以一起喝着桂花酒，品着桂花糕，唱桂花、吟桂花了……

可我还是忘不了一个人静静坐在秋夜的小屋里，一张素宣，一管湖笔，一杯清茶，一枚徽墨任由我轻轻地磨、慢慢地耘，听那秋虫浅唱低吟。月色真好，浮云尽散，暗香涌动，我的世界终于可以让我自由往返了，淡泊宁静，没有情事纷纭，也没有名利挂碍。人生何处似樽前？轻轻抿一口桂花陈，心静如水。

2006 年 11 月 三门

泡沫箱里的绿头菜花

阁楼晒台面积很大，沿栏杆我摆了几个泡沫箱，里面装满了泥土。种了几次菜都不太成功，不是种成了侏儒菜，就是种成了豆芽菜，心里充满了懊恼和悲伤，看着泡沫箱里面长着茂盛的杂草，心里寻思着。

不几日，去乡下看望母亲，见道地竹篮里有一捆用稻草扎着的菜秧，根上还带着泥。母亲说，这是绿头菜花，是哲夏姑丈送来的。母亲准备种在老屋东边的菜园里，想起阁楼一泡沫箱泥，我向母亲要了六七株菜秧。

绿头菜花是一种极其普通的菜，通身呈墨绿色。绿头菜花是当地农民的叫法，其实，绿头菜花学名叫西蓝花，适合沿海淡塘泥田种植。在六敖、沿赤等地，当地农民将大片的稻田承包改种绿头菜花，经济效益往往比水稻多好几倍。种在泡沫箱这样的“方寸之间”，我不太相信能结出花球来。

一回到家，我先把菜秧浸泡在水桶里，让这些远道而来的客人吸足水分。菜秧足有二十厘米长，三四瓣叶子，长长的根须，一株株蔫儿吧唧地耷拉着脑袋，可怜兮兮的样子。我坐在小竹椅上，挽起袖子，用花铲子把箱子里的杂草一根根地铲出来，翻了土，再用水将尿素融化了浇在土里，像鸡蛋壳里做道场般在泡沫箱里划出两道垄来，每一道垄植三株。

把菜秧植在土里，就像为这些可怜的西蓝花苗找到了一个归宿，虽然这里的泥土并不肥沃，但终归是有了自己的立锥之地。我找来枯死的长草覆盖在菜秧上，生怕被太阳毒晒。在阁楼写字间隙，或是早上起来，或是下班回家，都要出去看看，仿佛顷刻间就要看到一棵长着油光锃亮的菜花。

大约过了三四天光景，原先还趴在泥土上的菜秧总算还了魂，慢慢地直起了腰杆，昂起了头，似乎在向我回报这些天的辛勤照料。这只小小的泡沫箱里，并排立着六株西蓝花，叶子也变得光滑起来，表面是一层薄薄灰白的粉，用指甲轻轻一划，即刻间就会露出叶子原来的墨绿面目。它们相互碰触着、拥抱着，好像在彼此庆祝生命的伟大和胜利，有一种欣奋向上的表情。

我从小生长在农村，童年经常跟随着祖父、父母亲下田地劳作，种过豌豆、黄豆、四季豆，压过甘蔗、马铃薯、番薯之类的，毕竟后来读书从军，农事渐渐生疏起来。曾有一次帮着老丈人种马铃薯，居然把芽朝下压，被妻子笑谈了好几年。刚搬来小区住时，这个泡沫箱里也曾种过青菜、芹菜、花菜之类的，最后都统统变成了矮脚菜，只得自认为没这个天赋。

有一种说法，叫作“一亩园十亩田”，说的是侍弄菜园很辛苦，是个细活。菜种下了就好像完成了一项任务，开始还偶然会去浇浇水、施施肥，真有点“晨兴理荒秽”、“草盛豆苗稀”的农忙生活了。后来也不太顾这些小精灵们了，等到我对绿头菜花逐渐淡忘冷心的时候，有一天下班回家，妻兴奋地对我说，阁楼的绿头菜花已经长出了三四个花球了。我将信将疑，跑到阁楼一看，可不是吗，一棵棵碗口大小的绿头菜花藏在叶子中央，众星拱月般坐着，我想这根细细的茎是如何能承受得了这菜花的重量。

我突然想起在定兴部队种菜的事情来，一块在卫生队东北角的空地，被我和山西战友张宏斌翻土后种上了空心菜，边上还种着棒子、辣椒当篱笆。炊事班做菜时，可以随手去地里摘些菜来，战友们都有一种不可名状的快乐。空心菜吃了一茬又一茬，吃完了上部分的菜叶子，粗粗的老茎炒鸡蛋竟是另外一种味道，又香又有嚼劲。辣椒被我们串起来挂在食堂，喜欢吃辣椒的战友吃饭时随手摘一个往嘴里一咬，那辣劲直冲脑门！

春节后，母亲从乡下来，带了一只自家养的土鸡、父亲网的鲜鱼，做饭时，才发现少了一样素菜。我说不要紧，跑到阁楼摘了一棵绿头菜花，拿到母亲眼前，母亲惊讶了。吃着自己种出来的蔬菜，心里别提有多幸福了。我又忽然想起自己曾写过陶渊明的《饮酒》诗：结庐在人境，而无车马喧。问君何能尔？心远地自偏。有事做，有菜吃，有酒喝，有空写写字，能将自己的人生趣事记录下来，人生快意，莫过如此呀！

2013 年 2 月　三门

东屏寻幽

东屏村位于三门县横渡镇大山深处，形状就像是一个鸭梨，由一条小路蜿蜒而入，村东的东坑山，形似一座帷屏，故名东屏。

东屏是个绝佳的风水宝地。听老人讲，当时祖先之所以选择这里作为养生之所，是看中了这里的大阴。《庄子 · 徐无鬼》说：大一通之，大阴解之。成玄英《庄子疏》：大阴，地也。自古以来，大阴乃众妙之门，坤厚载物，只可惜现在东屏古村，已不再当年的繁华，许多大宅院亦废弃倒塌，许多有历史和文化艺术价值的老房子，也正在霉烂破败，东屏村走向衰亡也是无法改变的命运。

听说政府已经开始动手在对东屏古村进行保护了，心里不由得稍稍宽慰些。我是今年元旦雪后去的东屏村。因为那些许多摄影家、那些作家美妙的图片和文字，因为那些石屋、石桥，那老人、那炊烟，以至那小溪、那随风飘摇的芦苇花……我不知道自己是在寻找一个什么答案，或者像印证什么，但是我只是想看看它，想摸摸那里的石头，走走那里的石子路。

如果说横渡是神仙遗留下来的一汪泉水，那东屏古村就该是泉水中的一颗明珠了。东屏就这样似梦一般横在我的面前，可我绝没有想到东屏村却藏在大山深处，从海游驱车过去竟然要一个多小时，这倒印证了“酒香不怕巷子深”，我倒是怀着朝圣的心，去品尝一下这古老的“陈酒”是何等的甘醇。

据说，东屏古村始建于南北朝时期，是三门县最早的村落之一。“已成风俗归邹鲁，共约文章到汉秦”，在陈氏宗祠，挂着这样的对联。他们的始祖是来自邹鲁之地的一位儒生，令这位儒生想不到的是，他这一落脚，却从此也掀开了三门湾以中原文化为肇始的人文教化大幕。

那天是和朋友从亭旁彭赖山头到村里的，汽车盘旋而上。至下山可见潺潺山涧流水，我真想用光赤的双脚搅动这里的溪水。这水顺着弯弯曲曲的水道，流向珠游溪。雪后的空气冰凉纯净，微风吹来，让人感到一阵凛冽的寒意，心里不再浮躁，眼睛也不再干涩。

一条平坦的水泥路是唯一进村的道路，白练一般。一条蜿蜒的小溪被分叉不徐不疾流进了村子，几亩交错分布的山田，依稀可还原成儿时朦胧的记忆。村口石桥，石桥边兀自立着棵松树，俨然成了守卫家园的哨兵。房屋也就沿着石子路随形而筑，就像花枝蔓延出去的小枝条上的花朵，或高或低，忽正忽侧，扑散开来，又聚集在一起。可是这几百年来的风雨侵蚀，使得老房子飘摇欲坠了。

这里的天总是阴着的，刚走进村口，突然下起了毛毛雨。可这算得了什么雨啊，细细的雨被风在半空中就吹散了，似雾像粉，山村顿时被薄薄的一层轻柔的纱轻覆着，如入幻境。低头数着脚下的石板，湿湿的、被磨得光亮的石板上竟然有云的毛边。看每一块石板，都是云样毛边，一时竟然晃晃悠悠。不知何故，我太喜欢这样的古村落。在这里，无需剥掉世俗的外衣，也无需蜕去凡尘的丝茧，就这样与这村子素面相对。就是这墙角的野草，石头墙上攀缘的藤蔓，年岁已久的拱桥，路边卧着的小狗，都使我觉得那般亲切，那般熟悉，都像我小时候在外婆家看见的情景了。

拐入村东头，陈家老宅就在眼前了，像突然进了宝藏地，光华一片。

几百年来，那黑瓦石墙的老房密匝匝拥簇在一大片洼地里，被时光消磨了精致和唯美，只剩下蓦然回首间瞥见的门楣上依稀的商号。残存的雕梁画栋的一隅,历史的余味就在这样的细节里翩然入心。在清朝乾隆年间，东屏古村是闻名遐迩的“武术村”，还出了一位陈姓的武举人。我想，武举人要着120公斤重的大刀,是多么的威震四方,多么的豪气冲天。如今，这柄大刀静静地陈列在陈家后裔的老宅里，褪尽了张扬，悄然隐入历史，使我感慨万千。在一家门口的石头上坐定歇脚,猛地还闻到了一阵“嚯嚯”的声响，这声音分明是来自老宅。朝门里望去，里面却空空如也……一个老头正眯着眼抽着旱烟，花白的胡子随着抽烟有节奏地一翘一翘，一顶旧的发灰老倌帽别着一根香烟。

和老头闲谈起来，才知道他们家从祖父开始就在这里居住，如今他两个儿子都走出了大山在杭州不愿意再回来。他不明白地问：为什么你们这些人总喜欢这样的老房子？我说我也不知道为什么喜欢。我问老人为什么不和儿子一起住呢，城里多好啊！他说杭州好是好，却不是天堂！我哈哈大笑,老头并不明白我在笑什么。临近中午,老头说在这儿吃饭吧,我去菜园拔些菜，山后挖点冬笋。老头问我喝不喝酒呀，我这儿有自酿的番薯烧，不由得我应允，说着话便进屋拎了一壶酒出来。那天，我就着山笋、现拔的青菜，喝了很多。老房子旁边的那棵树，树叶亮晶晶的，无风而浮动，也全然是一副微醉的样子。

在东屏古村的时间里，面对这场景，我心里一直在想，现代社会经济发展这么快，造的房子这么好，可为什么却有这么多人喜欢这样的古村镇，总是把渴望的目光投向大山深处。江南名村名镇实在是太多了，我去过的也不少，西递、宏村、乌镇……可为什么被人世繁华稀释浑身泥香的我，却偏偏喜欢这么个古村落呢？

东屏古村确实很老了，也许很久以前就开始有些老了。就如它当时依靠着便利的航道一样老，就如穿村而过的涧水，永远长不成惊涛骇浪的大海，永远成不了一条河、一条江一样。如今风韵虽犹存，却为何古东屏村的老屋只有在落日余晖中深情相望。几番人间聚聚散散，离离合合，老屋就只能在这光阴中，含情脉脉，依依不舍。我不明白，村头那座在风雨中年岁已久的拱桥，为何总是凌驾于溪上又老而不毁，当蹒跚的步履踏过嶙峋的古桥，依然是搅拌溪唱宛若天籁的轻吟，我更不明白，斑驳的老宅里，那个憨厚朴实的老头宁愿守着这破旧的房子。

当我离开东屏古村的那个傍晚，立在村口的拱桥上回头看着村子，又想起了那个老头的话。是的，老头的话说得好啊，住在这里，杭州不是天堂，苏州也不是天堂，所有的地方都不是天堂。

2012 年 3 月　三门

北山秋色

县城被三座山包围着，南边的是南山，西边的是西山，北面的自然是北山。南山太杂，西山太小，唯有北山既静且可观。

要是在春天，这里的万物经过一冬的萧瑟和伏蛰，随着一声惊雷，春风一拂，柳枝儿冒着嫩芽，新绿也实在是惹人喜爱。还有那些花儿呀、草儿呀，都一股脑儿地绽放着笑靥。

山前一汪湖水，长着蒲草，也有刚刚抽出鹅黄的“革命草”，绉纱似的波纹一晕一晕地散开着。温暖的阳光被整个山拥抱着，好像在挽留远方的朋友。风筝掠过湖面，白云也来戏水了；山雀在山间穿梭，“喳喳”的声音欢快了茂密的树林；路两侧，山坡上、洼地上全是劳动的人们，在明媚的春光里播种……

春光是短暂的，一转眼工夫就到了盛夏。七月，太阳似流火，山林愈加茂盛浓樾了。各种花草，不知名的知名的，全都疯了似的长着。尤其是满山遍野的黄栀花，在狼蒺丛中一个劲地往上蹿。小时候上图画课，买盒画棒也是极其奢侈的，而黄栀花果子就是极好的颜料，那些褐黄的果浆带着一丝丝香味，留在洁白的画本上，给我童年的生活留下了美好的记忆。等万物疯狂够了，“嗦洁铃”来了，于是，声音此起彼伏，到处鼓噪着。到了夜晚，山前的紫云轩或是在空地上到处都是人，喝着啤酒、吃海鲜，这里已是纳凉的好地方了。

但如今已是孟秋时节，桂花也开始香透了整个海游。虽是初秋，可北山却不曾褪去浓烈夏装，而披上淡淡的秋装。

雨后初霁，拾级而上，环顾四周，寺庙在晨雾中若隐若现，钟声中一妇人步入佛堂，双手合十，虔诚参拜这泥做菩萨，想必是有所求，不然怎会如此呢？想想这世上的事情，多少烦忧和不解之愁绪，只有大慈大悲的菩萨能化解得了了。

山路从寺庙的东侧被分道扬镳成两支，一条向上，一条向右，彼此绕过山顶，最终汇接。寺庙边上，一棵高大粗壮的银杏，此刻把自己化为佛的颜色，洒落一地。山林仍然是绿色的，却没有了夏日那份浓郁了，橘子挂满枝头，从肚脐边开始泛黄；一块块或大或小，或宽或窄的菜畦，这般袖珍菜园子，已经长满了各种各样的蔬菜，豆角呀、小白菜呀、番薯呀、西红柿……

我是较少时间来爬北山的，但在春夏秋冬四季交换中，可能是作为一个客人，或是一个见证者，清晨，闲暇时节，也会踩着这些石子路，像老朋友一般问候四季消息。

一个老妇人正在地里采摘着豆角，路边有个竹篮子，里面竟放满了洁白的黄栀花，一朵朵簇拥在一起，花朵虽小，香气却一点不减夏日时光，远远地便有一股幽香。这个季节，怎么会有黄栀花？黄栀花可是在夏日才会有的呀！我不禁疑惑。

在这样的秋天时节，黄栀花还守候着那份香味，和浓郁的桂花香相比，这样的清香却带有夏季的遗韵，让我在这样一个早晨得此香逢，亦是宜人了！

久困办公室，到北山去爬一爬，听一听山泉水涓涓而下的叮咚，任由鹅卵石砥磨我的脚底，是多么惬意的事情。

比起充满希望令人如醉的春天，比起充满炙热叫人发狂的夏天，秋天那种不醉不疯狂已如诗般悄悄地展示着。

一束刺花斜伸出来挡住了我的去路，叶子疏疏朗朗，几朵小黄花儿带着点点露珠子，我将刺花用手挪开，只见花儿一颤一颤的，像是一个撒娇的小姑娘，甚是可爱。

此时，山间是寂静的，寂静得叫人不忍心去打扰，哪怕是走过石子路，也生怕踩出声响来，寂静得让人的心都安顿下来了。如果在这里造一间小屋，卸下案牍之劳心，与二三书友，谈书论道，不必丝竹管弦盈屋，仰望晴朗的天空，俯瞰如白练般的珠游溪，移兰种竹，听听这山间的风，溪涧的泉水，林中的鸟鸣，草丛的虫吟也是美好的，足以使人陶醉……

在这样一个秋天的晨光里，我就做着白日梦，将自己置身于这世界之中，在这样的环境中，心生的全是境中闲淡静逸般的趣味了……

2013 年 10 月 三门

大山深处里田湾

大约两年前光景，我的老上司谢建华尚在三门电力部门任职，期间被市局委派到一个山里的小村落兼任农村工作指导员。一次，随他去过这个山村，呈现在眼前的也分明是个世外桃源：鸡犬相闻，梯田桑竹，时有农人往来，几十间石屋依山势而建，虽有些破败，但都是原始的生态模样。不曾想的是，这一次的相遇，却注定难以忘怀的追随，真是有一见钟情的意味。

我少时在农村长大，对乡野怀有一份浓厚的感情。直到十五岁离开父母赴县城读书，后从军十几载，辗转大江南北，才脱离土地。而立之年解甲归乡在电力部门谋得一份公职，如今不觉人至中年，心中顿生出些许感慨来。但终归是农村出来，对农村的依恋已经刻骨铭心，故心中向往的依然是鸡犬相闻、晴耕雨读的山林生活来。

至今，回乡整整 13 年，虽有过不堪回首之坎坷经历，不公之遭遇，但亦时过境迁，权当人生之点缀。现在生活倒也平平淡淡，波澜不惊。如今不惑过半，渐渐懂得了点人生，身心豁然轻松起来，不为五斗米折腰，不知奉承附炎。又是一个春意萌动，百草破土，绿油油的春天早晨，突然想起了那个隐藏在大山深处的小村子，想起山中那一潭碧绿无瑕的水库，以及水库上头的那些个老石头房子来，想起那条崎岖的山路，还有老支书木屋旁的一汪山水池。于是，抽了空，独自一人徒步向山里走去。沿山腰而造的一条水泥路蜿蜒而上，直通山村。一路流水潺潺叮咚作响，锦鸡成群斜飞嬉闹于林间，路侧峭壁悬下的紫色杜鹃花和各种各样不知名的山花，芳香弥漫着整条山间公路，心中的那份喜欢、激动和轻松，犹如一只久困竹笼的飞鸟获得自由那般雀跃不已，那份久违的自在所带给我的愉悦之感，根本无法用文字描述出来。

这个小山村叫里田湾，名副其实，里田湾真是个湾，出海游往西约十来里，踅入坎头村，经竹岭坑水库，复行七八里，便到了。由于村民出入不方便，前年移民下山了，只留下那些日渐破落的老房子和摇摇欲坠的残墙断壁，还有墙头长满的随风飘忽的野草。

虽是早春，却突然想起白居易《问刘十九》中“绿蚁新醅酒，红泥小火炉。晚来天欲雪，能饮一杯无？”的诗句来，金农曾给汪巢林《乞水图》题跋云“蓄天上泉最富”，把雪化为天上之泉，也只有金农能想得出来了。我想，这样的山间石屋，更适合雪和酒了。不过，春天有春天的味道，万物蓬勃，林木参覃。村支书见我来，忙招呼女人去涧边采些野菜来。里田湾的野菜极为丰富，不一会儿，支书的女人便提着一篮子的野菜回来，水芹菜、蕨菜、地衣、香椿芽，还有一块大大的春笋。“可惜，找遍了也没见山蘑菇，少了一个绝好的下酒菜。”支书女人说着把野菜倒在盆里，去屋旁提了一壶山泉水，野菜合着清凉甘美的山泉，如此造化，要想做不出清逸幽香且润气醒神的“神仙餐”来都难。

真是石屋宜招世外朋。万翠竹深处，相呼之声中，又逶迤上来三个挖笋采野菜的人，一身休闲装束，“来，中午一起吃！”支书招呼着。来人也不客气，执箸把酒，谈笑风生。我置身其中，看院中光影的角落处，野花摇曳，只教“我与飞花都解饮，好风相送酒杯中”了！

酒过半酣，再瞧这般景致，我如何经受得住，不觉感慨一番，支书腾出桌子，我拿出随身带来的笔墨纸砚，提笔写下：又是一春，恍然世间事之多；写字作文，知年华之易逝。则是青山不老，绿水无忧。曾记少年天真，竟生山林之心，唯有笔墨寄情造化。点画寻秦汉风度，铺毫能血涌堪豪。片笺残宣，有胸中抒情。临池濡墨，化青春依旧。以此消遣，不觉华发鬓角生。

这个远离城市喧闹、即将化为陈迹的小山村，给我带来怎样的一份暂时宁静，一片“窥涧鸟声合”、入林即忘还的桃花源！听竹笋破土，看烂漫的山花微笑，彩蝶翻飞，还有墙角蜘蛛结网，不谐众耳，唯飞扬意气，如此甚好！

2016 年 10 月 海门

名字

第一次拿稿费是在晋南永济的军营里。因写了一首小诗,《空军气象》杂志给我寄来了10元稿费，士兵证还没有发下来，在气象台打了证明，又骑着自行车费了半个小时跑到团部打了证明，才取回10元稿费。转业回地方后，从事文字工作，业余时间也写点散文之类的。因喜欢用笔名，取稿费就不得不要单位开证明，真是自寻麻烦。

不过最使人不爽的是，我的名字经常被人叫错，把“林”和“忠”秩序颠倒了一下，变成了“张忠林”了。有一次，接到某某画廊作品市场合作的电话。其实我就是一个书法爱好者，也不是什么名家，更不是大师，字也不值铜钿，谁会要我的字呀。那人先是吹捧一番，无非是说我的艺术成就如何之高，书法怎么厉害等，然后来一句 :“您是张忠林先生吗? ”啊呸！我直接挂了电话。我始终搞不明白照着名字单念怎么就会念错，不是他们的问题就是我的名字会使人产生思维混乱了。

其实，我是不怎么喜欢自己名字的。我原先并不叫现在这个名字，这样的名字读起来会使人产生误解和歧义，“林忠”和“临终”是同一个读音。祖母是虔诚的基督徒，在她内心深处，只有基督才是救世主，才能拯救万民，世人只有行上帝的道，人才能充满灵，灵魂才得以进入天父的国度，永享快乐。而听从了上帝的道，就必须忠心于耶稣基督。小的时候，祖母就是在我幼小的心灵里灌输着基督教的大爱。后来长大了才知道，人是应该敬畏耶和华的，耶和华并不是真正存在的神，但我们心中也应该有个敬畏的“神”。

每个礼拜日，我家里就成了教堂，挤满了来自周边乡村的基督教徒，彼此称呼为兄弟姐妹。我隐隐约约尚有一些印象，那是一位来自母亲老家桃渚的传教士。与其说是传教士，倒不如说讲道人来得合适。那时候会捧起厚厚的《圣经》，站在众圣徒面前，滔滔不竭讲着《圣经》，绝对是位了不起的人。何况他还向我展示过他抄圣诗的本子，那是用极其工整的小楷誊抄，娟秀飘逸得如同一个清秀女子，这个讲道人逐渐在我心目中立起了一尊偶像。

讲道人问祖母我叫什么名字，祖母说叫礼虎。因是“礼”字辈，又是长孙，祖母按照辈分便给我取了个“礼虎”的名字。可能是希望我虎虎有生气吧，或是强壮一点的意思。现在想起来，这个名字远比“张林忠”来得威猛好听。那人听了之后，摸摸我弱小的头颅，嘴巴喃喃有词“谢谢主耶稣，谢谢主耶稣”，然后猛地对我祖母说，这个名字要改，虎是野兽，不善。祖母听了传道人的话，就一会儿工夫，传道人就把我的名字换成了“张灵忠”，解释说“又灵又忠诚老实”，祖母和全家人便欢喜得不得了。似乎换了名字之后我就变得聪明起来了，实际上，我生性笨拙，换了名字后还是没能够聪明，人倒是忠厚老实起来了。

后来，我嫌“灵”字不好写，就悄悄地改成了“林”字。长辈也不识字，即便我改了这个“灵”字，祖母依然没有发现。如果祖母知道了我的行为，不知道她在天国会不会责怪于我。但现在，对自己擅自私改名字的行为又后悔不已——为啥？人真的笨了起来。

前段时间，一位朋友喜得千金，非要我给取个名字，还说生辰八字缺木。好像我倒成了那些个专业取名字的了。现在社会上有人就赚起了取名字的钱，刚刚荣升父母的家长也重视，非要花上几百元、甚至上千元给自己的公子、千金取个吉利的名字，似乎如此一来，即能保证自己的子女平安健康、飞黄腾达了。

我有一位画家朋友，开了个画廊，几年下来，卖画没赚到多少钱，倒是他的夫人在画廊里搞了个取名的营生，生意却红火得不得了。但子女名字还是自己取为好，不过取名却要费一番心思。《新华字典》《汉语词典》是少不了的，有些有文化修养的父母，“四书五经”绝对是要翻着看看的，好从中能发现一个中意的名字。记得妻刚怀上女儿时，我也开始翻看《汉语词典》，按照24个字母顺序筛选，经过“初选、复选、终选”，搞得像书法国展的评选程序，不过三道筛选下来之后，依然无法确定。后来，在整理部队剪报本的时候，发现一张空军报的评论文章，有一句对“习”字的解释，“习”的繁体字上面是一个“羽”，下面是个“白”字，白色羽毛也。鸟儿只有经常梳理羽毛，才能保持羽毛的整洁，才能飞得更高更远。我觉得这个“习”就非常好，才有了女儿今天的名字。时隔多年，觉得女儿长大了，真的飞得很高很远，剩下我们孤苦伶仃，那岂不是晚年孤独、凄惨不已了？

我一直羡慕古代文人的生活，单有名字还不算，有字有号，且常常以籍贯、官职和任职州、府、县作号。明代大书法家、四大才子之一的文徵明，初名壁，字徵明，号衡山居士、停云生。据说，文徵明以衡山居士为号，是为了怀念远在衡山的先世祖宗。文徵明小楷造诣最高，师法王羲之《黄庭经》《乐毅论》，以及大令玉版《十三行》，且能于唐人小楷笔法于一炉，尤其是《落花诗册》，今人多有临习者，诸如金华蔡礼礼女史，台州后起之秀蒋挺辉先生，均是文字好手。

由于喜好书法，我也装了一把雅。20世纪90年代初，浙江省电视台搞了一个书法大赛，面向全省征稿。虽然喜欢写字，但没有临过哪一家法帖，写起来全没有章法可言。落款的时候用了“艺一”的名字，在简历中我特地写了“张林忠，号艺一”。对艺术专一、执着，我想这大概是我当时取这个笔名的原因吧，印象中这应该也是我的第一个笔名。再后来，慢慢地，字换了一个又一个，铁衣、愚生、泠仲;号有“空军一兵”、“三沙洋人”、“云泉斋主”、“抱竹山房”等。

有一年的八一建军节,组织协会开展书法进军营活动。写好字回来后,却发现一方“空军一兵”的印不见了,好生心疼,后来又重新请人刻了一枚。最近一两年，开始对金农的手札行草书喜欢得不得了，于是又给自己书斋取了个“习庐”和“金农最小门徒”的名号。当代著名篆刻家蔡大礼先生为我治印，边款有一行“冬心先生亦吾喜爱”的小字，那天给一位杭州朋友写了一件曹操的《观沧海》，第一次用了这方印。

前几年，杭州一位朋友出版了一本艺术签名的书。里面收集了港台明星、名人大腕的签名笔迹，然后逐一分析，还弄出个类似于书法五体的类型来，每个类型的签名都有“艺术赏析”，我看他对签名是研究到家了。签名对于一个名人或一个追求个性的人来说是多么重要，艺术家的签名就更有实际意义了，这样的签名就是艺术品的符号，有了这个符号，艺术品的价格就会飙升。虽然我不是什么名家，但对于作品的落款还是要费一番脑筋的，落款即收尾，尾巴收得不好，作品的感染力也就会大打折扣。曾有一段时间，作品落款一概用汉简形式，流畅飘逸倒也合了创作后的轻松心境。

其实，名字只是个符号，阿狗阿猫对号入座，有的人却把这个符号复杂化了。复杂的也许是人的心，诡异的却是这个社会的浮躁所带来的特殊的关系。

2015 年 12 月 三门

购车随想

苏联作家鲍·波列优依在《纽伦堡审讯》中描述：坐在（审判席）第一排右侧的，就是赫尔曼·戈林——纳粹德国的“二号”人物……一个仪表堂堂的高个子先生，就是国际阴谋的推销员宾特洛甫……所有这些人物，都以其血腥勾当而臭名远扬。

二战期间，德国作为法西斯和日本等国家，站在了屠杀人类、千夫所指的舞台上，扮演着凶腥残暴的刽子手，给人类文明留下了难以弥补的创伤。

1970 年，时任西德国总理勃兰特面对世人的惊天一跪，震撼了世界，这是一个国家的深深忏悔。多少年后，有位诗人写下一句诗句：跪着的德国总理，比站着的日本首相高大。在德国，为纪念死去的无辜人们，把每年的 1 月 27 日这一天，作为纳粹受害者纪念日。德国人是聪明的，也是负责任的，总理这一跪，世人已经接受了德国的道歉和忏悔，德国人也站了起来。美国著名人类学家鲁思·本尼迪克特在《菊与刀》中评说日本人：生性极其好斗、黩武、倨傲自尊、顽梗不化……

战败后，日本不但不反思，矢口否认南京大屠杀，与德国相反的是，在每年 8 月 15 日，日本宣布无条件投降的“终战纪念日”，在东京供奉着战犯的靖国神社，为他们引幡招魂。

话又说到德国。当年季羡林先生在德国求学十年期间，经历了德国纳粹的毁灭。为了回国，历尽艰辛。即便这样，季先生还认为德国是一个优秀伟大的民族，对遭受英美飞机轰炸的惨境，心里也万感交集，想要“痛哭一场”了。

绕了一大圈，我不得不说自己买车的经历和一些内心感受。实际上，买车是一件令人幸福，且充满快乐的事情。在部队的时候，我根本没有想到自己会有多余的钱去买车。在部队有个当地兵，他做工程的哥哥隔三岔五开着一辆军绿色的吉普 213，穿过营房的大门，停在卫生队的操场上。当时连我们团长也只有 212，他居然开着 213。这不得不使我产生某种幻想，能够拥有一辆属于自己的车，该是多么神气呀，但这种幻想如同海市蜃楼一般美丽而虚无。

多年以后，在生活逐渐安逸宽裕之后，当周围的同事、朋友越来越多地成了有车一族，面对他们开着车的样子我表面无所谓，心里却像火烧一般。在每每等车挤车、在寒冬酷暑顶风冒雨送女儿上学的时候，这种美丽的幻想不再虚无缥缈，并逐渐变得十分渴望了。

前年底，在心里开始萌发买车的念头，和妻子商量买车计划，第一个表示赞同的正是 9 岁的女儿，并把她的好车标准强加给我们，要白色的，有天窗的，好看一点的，要比小姨那辆车贵。于是，我也和大家一样，沉湎于各个汽车网站和论坛之间，对比斟酌，几乎到了一种走火入魔的境界。

突然有一天，发觉自己车还没学。于是报名开始了漫长的学车经历，终归算是顺利通过了。当拿到驾驶证的一个星期后，便和妻子、女儿兴冲冲地去 4S 店看车。现如今车型如此丰富，让我面对着众多诱惑颇费了一番心思，这也是决定尽快买车的缘由之一。之前，有同事推荐欧系，有朋友说日系好，也有人说韩国的现代不错，书协的朋友更是催促我快点买，很热情地主动联系一些有熟人的4S店，并极力推荐某车的卓越性能。

“萝卜青菜，各有所爱”，有人喜欢美国车，有人喜欢日系，这都无可厚非。不用说，但在我心里最中意的车还是大众系列的德国车。虽然期间对刚上市的有着漂亮外形的起亚K5产生了短暂的动心。日本人、韩国人更多的是注重外在的东西，更多的是捉摸消费者对外在的需求。德国人这种认真勤劳、谦虚内敛、守时遵法的特点，造就了德国强大的工业。德国制造就是一块质量的招牌。

德国的宗教革命家马丁·路德曾经说过一句话：即使我知道整个世界明天将要毁灭，我今天仍然要种下我的葡萄树。这句话充分显示了德国人的埋头苦干、不肯苟且的精神。虽然日本车在内饰、油耗上都有很好的口碑，就像他们的电子产品一样优秀。

信任很重要，人与人之间，国与国之间。此次买车也不例外，德国的大众是我首选也是唯一的牌子。延伸开来，我对贝多芬、歌德、海涅、席勒等更是喜爱。尤其对贝多芬的音乐、歌德的诗歌。

十多年前，学院四团卫生队周队长升任到学院后勤部医院当主任，我也随着去了学院。没多久，由于看不惯医院院长的作风，竟和他吵了一通。一气之下，在他想把我发配“边疆”的时候，提前找人调到了三团卫生队。卫生队俞队长是江西上饶人，也是原四团卫生队医生。将心比心，工作虽然不繁重，但我兢兢业业，为他挑起了半壁江山。

平时除了上半天班和临时性的外场飞行值班，倒也轻松。我有一个非常要好的战友，叫赵菁华，黑龙江双城人，医学硕士，一心想调到北京军区空军医院，曾托过当团政委的老乡帮忙，未果，整日郁郁寡欢。不值班的时候把自己关在宿舍里听贝多芬《命运交响曲》，看英文版《中国日报》。也就是那个时候，我也逐渐喜欢上了贝多芬的交响乐，欲罢不能了。所以，要说喜欢德国大众的原因，除了大众牌子硬、服务好，能足以满足我的“花心”外，主要原因还是我上述这些由来已久堆积起来的理由。

妻子说家庭用车没有必要买这么好的，还说我虚荣心太重，非要买这么贵的车。我却不这么看，选择买车，就是选择了一种大势所趋的生活方式，拥有汽车，我想不可否认自然而然既代表着外部形象，也代表着一个人的品味。国庆节那天，和妻子、女儿，一家人来到了大众帕萨特经销商那里。

4S 店的购车服务员很热情地向我们介绍德国的造车理念，说大众是世界顶级品牌，现在国际造车工业体系基本参考了德国标准等等。是呀，德国人近乎死板的按部就班的工作态度，决不会因为某一个突发情况而改变它。这也许就是日耳曼民族工业核心的精髓吧，把这种精髓运用到各行业中去，也就形成了今天对德国人做事“严谨”的评价。

的确，新帕萨特外观和内饰上没有太多“炫”的地方，但它朴实、内敛、大气、沉稳的外表正是我喜欢的。见到新帕萨特，就像懵懂时期第一次看到一位让自己怦然心动的异性——一种初恋的感觉，使我心跳加速，人也变得愚笨起来，认定了它，就无法改变自己的思维！

一个星期后，从订车到提车，短短七天，一辆心仪的香槟色新帕萨特汽车成为我的座驾。

人其实是一个难以琢磨的怪物，就是买车这样简单的事情，却衍生出如此复杂的心理。

2010 年 10 月 三门

旧书情怀

在部队的时候，我在卫生队当卫生兵，虽没有紧张的训练，但业余生活很充实，习字、买书就成了我最大的爱好。

习字是铁打不动的，买书就需要请假出去，只要有机会，我都会把外出的时间用于逛书店。书是五彩缤纷的世界，无奈财力有限，每每神采飞扬地走进书店，却苦于书价太高，往往扫兴而归。

部队驻地在涿州，古称涿郡，是张飞的故里，桃园三结义的佳话就发生在这里。这里有著名的天下第一街——范阳街，古玩、字画、旧书琳琅满目，逛旧书摊就成了我日常的新"课目"。总会有意想不到的收获，那感觉真好。

总听说"便宜没好货"，我却说不尽然，只要留心，就会发现许多好书。仅一个月的时间里，《子夜》《简·爱》《莎士比亚全集》《茅盾全集》《三国演义》等三十余册书已进入我的柜中，且价格便宜得不够买一斤水果、一块巧克力，有三元、有五元。更让人高兴的是，有一次我仅用了十元钱就买了一套 1968 年版的竖排繁体《红楼梦》。旧书摊上的书法类书是少有人买的，故每次去，我都能得到上好的几本，一套共十二本九成新的《谢稚柳书法作品集》，只用了别人一包"红塔山"香烟的钱就使我拥有了它，一本厚厚的《三希堂法帖》却只要十五元！

买书之乐趣，也在于看书。

对待买来的旧书，我总是小心翼翼地擦去上面的灰尘，压平卷起的边角，没有封面的，粘贴封面，然后写上购书小记，印上藏书印。

当书经过包装后，便是看了。我向来有一个习惯，总是喜欢在夜晚看书，每当夜幕降临，处理完烦琐之事，一杯清茶，窝于沙发，恩雅的歌声在耳畔响起，这种享受真叫那个美！

就这样，几年下来，我的藏书渐丰，一个大柜子已放不下，只好装进纸箱。去年我转业，光书就用了我三个大木箱，回家一数，整整三千五百册！

书看多了，心里有点“歪”想法。书法练了几年，各种奖也得了不少。可想发表些文章，哪怕是“豆腐干”却也是很难的。于是便常常咬笔杆，瞪眼睛，人也变得“神经质”起来，为一个标题苦思冥想，为一个词语茶饭不香，写啊写，笔拙才浅，也居然堂而皇之地上了报刊。

记得第一次把“拙作”变成铅字是一首小诗，稿费是十元，就这首小诗，这十元钱，在单位引起不少的震动，这十元钱也让我战友瓜分得一干二净，可心里那幸福劲甭提了！后来，不间断地收到从报刊编辑部寄来的稿费四十、八十等，我想，这下我可富起来啦！

可初衷如磐石一般，仍旧难以改变，旧书摊上时常会有我挑书的身影。我依然是“老主顾”，和摊主熟了，有了好书他总会放着等我来买，而我也常不让他失望。

抱着旧书，走在街头，边走边看，常引来别样的目光，颇有“旧书”遮颜过闹市的滑稽。如今，我脱下军装，告别了那个城市，告别了那些个旧书摊，可每当翻开这些旧书，心中便有阵莫名的感动。

书，让我懂得了许多，教会我保持自身所有的美德，也教会我不要放弃追求更美好的东西。它教会我对自己尽心，对所爱的人尽心，保持自己的本色、自己的风格，做自己最想做的事，使生活少一些缺憾，多一些完美。它也让我学会了思考，更加自信。

写到这时，我抬起头，窗外已是夕阳满天，远处湖面上一片通红，人生有成功、有失败，就像太阳一样有升有落，在坎坷的人生旅途中，流动的是岁月，守住的是阳光、是希望，我相信明天会更好。

书虽旧，但真理永恒。人虽处困境，但只要有信心，人生一定光彩。

2003 年 7 月　三门

跋

2010年弄了本见不得人的《墨痕》，时隔5年之后，又厚着脸皮出了两本书法集。《林家塘》原本是想和书法集一起出版的，但想想，还有很多事和人需要写。

我一直想为家乡林家塘写一本书。

这个想法很早就有，但我不善于写文章，平常也忙于公务，写写停停，光阴就这么流失掉了，于是一拖再拖。

有一天，一纸调令将我从三门调到了椒江，离家虽远，却有更多的业余时间来做这件事情。于是，我将十多年来写的文章收拢来，居然有40多万字。虽食之无味，也是业余时间日夜堆砌起来的，弃之实是可惜。只好挑拣一些，缝缝补补；增加一些，淡妆浓抹。依内容和体例为界，可分为三册，除一册乡土散文集《林家塘》，另外两册是军旅散文集和随笔集。

《林家塘》中最早的文章，是写于15年前的2003年，一则刊登在地方小报副刊上的文字。那时候，我刚从部队转业回地方没多久，也是等待安置最难熬的时候，于是写点文章打发时光。想起自己冒着"非典"

病毒侵袭到北京为工作奔波，只觉得往事已经不堪回首。

《林家塘》中大部分忆及少时的文字，都是我客海门期间业余时间写的。这些文章占了很长的篇幅，虽单独成篇，却又彼此相连，就像一串贝壳，串起了我对家乡对儿时的点滴记忆。我关注着下杈河、前寺山、下峙岗，关注着这个村子里的每个人，这种关注与我的乡愁有关，我一次次接近它们，想念它们，想找回的仍是还乡的丝丝慰藉。河边的芦苇和水草，山上的杜鹃花，天空中飞翔的小鸟，田野里的一切生物，它们都希望我回来。

我试图把故乡在我的思想里构起，成为可抵达的精神家园，因为只有如此，我才心安。但我的笔所触及的却往往让我无法去表达，这可能就是写作水平的局限吧，加上创作时间跨度大，写作风格难免有些差异，或尚有些粗糙，但不妨碍我对家乡那份最纯真的爱。事实上，文章的好与不好只是相对而言，重要的是真情。时间已经走远，如今的心情亦恍若隔世。当写这些文字时，让我可以毫无忌惮地放空杂念，去重温少年的时光，想起曾经的自己。

比起原先服役时遥远的北方，海门和家乡的这点距离不足以叫我得思乡病。但难免也有许多的牵绊，女儿渐渐长大，父母一天天老去。不知不觉，到市里上班也有一年了。倒是在周末，回三门时可以经过林家塘看望父母。林家塘是生我养我的故乡，写这本书也了了我当初对她的承诺，也算是我对父母的一次报答。

书即将面世之时，我将迎来自己四十六岁生日。人到了这个时段，就按活到九十岁计算，也走了人生的一半路程，我不得不接受中年人这个称谓和角色。前段时间，友人母亲过世，接着战友父亲下世，同村的小时伙伴英年早逝，死亡的课一个个上过。但此后，依然忙碌着，工作，写字，作文，谈笑，生活，但自觉长了一截，亦似乎悟了一截。

椒江原来叫海门,是个小镇,后来这里成了台州行政中心。说实在的,我不怎么喜欢椒江这个城市。这里没有僻静怡人的路,到处都是车和人,热闹非凡。唯一让我悦耳的是战斗机呼啸而过的轰鸣声,我仰起头,侧着耳,看不见飞机的影子,只有循着飞机的轰鸣声,把目光延伸到很远,恍惚觉得回到军营。

我所处的租房位于东商务区亿嘉路的巨鼎国际。原本这里属于农村,但随着城市的扩大,农村慢慢被吞噬。前面一座原本宁静的寺庙也被林立的高楼紧紧包围其中。西侧有一条河,河的对面就是单位的高楼。两座桥横亘着,桥以序号数字命名——猩红色的十四号桥、十五号桥新魏体字如卡在喉咙的鱼刺般难受。河边树木倒也茂盛,浓荫中停了很多车,密密麻麻。西岸是一幢仿古建筑,有回廊,廊侧有一丛芭蕉树,紧挨着亭子,闹市中却也显得一丝幽静。每天早晨被前面的"顺丰"快递嘈杂的分货声吵醒。晚上从单位回到出租房,在黑暗的马路边,我经常会看见一个环卫工人在扫树叶,或是几个坐在电瓶车上吸烟等待出发的美团送餐员工,或是有个妇女在垃圾桶里扒拉着可卖的废品。

夜晚,我仰面躺在出租房里,久久注视着天花板——没有任何色彩,雪白一片。我紧紧地盯住不放。于是,我想到家乡的小河,想起家乡的人来。"有囡难嫁三沙洋,晴天燥日无水吃,落雨时节无路行"。

很小的时候我就知道这首代代相传的童谣,是三沙洋人无法抹去的伤痛。70年代初我出生时,在不足二十户的林家塘自然村,和其他农民一样,我们住着低矮的茅草房,四周是不足一人高的石头墙,外面抹着一层黄泥。我就在这间茅草屋里度过了无忧无虑的童年。直到现在,我还时不时想起这几间茅屋,想起在泥石墙掏蜜蜂的快乐时光,想起帮大人编制茅厂的情景,想起帮母亲在石板仓里腌制咸菜的情景……

我的生命之中虽没有太多的宽绰,但我所追寻的,必定是适合自己的,有别于他人的。所以，我有这个责任要为林家塘写一本书，为我的亲人、我的乡亲留下点东西，只有如此，才不枉这些年的颠簸。

女儿是这本书的第一位读者，有时候给我提出修改意见，我都基本接纳。女儿是我的骄傲，尽管有点小脾气，学习成绩也一般。但我想，拥有画笔和文字的人生一定会很精彩。今年，女儿初中毕业了，随我来到椒江读高中。她说要在高中再出本书。我很期待，也祝福女儿。

陈富强先生是电力系统著名的作家，写了很多关于电力题材的作品，我很敬仰他，这也是他为我第二次作序了。也要感谢何国门先生为本书题字，何先生是一位集中国美术家协会会员、中国书法家协会会员和西泠印社社员于一身的艺术家。感谢摄影家胡传斗先生为我拍了一张非常有“艺术家范”的照片，我很喜欢。感谢我的父母和这块土地；感谢我的夫人叶雪琴，没有她的支持，我的一切创作，不管是书法还是文学都无从谈起，在我调离三门，她更是承担起了家庭的全部担子。

很庆幸的是，在我的人生之中总会遇到帮助我的人。不管学生时代，还是军旅生涯，或是转业回地方工作。那些帮助我的人是我的贵人、我的朋友，我会以自己的方式感谢他们。

然而，我只是一个文学爱好者而已，就像我从不认为自己是书法家一样，出版文集，也没有借此扬名的念头，只是借手中的笔记录平凡的人生之中平常的经历，仅此而已。

2017 年 8 月 客海门

四十六年记

1971 年：0 岁

农历十月初八出生于浙江三门县三岩公社新塘村林家塘自然村。长子。

1979 年：8 岁

三岩中心小学就读。

1985 年：14 岁

三岩中学就读。加入共青团。

1987 年：16 岁

三门县卫生学校医士班就读。

1990 年：19 岁

湖南衡阳。广州军区空军气象训练团三中队。列兵。

1991 年：20 岁

山西永济。空军第十二飞行学院第四训练团气象台。上等兵。

在《空军气象》发表第一首诗歌。

祖父去世，享年 81 岁。

1995：24岁

山西临汾。空军第六飞行学院第三训练团卫生队。转为志愿兵。荣立个人三等功。

1996年：25岁

河北涿州。空军第六飞行学院后勤部门诊部。荣立个人三等功。

在涿州举办个人书法展。

2000年：29岁

河北定兴。空军第六飞行学院第三训练团卫生队。三级士官。荣立个人三等功。

加入河北省书法家协会。在三门举办个人书法展。

2001年：30岁

河北定兴。空军第六飞行学院第三训练团卫生队。三级士官。

结婚。

2002年：31岁

转业。授予预备役四级士官。

女儿出生，取名张习，小名辣辣。

在公安部门做临时工。

2003 年：32 岁
进电力部门。在供电所从事收电费岗位。
祖母去世，享年 84 岁。

2005 年：34 岁
加入浙江省书法家协会。获颁三门县“十大优秀青年”荣誉。

2010 年：39 岁
取号“林家塘人”。诗集《墨痕》出版。加入中国电力作家协会。

2012 年：41 岁
取笔名“泠仲”。加入中国书法家协会。出版书法集《记得集》。

2014 年：43 岁
取斋号“习庐”。
女儿小学毕业，出版作文集《童年的薰衣果》，获浙江省十大“少年文学新星”称号。获第六届鲁迅青少年文学奖一等奖。

2015 年：44 岁

取号“金农最小门徒”。被评为浙江省“最美家庭”。

入选台州市文艺名家展演工程，在台州书画院举办个人书法展。出版《张林忠书法作品集》。

女儿获三门县第七届青少年“英才奖”一等奖、台州市第十三届“英才奖”二等奖。

2016 年：45 岁

入选第五批台州市宣传文化系统“四个一批”人才。

调台州供电公司党建部。

2017 年：46 岁

女儿到椒江念高中。当选为中国少年作家协会理事。

参加国家电网公司职工文艺创作座谈会。

入选中国文联“文质兼美”第二届优秀基层书法家创作活动作品成果展。